付録 とりはずしてお使いください。

JN132542

漢字せんもんドリル

4年生で習う漢字

テストによく出る問題をといてレベルアップしよう！

もくじ

4年　　組

1 あ行の漢字　愛・案・以・衣・位・茨・印・英・栄・媛・塩・岡・億
か行の漢字①　加・果・貨・課・芽・賀・改・械・害・街・各・覚・潟・完・官・管・関・観

／100

1 ――線の漢字の読みがなを書こう。　一つ4点(40点)

①親愛の気持ちをしめす。（　　）
②新潟のお米。（　　）
③塩分をひかえる。（　　）
④発芽までの日数。（　　）
⑤年賀状（じょう）を書く。（　　）
⑥機械を運転する。（　　）
⑦長官と話し合う。（　　）
⑧茨城に移（い）住する。（　　）
⑨湖の水位が下がる。（　　）
⑩愛媛のみかん。（　　）

テストによくでる1位

2 □に合う漢字を書こう。　一つ2点(36点)

①学校の中を［あん］［ない］する。
②［かん］［かく］がするどい。
③［か］［もつ］列車が通る。
④十分な［かん］［り］を行う。

3 次の――線を、漢字と送りがなで書こう。　一つ3点(24点)

①長くさかえた一族。（　　）
②五に三をくわえた数。（　　）
③新しい会員がくわわる。（　　）
④自分の役目をはたす。（　　）
⑤はてることのない夢（ゆめ）。（　　）

⑤ [　　　]（しがいち）へと出かける。

⑥ [　　]（しおみず）をつくる。

テストによくでる2位

⑦ [　　]（いふく）を着がえる。

⑧ 朝の散歩が[　　]（にっか）だ。

⑨ [　　]（おかやま）で育つ。

⑩ [　　]（かんけい）がよくなる。

⑪ [　　]（えいご）で話す。

⑫ 名所を[　　]（かんこう）する。

テストによくでる3位

⑬ [　　　]（いちおくにん）の声。

⑭ 家族[　　]（いがい）は知らない。

⑮ [　　]（めじるし）をつける。

⑯ [　　]（がいちゅう）を追いはらう。

⑰ [　　]（かくじ）で用意する。

⑱ [　　]（かんぜん）にやりとげる。

⑥ あらためてお願いをする。（　　　）

⑦ 九九をおぼえる。（　　　）

⑧ 分数にかかわる問題。（　　　）

2 か行の漢字②

願・岐・希・季・旗・器・機・議・求・泣・給・挙・漁
共・協・鏡・競・極・熊・訓・軍・郡・群・径・景・芸・欠

／100

1 ――線の漢字の読みがなを書こう。 一つ4点(40点)

① 協力関係にある。（　　）
② 希少な動物を発見する。（　　）
③ 岐阜に住む。（　　）
④ 海軍の飛行機。（　　）
⑤ 郡部に住んでいる。（　　）
⑥ 群馬の実家に帰る。（　　）
⑦ 熊本で育つ。（　　）
⑧ 挙手して意見を言う。（　　）
⑨ 求人広告(こく)を見る。（　　）
⑩ 競馬のレース。（　　）

テストによくでる1位

2 □に合う漢字を書こう。 一つ2点(36点)

① □□(しろはた)をあげる。
② □□(はんけい)一メートル
③ 本日の□□(ぎだい)。
④ 百メートル□□(きょうそう)

3 次の――線を、漢字と送りがなで書こう。 一つ3点(24点)

① 幸せをねがう。（　　）
② たくさんの動物がむれる。（　　）
③ もとめるものを手に入れる。（　　）
④ 大きな声でなく。（　　）
⑤ 手を高くあげる。（　　）

⑤ 大きな［くま］に出くわす。

⑥ 試合を［けつ｜じょう］する。

テストによくでる2位

⑦ ［し｜き］のうつりかわり。

⑧ ［きゅう｜しょく］の時間。

⑨ 魚が［たい｜ぐん］で泳ぐ。

⑩ ［ぎょ｜ぎょう］をいとなむ。

⑪ ［がっ｜き］を演奏（えんそう）する。

⑫ ［て｜かがみ］をのぞきこむ。

テストによくでる3位

⑬ 話す［き｜かい］をうかがう。

⑭ ［なん｜きょく］を探検（たんけん）する。

⑮ ［きょう｜くん］を次に生かす。

⑯ 美しい［こう｜けい］に見入る。

⑰ ［きょう｜どう］で所有する。

⑱ ガラス［こう｜げい］を習う。

⑥ 真剣（けん）さにかける。（　　）

⑦ リーダーをかく。（　　）

⑧ 自分の名が候補（ほ）にあがる。（　　）

3 か行の漢字③ 結・建・健・験・固・功・好・香・候・康
さ行の漢字① 佐・差・菜・最・埼・材・崎・昨・札・刷・察・参・産・散・残・氏・司

／100

テストによくでる1位

1 ――線の漢字の読みがなを書こう。 一つ4点(40点)

① チャレンジが成功する。（　　）
② 花の香りがする。（　　）
③ うなぎは父の好物だ。（　　）
④ 佐賀で遊ぶ。（　　）
⑤ 材木を集める。（　　）
⑥ 青菜に塩。（　　）
⑦ 昨年から待っていた。（　　）
⑧ 建国記念日（　　）
⑨ 埼玉から通う。（　　）
⑩ 長崎へ旅行する。（　　）

2 □に合う漢字を書こう。 一つ2点(36点)

① 自分で［じっけん］してみる。
② ［さいこう］の記録が出る。
③ あたたかい［きこう］。
④ 手紙を［いんさつ］する。

3 次の――線を、漢字と送りがなで書こう。 一つ3点(24点)

① ぎゅっと口をむすぶ。（　　）
② 小学校をたてる。（　　）
③ 油をかためる。（　　）
④ からいものをこのむ。（　　）
⑤ かさをさす。（　　）

テストによくでる2位

⑤ ［けんこう］な体になる。

⑥ ゆっくり［さんぽ］する。

⑦ ［けっか］を発表する。

⑧ あさがおの［かんさつ］。

⑨ 昔のおもかげが［のこ］る。

⑩ 大会の［さんかしゃ］。

⑪ ［かがわ］県へ出かける。

⑫ 馬の［しゅっさん］に立ち会う。

テストによくでる3位

⑬ ［やさい］を買いに行く。

⑭ ［しかい］をつとめる。

⑮ ［にゅうさつ］する。

⑯ 以前と［たいさ］ない。

⑰ 水が［こたい］になる。

⑱ ［しめい］を紙に書く。

⑥ もっとも近くにいる。（　　　）

⑦ 国語のプリントをする。（　　　）

⑧ 近くの神社にまいる。（　　　）

4 さ行の漢字②

試・児・治・滋・辞・鹿・失・借・種・周・祝・順・初・松・笑・唱
焼・照・城・縄・臣・信・井・成・省・清・静・席・積・折・節

テストによくでる1位

/100

1 ——線の漢字の読みがなを書こう。 一つ4点（40点）

① けがが完治する。（　）
② 鹿に出くわす。（　）
③ 辞意を表明する。（　）
④ 城を見学する。（　）
⑤ 借地に家を建てる。（　）
⑥ 合唱コンクール（　）
⑦ 川の清流。（　）
⑧ 滋賀で生まれ育つ。（　）
⑨ 縄をかける。（　）
⑩ その先を右折する。（　）

2 □に合う漢字を書こう。 一つ2点（36点）

① 来週は［しゅくじつ］がある。
② ［あんせい］にする。
③ ［しょにち］にもり上がる。
④ 正方形の［めんせき］。

3 次の——線を、漢字と送りがなで書こう。 一つ3点（24点）

① 何度もこころみる。（　）
② この国をおさめる。（　）
③ 目標を見うしなう。（　）
④ たん生日をいわう。（　）
⑤ はじめての一人旅。（　）

⑤ まぶしい［しょうめい］の下。

⑥ ［ふしめ］となる一年。

テストによくでる2位

⑦ 北小学校の［じどう］。

⑧ ひなの［せいちょう］を見守る。

⑨ ［じゅんばん］にならんで待つ。

⑩ ［はんせい］を次に生かす。

⑪ ［いど］で水をくむ。

⑫ ［けっせき］のわけをたずねる。

テストによくでる3位

⑬ ［しんよう］してまかせる。

⑭ 春に［たね］まきをする。

⑮ ［しゅうかい］おくれで走る。

⑯ ［かしん］をしたがえる。

⑰ 運動会の親子［しゅもく］。

⑱ ［まつ］のえだを切る。

⑥ にこにこ<u>わらう</u>。（　　　）

⑦ 呪（じゅ）文を<u>となえる</u>。（　　　）

⑧ さんまを<u>やく</u>。（　　　）

5 さ行の漢字③ た行の漢字①

説・浅・戦・選・然・争・倉・巣・束・側・続・卒・孫
帯・隊・達・単・置・仲・沖・兆・低・底・的・典・伝

100

テストによくでる1位

1 ——線の漢字の読みがなを書こう。 一つ4点(40点)

① 他国との競争に勝つ。（　　）
② 沖縄で泳ぐ。（　　）
③ クラスの結束が強い。（　　）
④ 伝記を読む。（　　）
⑤ 後続のランナーが見える。（　　）
⑥ 仲のよい友だち。（　　）
⑦ 天然の温泉（せん）。（　　）
⑧ 予想が的中する。（　　）
⑨ 自然が多い地方。（　　）
⑩ 辞典で意味を調べる。（　　）

2 □に合う漢字を書こう。 一つ2点(36点)

① 市長を決める □□（せんきょ）。
② □□（そうこ）に荷物を入れる。
③ 工業がさかんな □□（ちたい）。
④ けん玉の □□（たつじん）。

3 次の——線を、漢字と送りがなで書こう。 一つ3点(24点)

① 生まれて日があさい。（　　）
② 正しい方をえらぶ。（　　）
③ 兄弟であらそう。（　　）
④ 道がどこまでもつづく。（　　）
⑤ 緑色をおびた目。（　　）

⑤ 道路の［みぎ｜がわ］を歩く。

⑥ ［まと］に命中する。

テストに よくでる 2位

⑦ ていねいに［せつ｜めい］する。

⑧ 自分の［い｜ち］をたしかめる。

⑨ ［いっ｜かい｜せん］で負ける。

⑩ 体力が［てい｜か］する。

⑪ 六年生が［そつ｜ぎょう］する。

⑫ 大きな［こめ｜ぐら］。

テストに よくでる 3位

⑬ ［たい｜ちょう］の指示（じ）にしたがう。

⑭ 多くの［し｜そん］を残す。

⑮ 鳥の［す｜ばこ］を作る。

⑯ ［ふな｜ぞこ］にあながあく。

⑰ 長さの［たん｜い］を学習する。

⑱ ［に｜ちょう｜えん］の予算。

---

⑥ 高いところにおく。〔　　〕

⑦ ひくい木に登る。〔　　〕

⑧ 手から手へつたわる。〔　　〕

6 た行の漢字② 徒・努・灯・働・特・徳・栃　な行の漢字 奈・梨・熱・念　は行の漢字① 敗・梅・博・阪・飯・飛・必・票・標・不・夫・付・府・阜・富・副・兵・別・辺

／100

1 ——線の漢字の読みがなを書こう。 一つ4点(40点)

① 部屋の電灯をつける。
② 必死の思いで走る。
③ 奈良の大仏。
④ 栃木の小学校を調べる。
⑤ 実働時間が長い。
⑥ 分別のつく年ごろ。
⑦ 地方の特色を生かす。
⑧ 水辺の生き物たち。
⑨ 戦いに敗北する。
⑩ 大阪府にある会社。

テストによくでる1位

2 □に合う漢字を書こう。 一つ2点(36点)

① □□(せいと)が校庭に集まる。
② □□(はくがく)で知られる人。
③ たゆまぬ□□(どりょく)を続ける。
④ □□□(ひこうき)のチケット。

3 次の——線を、漢字と送りがなで書こう。 一つ3点(24点)

① わすれないようつとめる。
② あついお茶を入れる。
③ 決勝戦でやぶれる。
④ 鳥が高くとぶ。
⑤ かならず帰ってくる。

⑤ [どうとく]の勉強をする。

⑥ 公正に[とうひょう]を行う。

テストによくでる2位

⑦ かぜで[はつねつ]する。

⑧ [もくひょう]を高く持つ。

⑨ [きねん]に写真をとる。

⑩ [ふあん]な気持ちになる。

⑪ 外で[ひるめし]を食べる。

⑫ [ぎふ]に生まれる。

テストによくでる3位

⑬ ばく大な[とみ]を持つ。

⑭ [うめ]の花がさく。

⑮ [やまなし]のりんご。

⑯ 家で[ふくぎょう]をする。

⑰ キュリー[ふじん]の伝記。

⑱ [へいたい]が整列する。

⑥ 紙に折り目をつける。〔　　〕

⑦ 曲がり角でわかれる。〔　　〕

⑧ このあたりに住んでいる。〔　　〕

テストによくでる1位

7 は行の漢字② や行の漢字 ら行の漢字

は行の漢字　変・便・包・法・望・牧　ま行の漢字　末・満・未・民・無

や行の漢字　約・勇・要・養・浴

ら行の漢字　利・陸・良・料・量・輪・類・令・冷・例・連・老・労・録

／100

1 ――線の漢字の読みがなを書こう。

一つ4点（40点）

①きずに包帯をまく。（　　）

②勇気を出す。（　　）

③未完の大作。（　　）

④陸地にすむ生き物。（　　）

⑤無事に目的地に着く。（　　）

⑥外の冷気が流れこむ。（　　）

⑦便利な道具がある。（　　）

⑧約束をきちんと守る。（　　）

⑨自転車の後輪。（　　）

⑩例文を参考にする。（　　）

2 □に合う漢字を書こう。

一つ2点（36点）

①色の□□（へんか）を観察する。

②歌声を□□（ろくおん）する。

③□□（ぶんまつ）に注意して読む。

④□□（きぼう）を持ち続ける。

3 次の――線を、漢字と送りがなで書こう。

一つ3点（24点）

①父からのたよりを受け取る。（　　）

②箱をふろしきにつつむ。（　　）

③何でものぞみをかなえる。（　　）

④月がみちる。（　　）

⑤いさみ足に終わる。（　　）

⑤ 多くの［　］（しゅるい）がある花。

⑥ ゆっくり［　］（にゅうよく）する。

テストによくでる2位（い）

⑦ 別の［　］（ほうほう）を考える。

⑧ 得意な［　］（りょうり）はカレーだ。

⑨ 今夜はきれいな［　］（まんげつ）だ。

⑩ 塩の［　］（ぶんりょう）をまちがう。

⑪ ［　］（ひつよう）なものを用意する。

⑫ 商品を［　］（かいりょう）する。

テストによくでる3位（い）

⑬ 日本の［　］（みんわ）を集める。

⑭ ［　］（れんぞく）してジャンプする。

⑮ ［　］（ろうどう）の喜（よろこ）びを感じる。

⑯ ［　］（ろうじん）に席をゆずる。

⑰ ［　］（ぼくじょう）の牛たち。

⑱ ［　］（めいれい）にさからう。

---

⑥ 二人の子どもをやしなう。［　］

⑦ 太陽の光をあびる。［　］

⑧ 同じたぐいの書物。［　］

8 四年生で習った漢字

/100

1 ――線の漢字の読みがなを書こう。 一つ2点（16点）

①（　）成功をおさめる。

②（　）最高の記録が出る。

③（　）祝日は友達と遊ぶ。

④（　）安静にしてください。

⑤（　）白旗をあげる。

⑥（　）四季のうつり変わり。

⑦美しい（　）光景。

⑧（　）衣服をせんたくする。

2 □に合う漢字を書こう。 一つ3点（24点）

①［しん］［あい］の気持ちを手紙にする。

②［えん］［ぶん］が多い。

4 次の都道府県の読みを書こう。 一つ4点（40点）

①茨城（　）

②栃木（　）

③愛媛（　）

④滋賀（　）

③ □□（はつが）まで時間がかかる。

④ □□（きかい）を運転する。

⑤ □□（きしょう）な石を発見する。

⑥ □□（けいば）のレース。

⑦ □□（さくねん）の出来事を思い出す。

⑧ □□（がっしょう）コンクールに出場する。

3 次の熟語（じゅくご）と同じ組み合わせの熟語に○をつけよう。

一つ5点（20点）

① 絵画（かいが）
ア（　）遠近
イ（　）道路
ウ（　）雨水

② 強弱
ア（　）帰国
イ（　）清流
ウ（　）高低

③ 曲線
ア（　）乗馬
イ（　）国立
ウ（　）走者

④ 登山
ア（　）読書
イ（　）多数
ウ（　）売買

⑤ 新潟（　）

⑥ 鹿児島（　）

⑦ 群馬（　）

⑧ 熊本（　）

⑨ 岐阜（　）

⑩ 沖縄（　）

答え

1 2・3ページ

1 ①しんあい ②にいがた ③えんぶん ④はつが ⑤ねんが ⑥きかい ⑦ちょうかん ⑧いばらき ⑨すいい ⑩えひめ

2 ①案内 ②感覚 ③貨物 ④管理 ⑤市街地 ⑥塩水 ⑦衣服 ⑧日課 ⑨岡山 ⑩関係 ⑪英語 ⑫観光 ⑬一億人 ⑭以外 ⑮目印 ⑯害虫 ⑰各自 ⑱完全

3 ①栄えた ②加えた ③加わる ④果たす ⑤果てる ⑥改めて ⑦覚える ⑧関わる

2 4・5ページ

1 ①きょうりょく ②きしょう ③ぎふ ④かいぐん ⑤ぐんぶ ⑥ぐんま ⑦くまもと ⑧きょしゅ ⑨きゅうじん ⑩けいば

2 ①白旗 ②半径 ③議題 ④競走 ⑤熊 ⑥欠場 ⑦四季 ⑧給食 ⑨大群 ⑩漁業 ⑪楽器 ⑫手鏡 ⑬機会 ⑭南極 ⑮教訓 ⑯光景 ⑰共同 ⑱工芸

3 ①願う ②群れる ③求める ④泣く ⑤挙げる ⑥欠ける ⑦欠く ⑧挙がる

3 6・7ページ

1 ①せいこう ②かお ③こうぶつ ④さが ⑤ざいもく ⑥あおな ⑦さくねん ⑧けんこく ⑨さいたま ⑩ながさき

2 ①実験 ②最高 ③気候 ④印刷 ⑤健康 ⑥散歩 ⑦結果 ⑧観察 ⑨残 ⑩参加者 ⑪香川 ⑫出産 ⑬野菜 ⑭司会 ⑮入札 ⑯大差 ⑰固体 ⑱氏名

3 ①結ぶ ②建てる ③固める ④好む ⑤差す ⑥最も ⑦刷る ⑧参る

4 8・9ページ

1 ①かんち ②しか ③じい ④しろ ⑤しゃくち ⑥がっしょう ⑦せいりゅう ⑧しが ⑨なわ ⑩うせつ

2 ①祝日 ②安静 ③初日 ④面積 ⑤照明 ⑥節目 ⑦児童 ⑧成長 ⑨順番 ⑩反省 ⑪井戸 ⑫欠席 ⑬信用 ⑭種 ⑮周回 ⑯家臣 ⑰種目 ⑱松

3 ①試みる ②治める ③失う ④祝う ⑤初めて ⑥笑う ⑦唱える ⑧焼く

5 10・11ページ

1 ①きょうそう ②おきなわ ③けっそく ④でんき ⑤こうぞく ⑥なか ⑦てんねん ⑧てきちゅう ⑨しぜん ⑩じてん

2 ①選挙 ②倉庫 ③地帯 ④達人 ⑤右側 ⑥的 ⑦説明 ⑧位置 ⑨一回戦 ⑩低下 ⑪卒業 ⑫米倉 ⑬隊長 ⑭子孫 ⑮巣箱 ⑯船底 ⑰単位 ⑱二兆円

3 ①浅い ②選ぶ ③争う ④続く

⑤帯びた ⑥置く ⑦低い ⑧伝わる

6 12・13ページ

1 ①でんとう ②ひっし ③なら ④とちぎ ⑤じつどう ⑥ふんべつ ⑦とくしょく ⑧みずべ ⑨はいぼく ⑩おおさかふ

2 ①生徒 ②博学 ③努力 ④飛行機 ⑤道徳 ⑥投票 ⑦発熱 ⑧目標 ⑨記念 ⑩不安 ⑪昼飯 ⑫岐阜 ⑬富 ⑭梅 ⑮山梨 ⑯副業 ⑰夫人 ⑱兵隊

3 ①努める ②熱い ③敗れる ④飛ぶ ⑤必ず ⑥付ける ⑦別れる ⑧辺り

7 14・15ページ

1 ①ほうたい ②ゆうき ③みかん ④りくち ⑤ぶじ ⑥れいき ⑦べんり ⑧やくそく ⑨こうりん ⑩れいぶん

2 ①変化 ②録音 ③文末 ④希望 ⑤種類 ⑥入浴 ⑦方法 ⑧料理 ⑨満月 ⑩分量 ⑪必要 ⑫改良 ⑬民話 ⑭連続 ⑮労働 ⑯老人

⑰牧場 ⑱命令

3 ①便り ②包む ③望み ④満ちる ⑤勇み ⑥養う ⑦浴びる ⑧類い

8 16・17ページ

1 ①せいこう ②さいこう ③しゅくじつ ④あんせい ⑤しろはた ⑥しき ⑦こうけい ⑧いふく

2 ①親愛 ②塩分 ③発芽 ④機械 ⑤希少 ⑥競馬 ⑦昨年 ⑧合唱

3 ①イ ②ウ ③ウ ④ア

4 ①いばらき ②とちぎ ③えひめ ④しが ⑤にいがた ⑥かごしま ⑦ぐんま ⑧くまもと ⑨ぎふ ⑩おきなわ

教科書ぴったりトレーニング はなまるシール

- ふろくの「がんばり表」に使おう！
- はじめに、キミのおとも犬を選んで、がんばり表にはろう！
- 学習が終わったら、がんばり表に「はなまるシール」をはろう！
- 余ったシールは自由に使ってね。

キミのおとも犬

はなまるシール

ごほうびシール

教科書ぴったりトレーニング

国語 4年 がんばり表

すきななまえをつけてね！

なまえ

ぴた犬（おとも犬）シールをはろう

シールの中からすきなぴた犬をえらぼう。

いつも見えるところに、この「がんばり表」をはっておこう。
この「ぴたトレ」を学習したら、シールをはろう！
どこまでがんばったかわかるよ。

おうちのかたへ

がんばり表のデジタル版「デジタルがんばり表」では、デジタル端末でも学習の進捗記録をつけることができます。1冊やり終えると、抽選でプレゼントが当たります。「ぴたサポシステム」にご登録いただき、「デジタルがんばり表」をお使いください。LINE または PC・ブラウザを利用する方法があります。

LINE用　PC・ブラウザ用

★ ぴたサポシステムご利用ガイドはこちら ★
https://www.shinko-keirin.co.jp/shinko/news/pittari-support-system

スタート

春のうた〜漢字の広場①

16〜17ページ	14〜15ページ	12〜13ページ	10〜11ページ	8〜9ページ	6〜7ページ	4〜5ページ	2〜3ページ
ぴったり3	ぴったり3	ぴったり1	ぴったり1	ぴったり1	ぴったり2	ぴったり1	ぴったり1
できたらシールをはろう	できたらシールをはろう	できたらシールをはろう	できたらシールをはろう	できたらシールをはろう	できたらシールをはろう	できたらシールをはろう	できたらシールをはろう

[練習] 思いやりのデザイン〜漢字の広場②

28〜29ページ	26〜27ページ	24〜25ページ	22〜23ページ	20〜21ページ	18〜19ページ
ぴったり3	ぴったり3	ぴったり1	ぴったり2	ぴったり2	ぴったり1
できたらシールをはろう	できたらシールをはろう	できたらシールをはろう	できたらシールをはろう	できたらシールをはろう	できたらシールをはろう

一つの花〜神様の階段

34〜35ページ	32〜33ページ	30〜31ページ
ぴったり2	ぴったり2	ぴったり1
できたらシールをはろう	できたらシールをはろう	できたらシールをはろう

36〜37ページ	38〜39ページ	40〜41ページ	42〜43ページ	44〜45ページ	46〜47ページ	48〜49ページ
ぴったり1	ぴったり1	ぴったり1	ぴったり3	ぴったり3	ぴったり1	ぴったり2
できたらシールをはろう	できたらシールをはろう	できたらシールをはろう	できたらシールをはろう	できたらシールをはろう	できたらシールをはろう	できたらシールをはろう

忘れもの〜漢字の広場③

50〜51ページ	52〜53ページ	54〜55ページ	56〜57ページ	58〜59ページ
ぴったり1	ぴったり1	ぴったり1	ぴったり1	ぴったり3
できたらシールをはろう	できたらシールをはろう	できたらシールをはろう	できたらシールをはろう	できたらシールをはろう

ごんぎつね〜クラスみんなで決めるには

60〜61ページ	62〜63ページ	64〜65ページ	66〜67ページ	68〜69ページ
ぴったり1	ぴったり2	ぴったり2	ぴったり1	ぴったり1
できたらシールをはろう	できたらシールをはろう	できたらシールをはろう	できたらシールをはろう	できたらシールをはろう

72〜73ページ	70〜71ページ
ぴったり3	ぴったり3
できたらシールをはろう	できたらシールをはろう

未来につなぐ工芸品〜漢字の広場④

82〜83ページ	80〜81ページ	78〜79ページ	76〜77ページ	74〜75ページ
ぴったり3	ぴったり3	ぴったり1	ぴったり2	ぴったり1
できたらシールをはろう	できたらシールをはろう	できたらシールをはろう	できたらシールをはろう	できたらシールをはろう

友情のかべ新聞〜季節の言葉4　冬の楽しみ

94〜95ページ	92〜93ページ	90〜91ページ	88〜89ページ	86〜87ページ	84〜85ページ
ぴったり3	ぴったり3	ぴったり1	ぴったり2	ぴったり2	ぴったり1
できたらシールをはろう	できたらシールをはろう	できたらシールをはろう	できたらシールをはろう	できたらシールをはろう	できたらシールをはろう

自分だけの詩集を作ろう〜漢字の広場⑤

98〜99ページ	96〜97ページ
ぴったり1	ぴったり1
できたらシールをはろう	できたらシールをはろう

風船でうちゅうへ〜調べて話そう、生活調査隊

100〜101ページ	102〜103ページ	104〜105ページ	106〜107ページ	108〜109ページ	110〜111ページ
ぴったり1	ぴったり2	ぴったり2	ぴったり1	ぴったり3	ぴったり3
できたらシールをはろう	できたらシールをはろう	できたらシールをはろう	できたらシールをはろう	できたらシールをはろう	できたらシールをはろう

スワンレイクのほとりで〜漢字の広場⑥

112〜113ページ	114〜115ページ	116〜117ページ	118〜119ページ	120ページ
ぴったり1	ぴったり2	ぴったり2	ぴったり3	ぴったり3
できたらシールをはろう	できたらシールをはろう	できたらシールをはろう	できたらシールをはろう	できたらシールをはろう

ゴール

さいごまでがんばったキミは「ごほうびシール」をはろう！

ごほうびシールをはろう

（キリトリ線）
教科書ぴったりトレーニング　国語　4年　光村図書版　折込①（オモテ）

教科書ぴったりトレーニングの使い方

『ぴたトレ』は教科書にぴったり合わせて使うことができるよ。教科書も見ながら、勉強していこうね。ぴた犬たちが勉強をサポートするよ。

ふだんの学習

ぴったり1 じゅんび

めあて をたしかめて、問題に取り組もう。はじめに新しい漢字や言葉の意味をおさえるよ。物語やせつめい文は 3分でワンポイント で大事なポイントをつかもう。
QR コードから「3 分でまとめ動画」が見られるよ。

※QR コードは株式会社デンソーウェーブの登録商標です。

ぴったり2 練習

読解問題を練習するよ。
ヒント を見ながらといてみよう。

ぴったり3 たしかめのテスト

「ぴったり1」「ぴったり2」が終わったら取り組んでみよう。
自分の考えを書く問題にもチャレンジしよう。
わからない問題は、ふりかえり を見て前にもどってかくにんしよう。

実力チェック

- 夏のチャレンジテスト
- 冬のチャレンジテスト
- 春のチャレンジテスト
- 4年 国語のまとめ 学力しんだんテスト

夏休み、冬休み、春休み前に取り組んでみよう。
学期の終わりや学年の終わりのテストの前にやってもいいね。

別冊

丸つけラクラクかいとう

問題と同じ紙面に赤字で「答え」が書いてあるよ。
取り組んだ問題の答え合わせをしてみよう。まちがえた問題やわからなかった問題は、「てびき」を読んだり、教科書を読み返したりして、もう一度見直そう。

おうちのかたへ

本書『教科書ぴったりトレーニング』は、教科書の要点や重要事項をつかむ「ぴったり1 じゅんび」、問題に慣れる「ぴったり2 練習」、テスト形式で学習事項が定着したか確認する「ぴったり3 たしかめのテスト」の3段階構成になっています。教科書の学習順序やねらいに完全対応していますので、日々の学習（トレーニング）にぴったりです。

「観点別学習状況の評価」について

学校の通知表は、「知識・技能」「思考・判断・表現」「主体的に学習に取り組む態度」の3つの観点による評価がもとになっています。

問題集やドリルでは、一般に知識を問う問題が中心になりますが、本書『教科書ぴったりトレーニング』では、次のように、観点別学習状況の評価に基づく問題を取り入れて、成績アップに結びつくことをねらいました。

ぴったり3 たしかめのテスト

●「思考・判断・表現」のうち、特に思考や表現（予想したり文章で説明したりすることなど）を取り上げた問題には「思考・判断・表現」と表示しています。

チャレンジテスト

●主に「思考・判断・表現」を問う問題かどうかで、分類して出題しています。

別冊『丸つけラクラクかいとう』について

おうちのかたへ では、次のようなものを示しています。

- 学習のねらいやポイント
- 他の学年や他の単元の学習内容とのつながり
- まちがいやすいことやつまずきやすいところ

お子様への説明や、学習内容の把握などにご活用ください。

内容の例

> おうちのかたへ
> 物語を読むときには、登場人物の会話や行動に注目しましょう。「うまくできるかな（→不安）」「力いっぱい拍手をした（感動）」など、直接文章に書かれていない心情が会話や行動から読み取れることがあるからです。

（切り取り線）

教科書ぴったりトレーニング 国語 バッチリポスター

4年生で習う漢字①

- 4年生で学習する漢字を、五十音じゅんにならべています。（①と②の、二回に分けています。）
- 漢字ごとに、画数、読み方、書きじゅん（筆じゅん）をしめしています。
- 音と訓は、それぞれ音読みと訓読みをしめしています。
- （　）は、小学校では習わない読み方です。

まちがえやすい漢字は、☑にチェックをしておこう！

あ〜お

漢字	画数	読み方	使い方
愛	13画	音 アイ	
案	10画	音 アン	案内
以	5画	音 イ	
衣	6画	音 イ　訓 （ころも）	衣類
位	7画	音 イ　訓 くらい	一位
茨	9画	訓 いばら	茨城
印	6画	音 イン　訓 しるし	
英	8画	音 エイ	英語
栄	9画	音 エイ　訓 さかえる　（はえ）　（はえる）	栄養
媛	12画	音 （エン）	愛媛
塩	13画	音 エン　訓 しお	
岡	8画	訓 おか	
億	15画	音 オク	

か〜こ

漢字	画数	読み方	使い方
加	5画	音 カ　訓 くわえる　くわわる	
果	8画	音 カ　訓 はたす・はてる　はて	果実
貨	11画	音 カ	貨物列車
課	15画	音 カ	
芽	8画	音 ガ　訓 め	発芽
賀	12画	音 ガ	年賀状
改	7画	音 カイ　訓 あらためる　あらたまる	改札
械	11画	音 カイ	機械
害	10画	音 ガイ	害虫
街	12画	音 ガイ・（カイ）　訓 まち	街灯
各	6画	音 カク　訓 （おのおの）	各学年
覚	12画	音 カク　訓 おぼえる　さます・さめる	
潟	15画	訓 かた	
完	7画	音 カン	完成
官	8画	音 カン	器官
管	14画	音 カン　訓 くだ	
関	14画	音 カン　訓 せき　かかわる	
観	18画	音 カン	
願	19画	音 ガン　訓 ねがう	
岐	7画	音 （キ）	岐阜
希	7画	音 キ	希望
季	8画	音 キ	四季
旗	14画	音 キ　訓 はた	
器	15画	音 キ　訓 （うつわ）	
機	16画	音 キ　訓 （はた）	
議	20画	音 ギ	
求	7画	音 キュウ　訓 もとめる	数を求める
泣	8画	音 （キュウ）　訓 なく	大泣き
給	12画	音 キュウ	給食
挙	10画	音 キョ　訓 あげる　あがる	挙手
漁	14画	音 ギョ・リョウ	
共	6画	音 キョウ　訓 とも	共有する
協	8画	音 キョウ	協力
鏡	19画	音 キョウ　訓 かがみ	
競	20画	音 キョウ・ケイ　訓 （きそう）　（せる）	
極	12画	音 キョク・（ゴク）　訓 （きわめる）　（きわまる）　（きわみ）	北極
熊	14画	訓 くま	
訓	10画	音 クン	訓練
軍	9画	音 グン	軍隊
郡	10画	音 グン	郡部
群	13画	音 グン　訓 むれる　むれ　むら	
径	8画	音 ケイ	直径
景	12画	音 ケイ	風景
芸	7画	音 ゲイ	学芸会
欠	4画	音 ケツ　訓 かける　かく	欠席
結	12画	音 ケツ　訓 むすぶ・（ゆう）　（ゆわえる）	結果
建	9画	音 ケン・（コン）　訓 たてる　たつ	建物
健	11画	音 ケン　訓 （すこやか）	健全
験	18画	音 ケン・（ゲン）	
固	8画	音 コ　訓 かためる　かたまる　かたい	固定
功	5画	音 コウ・（ク）	成功
好	6画	音 コウ　訓 このむ　すく	好物
香	9画	音 （コウ）　（キョウ）　訓 か・かおり　かおる	
候	10画	音 コウ　訓 （そうろう）	天候
康	11画	音 コウ	健康

さ〜そ

漢字	画数	読み方	使い方
佐	7画	音 サ	
差	10画	音 サ　訓 さす	
菜	11画	音 サイ　訓 な	野菜
最	12画	音 サイ　訓 もっとも	最後
埼	11画	訓 さい	
材	7画	音 ザイ	取材
崎	11画	訓 さき	
昨	9画	音 サク	昨日
札	5画	音 サツ　訓 ふだ	かるた札
刷	8画	音 サツ　訓 する	印刷
察	14画	音 サツ	
参	8画	音 サン　訓 まいる	参加する
産	11画	音 サン　訓 うむ・うまれる　（うぶ）	出産
散	12画	音 サン　訓 ちる・ちらす　ちらかす　ちらかる	散歩
残	10画	音 ザン　訓 のこる　のこす	
氏	4画	音 シ　訓 （うじ）	氏名
司	5画	音 シ	司会
試	13画	音 シ　訓 こころみる　（ためす）	
児	7画	音 ジ・（ニ）	児童
治	8画	音 ジ・チ　訓 おさめる・おさまる　なおる・なおす	けがが治る
滋	12画	音 （ジ）	滋賀
辞	13画	音 ジ　訓 （やめる）	
鹿	11画	訓 しか　か	鹿児島
失	5画	音 シツ　訓 うしなう	失敗
借	10画	音 シャク　訓 かりる	借りる
種	14画	音 シュ　訓 たね	
周	8画	音 シュウ　訓 まわり	円周
祝	9画	音 シュク　（シュウ）　訓 いわう	祝福
順	12画	音 ジュン	順番
初	7画	音 ショ　訓 はじめ・はじめて　はつ・（うい）・（そめる）	初日の出
松	8画	音 ショウ　訓 まつ	松の木
笑	10画	音 （ショウ）　訓 わらう　（えむ）	笑い声
唱	11画	音 ショウ　訓 となえる	合唱

（切り取り線）

教科書ぴったりトレーニング 国語 パッチリ！ポスター！

4年生で習う漢字②

★ 4年生で学習する漢字を、五十音じゅんにならべています。（①と②の、二回に分けています。）
★ 漢字ごとに、画数、読み方、書きじゅん（筆じゅん）をしめしています。
★ 音と訓は、それぞれ音読みと訓読みをしめしています。
★（　）は、小学校では習わない読み方です。

まちがえやすい漢字は☑にチェックしておこう！

漢字	画数	音	訓	用例
焼	12画	（ショウ）	やく・やける	夕焼け
照	13画	ショウ	てる・てらす・てれる	
城	9画	ジョウ	しろ	お城
縄	15画	（ジョウ）	なわ	
臣	7画	シン・ジン		大臣
信	9画	シン		信号
井	4画	（セイ）（ショウ）	い	
成	6画	セイ（ジョウ）	なる・なす	成人式
省	9画	セイ・ショウ	（かえりみる）はぶく	反省
清	11画	セイ・（ショウ）	きよい・きよまる・きよめる	
静	14画	セイ・（ジョウ）	しず・しずか・しずまる・しずめる	安静
席	10画	セキ		席順
積	16画	セキ	つむ・つもる	
折	7画	セツ	おる・おり・おれる	折り紙
節	13画	セツ・（セチ）	ふし	
説	14画	セツ・（ゼイ）	とく	
浅	9画	（セン）	あさい	浅い川
戦	13画	セン	（いくさ）たたかう	
選	15画	セン	えらぶ	
然	12画	ゼン・ネン		自然
争	6画	ソウ	あらそう	言い争い
倉	10画	ソウ	くら	倉庫
巣	11画	（ソウ）	す	巣箱
束	7画	ソク	たば	花束
側	11画	ソク	がわ	向こう側
続	13画	ゾク	つづく・つづける	
卒	8画	ソツ		卒業
孫	10画	ソン	まご	子孫
た～と　帯	10画	タイ	おびる・おび	
隊	12画	タイ		隊員
達	12画	タツ		速達
単	9画	タン		単位
置	13画	チ	おく	
仲	6画	（チュウ）	なか	仲間
沖	7画	（チュウ）	おき	
兆	6画	チョウ	（きざす）（きざし）	一兆円
低	7画	テイ	ひくい・ひくめる・ひくまる	低学年
底	8画	テイ	そこ	海底
的	8画	テキ	まと	的中
典	8画	テン		式典
伝	6画	デン	つたわる・つたえる・つたう	伝言
徒	10画	ト		徒歩
努	7画	ド	つとめる	努力
灯	6画	トウ	（ひ）	
働	13画	ドウ	はたらく	
特	10画	トク		特等席
徳	14画	トク		
栃	9画		とち	
な～の　奈	8画	ナ		奈良
梨	11画		なし	
熱	15画	ネツ	あつい	
念	8画	ネン		記念日
は～ほ　敗	11画	ハイ	やぶれる	
梅	10画	バイ	うめ	梅ぼし
博	12画	ハク・（バク）		博物館
阪	7画	（ハン）		大阪
飯	12画	ハン	めし	ご飯
飛	9画	ヒ	とぶ・とばす	空を飛ぶ
必	5画	ヒツ	かならず	必死
票	11画	ヒョウ		投票
標	15画	ヒョウ		
不	4画	フ・ブ		不安
夫	4画	フ・（フウ）	おっと	農夫
付	5画	フ	つける・つく	付録
府	8画	フ		大阪府
阜	8画	フ		岐阜
富	12画	フ・（フウ）	とむ・とみ	豊富
副	11画	フク		副読本
兵	7画	ヘイ・ヒョウ		兵士
別	7画	ベツ	わかれる	ごみの分別
辺	5画	ヘン	あたり・べ	周辺
変	9画	ヘン	かわる・かえる	変化
便	9画	ベン・ビン	たより	便利
包	5画	ホウ	つつむ	包み紙
法	8画	ホウ（ハッ）・（ホッ）		方法
望	11画	ボウ・（モウ）	のぞむ	望遠鏡
牧	8画	ボク	（まき）	牧場
ま～も　末	5画	マツ・（バツ）	すえ	
満	12画	マン	みちる・みたす	満月
未	5画	ミ		未来
民	5画	ミン	（たみ）	国民
無	12画	ム・ブ	ない	無事に帰宅
や～よ　約	9画	ヤク		
勇	9画	ユウ	いさむ	勇気
要	9画	ヨウ	かなめ（いる）	重要
養	15画	ヨウ	やしなう	
浴	10画	ヨク	あびる・あびせる	浴室
ら～ろ　利	7画	リ	（きく）	
陸	11画	リク		着陸
良	7画	リョウ	よい	良好
料	10画	リョウ		料理
量	12画	リョウ	はかる	計量
輪	15画	リン	わ	
類	18画	ルイ	（たぐい）	
令	5画	レイ		命令
冷	7画	レイ	つめたい・ひえる・ひや・ひやす・ひやかす・さめる・さます	冷やす
例	8画	レイ	たとえる	例題
連	10画	レン	つらなる・つらねる・つれる	連想
老	6画	ロウ	おいる（ふける）	老人
労	7画	ロウ		苦労
録	16画	ロク		

もくじ

国語4年
光村図書版
かがやき／はばたき

教科書ぴったりトレーニング

▶ 3分でまとめ動画

巻末	夏のチャレンジテスト	山ねこ、おことわり	とりはずしてお使いください
	冬のチャレンジテスト	あせの役わり	
	春のチャレンジテスト	手ぶくろを買いに	
	学力しんだんテスト	ジュゴンはなぜ死ななければならなかったのか	
別冊	丸つけラクラクかいとう		

ぴったり1 じゅんび

春のうた

◎めあて
★かえるの気持ちになって、音読を楽しんでみよう。
★「ほっ」「ケルルン　クック。」という言葉に、かえるのどんな気持ちが表れているかを考えよう。

学習日
月　日
教科書
上16〜17ページ
答え
2ページ

四年生の学習が始まるよ。まずは、詩「春のうた」を読んで、場面の様子や、かえるの気持ちをそうぞうしよう。

1 正しい意味に○をつけましょう。

① つるつるした水。
ア（　）なめらかで、つやのある様子。
イ（　）光っていて、まぶしい様子。

② そよそよと木の葉をゆらす風。
ア（　）風がしずかにふく様子。
イ（　）風がいきおいよくふく様子。

2 詩を読んで、答えましょう。

春のうた　草野（くさの）心平（しんぺい）

かえるは冬のあいだは土の中にいて
春になると地上に出てきます。
そのはじめての日のうた。

ほっ　まぶしいな。
ほっ　うれしいな。

(1) この詩は、だれが、いつ、どうした日のことをうたっていますか。

（　　　）にいた（　　　）が、（　　　）になって、地上に（　　　）出てきた日。

(2) 「ほっ」という言葉が四回使われていますが、この言葉にはかえるのどんな気持ちが表れていますか。二つに○をつけましょう。

ア（　）よろこび　イ（　）心配
ウ（　）悲しみ　エ（　）おどろき

みずは　つるつる。
かぜは　そよそよ。
ケルルン　クック。
ああいいにおいだ。
ケルルン　クック。

ほっ　いぬのふぐりがさいている。
ほっ　おおきなくもがうごいてくる。

ケルルン　クック。
ケルルン　クック。

(3)「みずは　つるつる。かぜは　そよそよ。」とありますが、どんな様子を表していますか。一つに○をつけましょう。

ア（　）寒そうな様子。　イ（　）春らしい様子。

ウ（　）うす暗い様子。

(4)「ケルルン　クック。」について、答えましょう。

① この言葉は、何を表していますか。

かえるの［　　　］。

② この言葉を音読するときは、どんな調子で読めばよいですか。一つに○をつけましょう。

ア（　）暗くしずんだ調子。

イ（　）ゆったりと落ち着いた調子。

ウ（　）明るくはずんだ調子。

(5)この詩から、かえるのどんな気持ちがそうぞうできますか。一つに○をつけましょう。

ア（　）土の中から出られたよろこびと、地上の春の風景（けい）やここちよさにうきうきする気持ち。

イ（　）地上のあまりのまばゆさにおどろき、もう少し土の中でゆっくりしていたかったという気持ち。

ウ（　）地上の様子が土の中で考えていたのとちがっていたので、がっかりする気持ち。

ぴったり1 じゅんび

3分でまとめ

ふしぎな出来事をとらえて読み、考えたことを話そう

白いぼうし

あまん きみこ

図書館の達人になろう

めあて

★出来事と登場人物の気持ちをつかもう。
★どんなふしぎな出来事が起こったかを読み取ろう。
★知りたいことを調べるときの、本のさがし方を知ろう。

学習日
月　日
教科書
上21〜37ページ
答え
2ページ

かきトリ 新しい漢字

教科書ページ	漢字	読み	画数
教科書22ページ	信	シン	9画
23ページ	達	タツ	12画
24ページ	飛	ヒ・とぶ・とばす	9画
26ページ	席	セキ	10画
26ページ	建	ケン・たてる・たつ	9画
27ページ	菜	サイ・な	11画
32ページ	標	ヒョウ	15画
33ページ	例	レイ・たとえる	8画
36ページ	法	ホウ	8画
36ページ	類	ルイ・たぐい	18画
36ページ	機	キ	16画
36ページ	械	カイ	11画
36ページ	司	シ	5画
36ページ	典	テン	8画
36ページ	順	ジュン	12画
37ページ	録	ロク	16画

1 （　）に読みがなを書きましょう。

① 古い　建物。（　）

② ◆友達（　）と話す。

③ 司書（　）の先生。

④ 文字を　●記（　）す。

●読み方が新しい字　◆特別な読み方の言葉

2 □に漢字を書きましょう。

① 交さ点の□□（しんごう）。

② 車の□□□（うんてんせき）。

③ □（な）の花がさく。

④ パンをやく□□（きかい）。

3 正しい意味に○をつけましょう。

① そでをたくし上げる。
ア（　）短くおりたたんでぬいつける。
イ（　）手でまくって引き上げる。

② かたをすぼめる。
ア（　）高くつき上げる。
イ（　）ちぢめて小さくする。

③ せかせかと歩く。
ア（　）落ち着きのない様子。
イ（　）ゆったりとしている様子。

4 本をさがすにはどんな方法がありますか。□に当てはまる言葉を□からえらんで、記号を書きましょう。

- たなにしめされた本の分類番号や本の背（せ）にある（　）のじょうほうを見る。
- （　）の先生にきく。
- 百科事典や（　）で調べてから本をさがす。

ア 図鑑（かん）　イ ラベル　ウ 司書

3分でワンポイント

どんなふしぎな出来事が起こったかを読み取ろう。

★①～④の（　）に合う言葉を□の中からえらんで、記号を書きましょう。

場面	起こった出来事
一 しんしとの会話	・松井（まつい）さんは、いなかからとどいた夏みかんを車にのせてきた。
二 白いぼうしともんしろちょう	・松井さんが車道のそばにおかれた①（　）をつまみ上げると、ちょうが飛び出した。 ・松井さんは、にがしたちょうの代わりに②（　）をぼうしの中に入れた。
三 女の子との出会い	・おかっぱの③（　）が松井さんの車に乗っていた。
四 ふしぎな出来事	・車から女の子がいなくなった。 ・まどの外に④（　）がたくさんいて、「よかったね。」という小さな声が聞こえた。

ア ちょう　イ 夏みかん
ウ ぼうし　エ 女の子

白いぼうし

ふしぎな出来事をとらえて読み、考えたことを話そう

学習日
月　日
教科書
上21〜34ページ
答え
3ページ

文章を読んで、答えましょう。

アクセルをふもうとしたとき、松井（まつい）さんは、はっとしました。「おや、車道のあんなすぐそばに、小さなぼうしが落ちているぞ。風がもうひとふきすれば、車がひいてしまうわい。」

緑がゆれているやなぎの下に、かわいい白いぼうしが、ちょこんとおいてあります。松井さんは車から出ました。

そして、ぼうしをつまみ上げたとたん、ふわっと何かが飛び出しました。

「あれっ。」

もんしろちょうです。あわててぼうしをふり回しました。そんな松井さんの目の前を、ちょうはひらひら高くまい上がると、なみ木の緑の向こうに見えなくなってしまいました。

1 「車から出ました。」とありますが、松井さんは何をするために車から出たのですか。一つに○をつけましょう。

ア（　）白いぼうしに重しをのせるため。

イ（　）白いぼうしを安全な場所にうつすため。

ウ（　）白いぼうしの中のちょうをつかまえるため。

2 「あわててぼうしをふり回しました。」とありますが、なぜこのようにしたのですか。

飛び出した［　　　　　　］を［　　　　　　］としたから。

3 「ははあ、わざわざここにおいたんだな。」とありますが、①何を、②何のためにおいたのですか。

①（　　　　）

②（　　　　）

ヒント　この直前に起こったことから考えよう。

「ははあ、わざわざここにおいたんだな。」ぼうしのうらに、赤いししゅう糸で、小さくぬい取りがしてあります。

「たけやまようちえん　たけの　たけお」

小さなぼうしをつかんで、ため息をついている松井さんの横を、太ったおまわりさんが、じろじろ見ながら通りすぎました。

「せっかくのえものがいなくなっていたら、この子は、どんなにがっかりするだろう。」

ちょっとの間、かたをすぼめてつっ立っていた松井さんは、何を思いついたのか、急いで車にもどりました。

運転席から取り出したのは、あの夏みかんです。まるで、あたたかい日の光をそのままそめつけたような、見事な色でした。すっぱい、いいにおいが、風であたりに広がりました。

松井さんは、その夏みかんに白いぼうしをかぶせると、飛ばないように、石でつばをおさえました。

あまん きみこ「白いぼうし」より

4 「ため息をついている」とありますが、このとき松井さんはどんな気持ちでしたか。一つに〇をつけましょう。

ア（　）ちょうをにがしたことを、男の子はおこるだろうなあ。あやまるのは、めんどうくさいなあ。

イ（　）ちょうがいなくなって、男の子はがっかりするだろうなあ。すまないことをしたなあ。

ウ（　）にげてしまったちょうはどこに行ったのかなあ。どうしたらつかまえられるかなあ。

ヒント　後の「　」にある、松井さんの心の声から読み取ろう。

5 「運転席から取り出したのは、あの夏みかんです。」とありますが、なぜ松井さんは夏みかんを取り出したのですか。

にがしてしまった（　　　　）の代わりに、（　　　　）を（　　　　）の下に入れるため。

6 松井さんはどんな人がらだといえますか。一つに〇をつけましょう。

ア（　）あわてんぼうで、おっちょこちょいな人がら。

イ（　）せっかちで、おこりっぽい人がら。

ウ（　）親切で、やさしい人がら。

ぴったり1 じゅんび

3分でまとめ

漢字辞典を使おう
きせつの言葉1　春の楽しみ

めあて
★部首や画数について学び、漢字辞典の使い方を知ろう。
★きせつを表す言葉について知ろう。

学習日　月　日
教科書　上38〜43ページ
答え　3ページ

かきトリ 新しい漢字

漢字	教科書	音読み	訓読み	画数
辞	38ページ	ジ		13画
成	38ページ	セイ	なる・なす	6画
訓	38ページ	クン		10画
印	39ページ	イン	しるし	6画
静	41ページ	セイ	しず・しずか・しずまる・しずめる	14画
愛	41ページ	アイ		13画
昨	41ページ	サク		9画
城	41ページ	ジョウ	しろ	9画
初	41ページ	ショ	はじめ・はじめて・はつ	7画
景	41ページ	ケイ		12画
群	41ページ	グン	むれる・むれ・むら	13画

「成」の書き順に注意。「一」ではなく「ノ」から書くよ。

1 （　）に読みがなを書きましょう。

① 漢字の画数。
② 部首を調べる。
③ 東西南北の方角。
④ お社の階だん。
⑤ 本を正す。
⑥ 青年と話す。
⑦ 初夏の緑。
⑧ 絵画を見る。
⑨ 立春の日。

●読み方が新しい字

漢字辞典を使おう

2 □に漢字を書きましょう。

① □□（めじるし）をつける。　② 妹の□□□（あいどくしょ）。

③ お□（しろ）の王様。　④ 町の□□（ふうけい）。

3 （　）に漢字と送りがなを書きましょう。

①（　　）（しずか）な教室。　② 魚の（　　）（むれ）。

4 漢字辞典について、（　）に当てはまる言葉を□からえらんで、記号を書きましょう。

① 漢字辞典では、漢字が（　）べつに（　）され、画数の（　）ものから、ならべられている。

② 漢字辞典では、漢字の全ての（　）、成り立ち、（　）と例、その漢字を使った（　）などを知ることができる。

ア 語句（く）　イ 意味　ウ 読み方　エ 分類
オ 部首　カ 多い　キ 少ない

5 次の漢字の部首は何ですか。平がなで書きましょう。

① 間（　）　② 問（　）

6 次の漢字の総（そう）画数を、算用数字で書きましょう。

① 号 □画　② 都 □画

7 次の漢字辞典のさくいんは、どんなときに使いますか。――でむすびましょう。

① 部首さくいん・　・ア 漢字の音か訓が分かっているとき。
② 音訓さくいん・　・イ 漢字の読み方も部首も分からないとき。
③ 総画さくいん・　・ウ 漢字の部首が分かっているとき。

きせつの言葉1 春の楽しみ

8 春の行事を一つ書きましょう。

（　　　）

ぴったり1 じゅんび

大事なことを落とさずに聞こう

聞き取りメモのくふう
コラム　話し方や聞き方からつたわること

3分でまとめ

めあて
★大事なことを落とさずに聞くメモの取り方を学ぼう。
★話し方や聞き方で気をつけるとよいことを知ろう。

学習日　月　日
教科書　上44〜49ページ
答え　4ページ

かきトリ　新しい漢字

教科書45ページ	45ページ	45ページ
必 ヒツ かならず 5画	要 ヨウ かなめ 9画	的 テキ まと 8画

「必」の書き順に注意しよう。

1 □に読みがなを書きましょう。

① 記号を用いる。

●読み方が新しい字

2 □に漢字を書きましょう。

① ひつような言葉。
② もくてきに合わせる。

聞き取りメモのくふう

3 メモを取るときに大切なことを、次のようにまとめました。□に当てはまる言葉を□からえらんで、記号を書きましょう。

① メモを取る話題と(　)をたしかめる。
② 必要なことを考え、(　)を書く。
③ まとまりごとに(　)言葉で書いたり、(　)にしたりする。
④ 矢印や(　)などを使って書く。
⑤ 後でしつもんやかくにんをしたいところには、(　)などをつける。
⑥ 話が終わったら、すぐにメモを読み返し、(　)する。

ア 整理　イ 要点　ウ 印　エ 目的
オ かじょう書き　カ 短い　キ 記号

4 次の文章は、図書委員会の発表の一部です。これについて、後の問いに答えましょう。

図書委員会の仕事は、主に次の三つです。一つ目は本のかし出しと返きゃくです。二つ目は本だなの整理です。三つ目は本のしょうかいです。

図書委員会の活動は、月、火、木の週三回です。

① この発表を聞いてメモを取りました。メモの（　）に当てはまる言葉を書き入れましょう。

●図書委員会
仕事
・本のかし出しとへんきゃく
・（　　　　）
・（　　　　）
活動
月、火、？？
週３

② メモの 活動 の部分では、どんなくふうをしていますか。一つに○をつけましょう。

ア（　）数字も漢字で書くようにしている。
イ（　）見やすいように矢印を使っている。
ウ（　）かくにんしたいところに印をつけている。

5 次のようなとき、Aさんはどのような気持ちになると考えられますか。記号で答えましょう。

① Aさんがみんなの前で発表している間、ずっと下を向いている人を見たとき。（　）
② 話しているAさんの顔を見て、うなずきながら聞いてくれる人を見たとき。（　）
③ Aさんが「てつだってほしい。」と言うと、間をおいて、「いいよ。」と返事をした人がいたとき。（　）

ア 無理にてつだわせてしまうようで悪いなあ。
イ 自分の話をねっしんに聞いてくれている。
ウ 話の内容にきょう味がないのかもしれない。
エ こころよく引き受けてくれて、ほっとした。

6 男の子の返事のしかたで、女の子がうれしく感じるのはどちらですか。記号を書きましょう。（　）

ア

イ

ぴったり1 じゅんび

カンジーはかせの都道府県の旅1
漢字の広場①

めあて
★都道府県名を漢字で読み書きできるようになろう。
★三年生で習った漢字をふく習しよう。

学習日 月 日
教科書 上50～52ページ
答え 4ページ

かきトリ 新しい漢字

府	茨	栃	埼	奈	潟	富
教科書50ページ	51ページ	51ページ	51ページ	51ページ	51ページ	51ページ
フ	いばら	とち	さい	ナ	かた	フ・とむ・とみ
8画	9画	9画	11画	8画	15画	12画

井	梨	量	岐	阜	岡
51ページ	51ページ	51ページ	51ページ	51ページ	51ページ
い	なし	リョウ・はかる	◆岐阜（ぎふ）	フ・◆岐阜（ぎふ）	おか
4画	11画	12画	7画	8画	8画

1 （　）に読みがなを書きましょう。

① ◆宮城（　）県の名物。
② ◆七夕（　）のお祭り。
③ ●山形（　）県の山。
④ ◆茨城（　）県の庭園。
⑤ ●群馬（　）県産（さん）の野菜。
⑥ ●人口（　）が多い都市（し）。
⑦ ◆神奈川（　）県へ行く。
⑧ ●新潟（　）県の米。
⑨ ◆富山（　）県の海。
⑩ ◆岐阜（　）県の会社。

●読み方が新しい字　◆特別な読み方の言葉

カンジーはかせの都道府県の旅1

2 □に漢字を書きましょう。

① □□□□（とどうふけん）

② 野菜の生産□（りょう）。

3 次の日本地図の①〜⑤の県名を書きましょう。

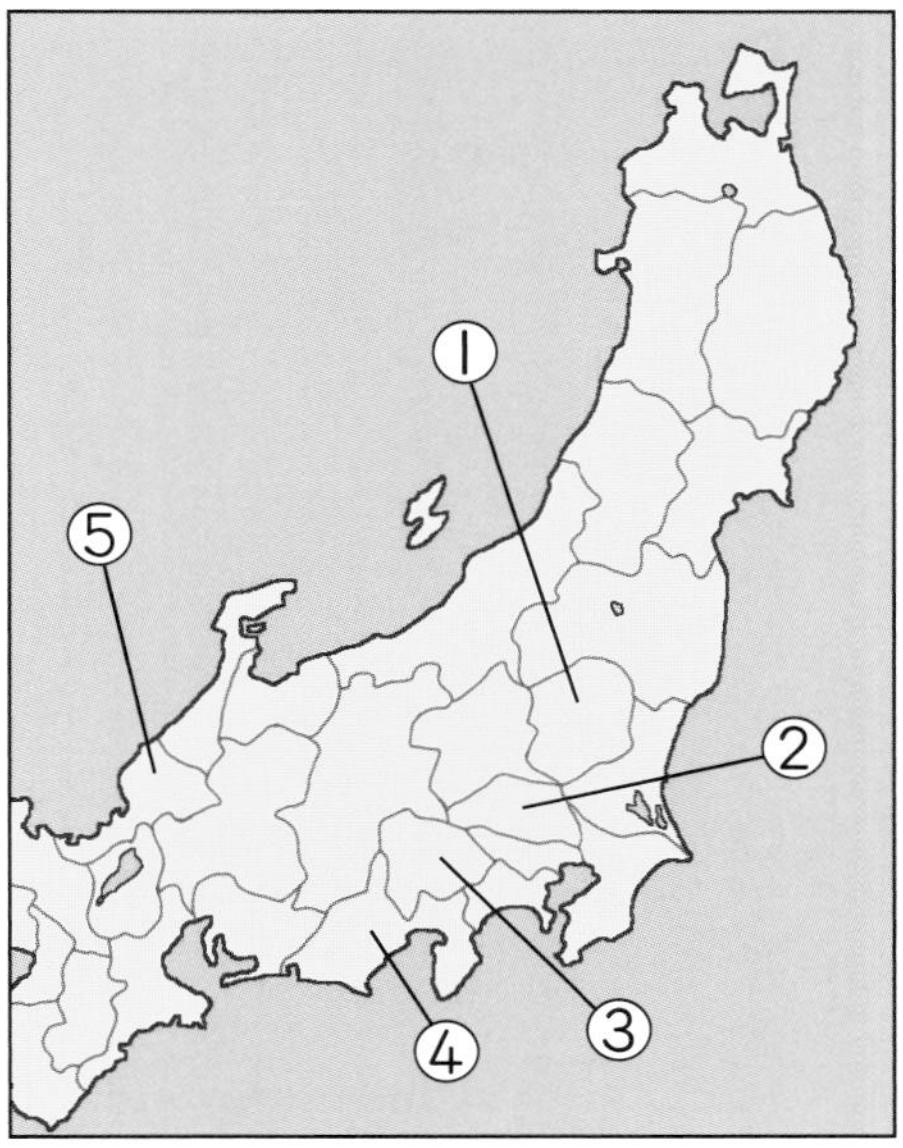

① □□（とちぎ）県

② □□（さいたま）県

③ □□（やまなし）県

④ □□（しずおか）県

⑤ □□（ふくい）県

漢字の広場①

4 □に三年生で習った漢字を書きましょう。

① □（みなと）から船が出る。

② □□（てっきょう）をわたる。

③ □□（さかみち）をのぼる。

④ □（ひつじ）をかう。

5 絵の中の言葉を三つ以上使って、駅前の様子をしょうかいする文を書きましょう。

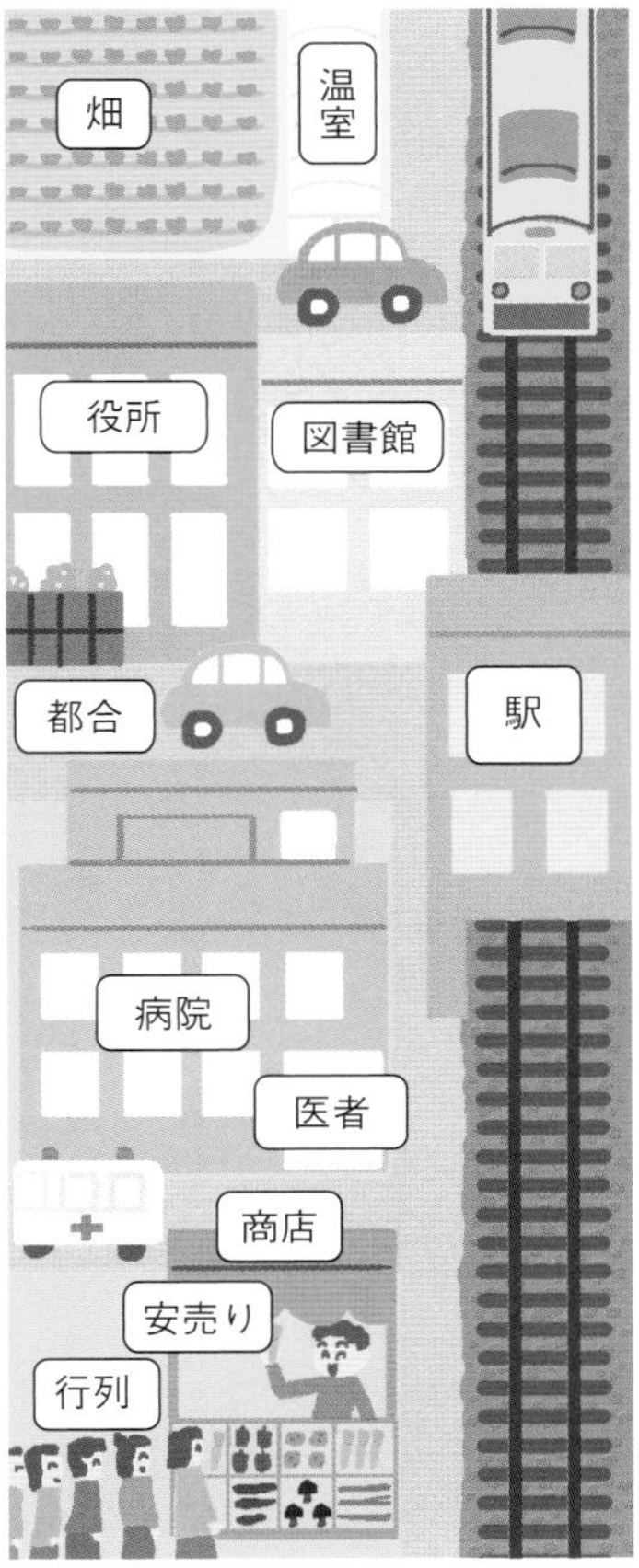

時間 20分 ／100 ごうかく 80点

学習日 月 日
教科書 上21～52ページ
答え 5ページ

文章を読んで、答えましょう。 思考・判断・表現

車にもどると、おかっぱのかわいい女の子が、ちょこんと後ろのシートにすわっています。

「道にまよったの。行っても行っても、四角い建物ばかりだもん。」

つかれたような声でした。

「ええと、どちらまで。」

「え。――ええ、あの、あのね、菜の花横町ってあるかしら。」

「菜の花橋のことですね。」

エンジンをかけたとき、遠くから、元気そうな男の子の声が近づいてきました。

「あのぼうしの下さあ。お母ちゃん、本当だよ。本当のちょうちょが、いたんだもん。」

水色の新しい虫とりあみをかかえた男の子が、エプロンを着けたままのお母さんの手を、ぐいぐい引っぱってきます。

「ぼくが、あのぼうしを開けるよ。だから、お母ちゃんは、

1 「お母ちゃん、本当だよ。本当のちょうちょが、いたんだもん。」という男の子の言葉から、どんなことがそうぞうできますか。一つに○をつけましょう。 15点

ア（　）男の子は、ちょうをつかまえるのが、とても上手なこと。

イ（　）男の子は、これまで本当のちょうをあまり見たことがないこと。

ウ（　）男の子は、前にちょうをつかまえようとして、しっぱいしていること。

2 「お母さんの手を、ぐいぐい引っぱってきます。」という表現（げん）から、男の子のどんな気持ちが分かりますか。 10点

ぼうしの下のちょうを、お母さんに（　　　　　　　　　　）という気持ち。

3 「早く、おじちゃん。早く行ってちょうだい。」と言ったとき、女の子はどんな様子でしたか。一つに○をつけましょう。 10点

ア（　）楽しそうにはしゃいだ様子。

イ（　）悲しくて、今にもなきだしそうな様子。

ウ（　）何かに追われているような、ひどくあわてた様子。

このあみでおさえてね。あれっ、石がのせてあらあ。」

客席の女の子が、後ろから乗り出して、せかせかと言いました。

「早く、おじちゃん。早く行ってちょうだい。」

松井（まつい）さんは、あわててアクセルをふみました。やなぎのなみ木が、みるみる後ろに流れていきます。

「お母さんが、虫とりあみをかまえて、あの子がぼうしをそうっと開けたとき――。」と、ハンドルを回しながら、松井さんは思います。「あの子は、どんなに目を丸くしただろう。」

すると、ぽかっと口をO（オー）の字に開けている男の子の顔が、見えてきます。「おどろいただろうな。まほうのみかんと思うかな。なにしろ、ちょうが化けたんだから――。」

「ふふふっ。」

ひとりでにわらいがこみ上げてきました。でも、次に、

「おや。」

松井さんはあわてました。バックミラーには、だれもうつっていません。ふり返っても、だれもいません。

あまん きみこ「白いぼうし」より

できたらスゴイ！

4 「やなぎのなみ木が、みるみる後ろに流れていきます。」という表現から、どんなことが分かりますか。 15点

（　　　　　　　　）

よく出る

5 「ひとりでにわらいがこみ上げてきました。」とありますが、松井さんはなぜわらったのですか。 一つ5点（15点）

ぼうしを開けた男の子が、（　　　　）の代わりに（　　　　）があるのを見て、（　　　　）様子をそうぞうしたから。

よく出る

6 「松井さんはあわてました。」とありますが、なぜあわてたのですか。具体的に書きましょう。 15点

（　　　　　　　　）

考えを書こう

7 このあと、車に乗っていた女の子は、どうしたと思いますか。 20点

（　　　　）へ帰った。

ふりかえり　6が分からないときは、5ページの 3分でワンポイント にもどってかくにんしてみよう。

ぴったり3 たしかめのテスト②

白いぼうし ～ 漢字の広場①

1 読みがなを書きましょう。 一つ2点(20点)

①（　　）速達 がとどく。

②（　　）漢字の 成 り立ち。

③（　　）新しい 方法。

④（　　）本を 分類 する。

⑤（　　）昨夜 の雨。

⑥（　　）やさしい 青年。

⑦（　　）立春 の日。

⑧（　　）七夕 の竹かざり。

⑨（　　）茨城 県の名物。

⑩（　　）東京都の 人口。

2 □に漢字を、（　）に漢字と送りがなを書きましょう。 一つ2点(20点)

① □□（もくひょう）を立てる。

② □□（きろく）をつける。

③ 漢字□□（じてん）を引く。

④ □□（おんくん）さくいん

⑤ 五十音□（じゅん）

⑥ □（れい）をあげる。

⑦ □□（めじるし）をつける。

⑧（　　）（しずか）な夜。

⑨ はとが（　　）（とび）出す。

⑩ 羊の（　　）（むれ）。

時間 20分

／100

ごうかく 80点

学習日

月　日

教科書

上21～52ページ

答え

6ページ

3
本のラベルにある番号は、何を表していますか。一つに○をつけましょう。　6点

ア（　）本の発行年度
イ（　）本の分類
ウ（　）本の作者の番号

4
次の部分は、主に何にかん係のある漢字を作っていますか。□からえらんで、記号を書きましょう。　一つ5点（15点）

①心（　）　②宀（　）　③雨（　）

ア　雨や天気　イ　心のはたらき　ウ　家や建物

5
次の漢字を部首さくいんで調べます。□に部首を、（　）に部首の画数を漢数字で書きましょう。　両方できて6点（18点）

① 終　□　（　）画
② 階　□　（　）画
③ 開　□　（　）画

6
思考・判断・表現

次の園芸（げい）委員会のせつめいのはじめの部分と、それを聞いて取ったメモを読んで、問いに答えましょう。

これから、園芸委員会の活動について話します。園芸委員会の仕事は、主に次の三つです。一つ目は、きせつごとのたねまきです。二つ目は、毎朝の水やりです。三つ目は、週一回の草むしりです。園芸委員の楽しみは、野菜のしゅうかくです。もうすぐ夏野菜のしゅうかく時期をむかえます。……

えんげい委員会
㋡ □
㋤ やさいのしゅうかく
なつやさい？

① □に入る――の部分を、かじょう書きで書きましょう。　15点

② このメモでくふうしていることを、二つえらびましょう。　両方できて6点

ア（　）できるだけ漢字を使って書いている。
イ（　）短い言葉で、後で分かるように書いている。
ウ（　）せつめいを聞いた感想も書きくわえている。
エ（　）後でしつもんできるように、印をつけている。

ふりかえり　6が分からないときは、11ページの4にもどってかくにんしてみよう。

筆者の考えをとらえて、自分の考えを発表しよう

［練習］思いやりのデザイン
木村博之（きむらひろゆき）

アップとルーズで伝える
中谷日出（なかやひで）

考えと例

めあて
★文章の組み立てに注意して読み、筆者の考えをとらえよう。
★考えと例のむすびつきをとらえよう。

学習日
月　日
教科書
上53〜65ページ
答え
6ページ

かきトリ 新しい漢字

漢字	読み	画数	教科書
伝	デン／つたわる・つたえる・つたう	6画	53ページ
案	アン	10画	54ページ
説	セツ／とく	14画	54ページ
試	シ／こころみる	13画	56ページ
選	セン／えらぶ	15画	56ページ
観	カン	18画	56ページ
旗	キ／はた	14画	59ページ
利	リ	7画	59ページ
材	ザイ	7画	60ページ
関	カン／せき・かかわる	14画	62ページ

1 （　）に読みがなを書きましょう。

① 町の ◆景色（　　）。

② 試合の ●後半（　　）。

●読み方が新しい字　◆特別な読み方の言葉

2 □に漢字を、（　）に漢字と送りがなを書きましょう。

① □（せつめいず）を見る。

② □（かんけい）がある。

③ 野球の□（せんしゅ）。

④ □（はた）をふる。

⑤ チームの□（しょうり）。

⑥ 思いを（つたえる）。

●読み方が新しい字

アップとルーズで伝える

3 （　）に当てはまる言葉を［　］から選んで書きましょう。

① （　　）ぼくたちの出番だ。

② クラスの（　　）全員がさんせいした。

③ 作文のテーマが（　　）決まらない。

［ なかなか　ほぼ　いよいよ ］

4 正しい意味に○をつけましょう。

① チャンスの場面でこうふんが高まる。
ア（　）気持ちが強くはげしくなること。
イ（　）大きな声を出すこと。

② 雨がふっているのはせまいはんいだ。
ア（　）あるかぎられた広さ。
イ（　）見わたすことのできる広さ。

③ クラスが一体となって合唱する。
ア（　）同じ声を出すこと。
イ（　）一つにまとまっていること。

④ 発表をする人に視線が集まる。
ア（　）多くの人の気持ち。
イ（　）見つめている目の方向。

考えと例

5 次の文章のア～エの文から、例をあげている文を全てさがし、記号を書きましょう。

アわたしは、物語を読むのがすきです。イ例えば、ファンタジーです。ウふしぎな世界へ行った気分になれます。エまた、なぞときのお話もすきです。

（　　　）

3分でワンポイント

文章の組み立てをつかもう。

★次の①②は、ア「中」、イ「終わり」のどちらに当てはまりますか。

① 「初め」と同じことを書いている。（　）
② 二つの例を対比している。（　）

	初め	中	終わり
思いやりのデザイン	インフォグラフィックスを作るとき、相手の立場で考えることが大切。	Aの案内図 まち全体を知りたい人に便利。 Bの案内図 目的が決まっている人に便利。	インフォグラフィックスは、見る人の立場に立って作る、思いやりのデザインである。
アップとルーズで伝える	・アップとルーズの選たくや、組み合わせが大切。 ・二つにはどんなちがいがあるか。	アップ 細かい部分は分かるが、多くは分からない。 ルーズ 広いはんいは分かるが、各選手の様子は分からない。	・二つには、伝えられることと伝えられないことがある。 ・二つを選んだり組み合わせたりすることで、伝えたいことを分かりやすくとどけられる。

筆者の考えをとらえて、自分の考えを発表しよう

［練習］思いやりのデザイン

学習日
月　日
教科書　上53～55ページ
答え　7ページ

文章を読んで、答えましょう。

①　学校の中に、トイレやひじょう口の場所を知らせる絵文字、校内の案内図、手のあらい方の説明図などがあるでしょう。それらのように、伝えたいことを、絵や図、文字を組み合わせて見える形にしたものを、インフォグラフィックスといいます。これは、インフォメーション（伝えたいこと）と、グラフィックス（形にすること）を合わせた言葉で、デザインの一つです。

②　わたしには、インフォグラフィックスを作るときに大切にしていることがあります。それは、相手の立場から考えるということです。絵や図を使っていても、必ず分かりやすくなるとはかぎりません。まちの案内図を例に、考えてみましょう。

③　Aの案内図は、どこに、どんな建物があるかを、だれが見ても分かるように表しています。そのため、このまちに来た多くの人の役に立ちます。しかし、目的地が決まっている人にとっては、どうでしょうか。たくさんの道や目印があるため、どの道順で行けばよい

1　①「それら」について、答えましょう。

何を指していますか。三字で三つ書きぬきましょう。

②　①で答えたようなものを、何といいますか。

2　「まちの案内図を例に、考えてみましょう。」とありますが、どんなことについて考えるのですか。一つに○をつけましょう。

ア（　）まちのよいところを絵や図で伝えるにはどうすればよいのかということ。

イ（　）インフォグラフィックスは本当に必要なのかどうかということ。

ウ（　）絵や図を使っていても、必ず分かりやすくなるとは

のか、まよってしまうかもしれません。

④　いっぽう、Bの案内図は、目的地までの道順と目印になる建物だけを表しています。まよわず安心して目的地に向かえるように、歩くときに見える景色をさまざまにそうぞうしながら、見る人にとっていちばん分かりやすい道順にしぼってしめしています。しかし、まち全体の様子を知りたい人にとっては、十分なものではありません。

⑤　このように、インフォグラフィックスを作るときには、相手の目的に合わせて、どう見えると分かりやすいのかを考えながらデザインすることが大切です。つまり、インフォグラフィックスは、見る人の立場に立って作る、思いやりのデザインなのです。

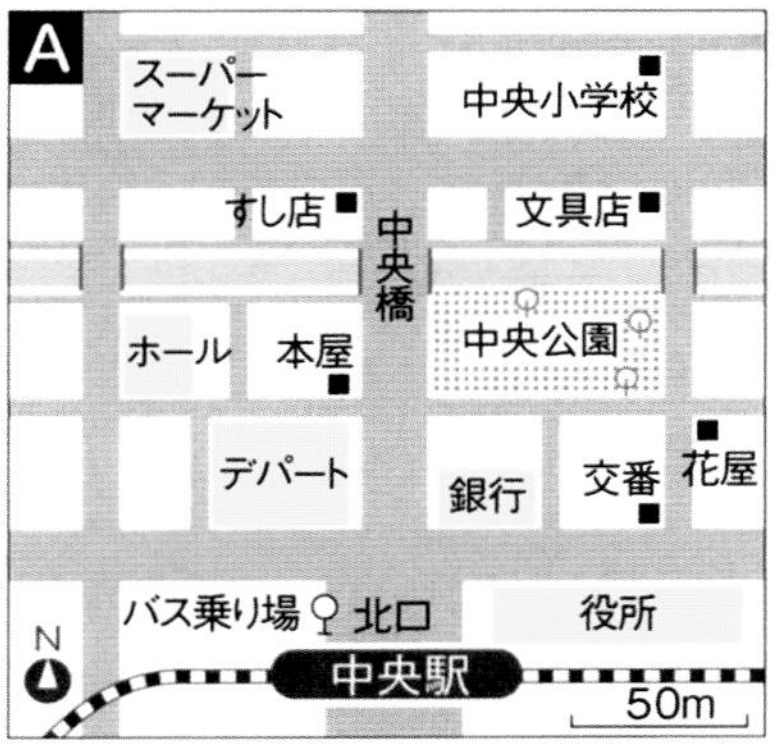

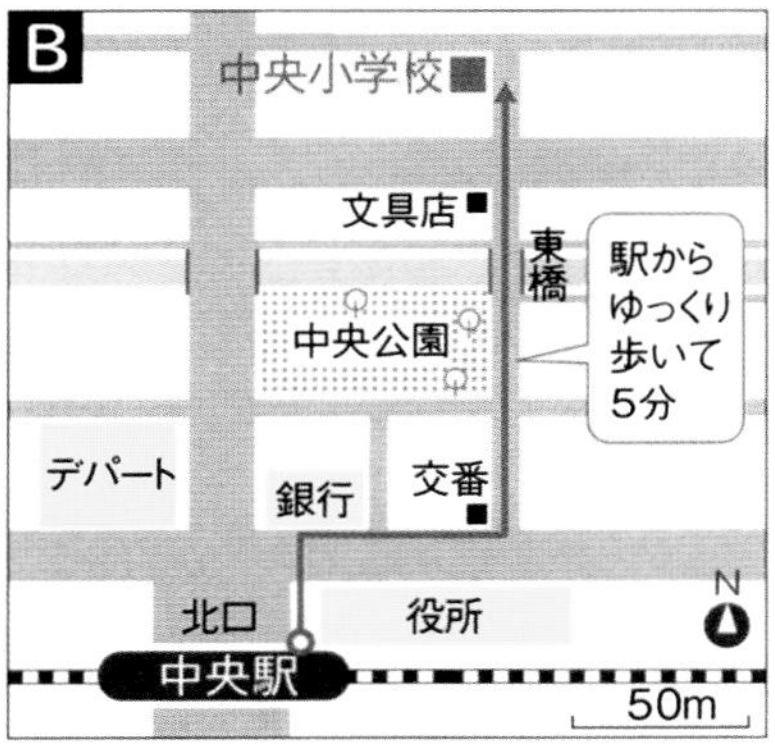

木村　博之「思いやりのデザイン」より

令和５年検定済　光村図書　小国４上より

かぎらないということ。

3

① A・Bの案内図について、答えましょう。

Aの案内図は、どんな人の役に立ちますか。

（　　　　　　　　）

ヒント AとBの案内図は、見る人によってはどうなのかな。

② Bの案内図は、どんな人の役に立ちますか。一つに○をつけましょう。

ア（　）目的地が決まっている人。

イ（　）まち全体の様子を知りたい人。

ウ（　）建物を見て回りたい人。

4

①～⑤の段落（だん）について説明した文として、正しいもの全てに○をつけましょう。

ア（　）①の段落は、話題をしめしている。

イ（　）②の段落は、①の段落と反対のことをのべている。

ウ（　）③・④の段落は、二つの例を対比（ひ）している。

エ（　）⑤の段落は、③・④の段落であげた例のすぐれている点をまとめている。

オ（　）⑤の段落は、②の段落と同じことをくり返して、筆者の考えをまとめている。

ヒント 「いっぽう」や「このように」という言葉に着目しよう。

アップとルーズで伝える

筆者の考えをとらえて、自分の考えを発表しよう

文章を読んで、答えましょう。

テレビでサッカーの試合を放送しています。今はハーフタイム。もうすぐ後半が始まろうとするところで、画面には会場全体がうつし出されています。両チームの選手たちは、コート全体に広がって、体を動かしています。観客席は、ほぼまんいんといっていいでしょう。おうえんするチームの、チームカラーの洋服などを身に着けた人たちでうまっています。会場全体が、静かに、こうふんをおさえて、開始を待ち受けている感じが伝わります。

…第一段落（だん）

いよいよ後半が始まります。画面は、コー

1 第一・第二段落に書かれた画面について、答えましょう。

①　それぞれの画面は、サッカーの試合のいつの様子をうつしていますか。文章から書きぬきましょう。

第一段落　□□□□□□の様子。

第二段落　□□の様子。

ヒント：それぞれ字数がヒントになるよ。

②　それぞれの画面は、どんなものをうつし出していますか。

第一段落（　　　　　）

第二段落（　　　　　）

2 第一・第二段落では、どんな説明のくふうがされていますか。一つに○をつけましょう。

ア（　）二つの画面を対比（ひ）して、ちがいが分かるように説明している。

イ（　）二つの画面をならべて、共通（きょう）点が分かるように説

学習日　月　日
教科書　上56〜64ページ
答え　7ページ

トの中央に立つ選手をうつし出しました。ホイッスルと同時にボールをける選手です。顔を上げて、ボールをける方向を見ているようです。

…第二段落

初めの画面のように、広いはんいをうつすとり方を「ルーズ」といいます。次の画面のように、ある部分を大きくうつすとり方を「アップ」といいます。何かを伝えるときには、このアップとルーズを選んだり、組み合わせたりすることが大切です。アップとルーズでは、どんなちがいがあるのでしょう。

…第三段落

中谷 日出「アップとルーズで伝える」より

明している。

ウ（　）それぞれの画面のよい点、悪い点が分かるように、例をあげて説明している。

3 「ルーズ」とは、どんなとり方ですか。

（　　　　　　　　）

4 「アップ」とは、どんなとり方ですか。

（　　　　　　　　）

5 第三段落は、第一・第二段落と、どんな関係がありますか。一つに○をつけましょう。

ア（　）第一・第二段落と反対の事がらを書いている。

イ（　）第一・第二段落の内容をまとめ、自分の考えと問いを書いている。

ウ（　）第一・第二段落の内容をまとめ、全く別の話題をしめしている。

6 筆者は、何かを伝えるときに大切なのは、どうすることだと言っていますか。それが書かれた部分を二十四字でさがし、初めと終わりの四字を書きましょう。

□□□□ ～ □□□□

ヒント 「大切」という言葉に着目しよう。

3分でまとめ

気持ちが伝わる手紙を書こう

お礼の気持ちを伝えよう
漢字の広場②

めあて
★手紙を書くときの型（かた）について知ろう。
★三年生で習った漢字をふくしゅう習しよう。

学習日 月 日
教科書 上66～70ページ
答え 8ページ

かきトリ 新しい漢字

教科書66ページ	68ページ	68ページ	69ページ
以 イ 5画	季 キ 8画	節 セツ ふし 13画	郡 グン 10画

1 （　）に読みがなを書きましょう。

● 読み方が新しい字

① 全国の市区町村。（　）
② 郡名（　）を書く。

2 □に漢字を書きましょう。

① 学校［いがい］の場所。
② ［きせつ］の言葉。

お礼の気持ちを伝えよう

3 手紙の型にそって書いた次の手紙を読んで、後の問いに答えましょう。

新緑が美しい季節ですが、林さんはお元気ですか。先日、工場見学に行った○○小学校の山口太郎です。
この間は、お仕事の内ようについて説明してくださり、ありがとうございました。工場の仕組みがよく分かり、勉強になりました。
［　　　］。さようなら。
［A］
［B］
林　健一郎様

初めのあいさつ／本文／むすびのあいさつ／★

① 右の手紙の★の部分を、何といいますか。一つに○をつけましょう。

ア（　）おくづけ
イ（　）後書き
ウ（　）後づけ

② 〈初めのあいさつ〉には、どんなことを書いていますか。当てはまらないもの一つに○をつけましょう。

ア（　）相手の様子をたずねる言葉。
イ（　）自分の気持ち。
ウ（　）自分のしょうかい。
エ（　）季節の言葉。

③ 〈むすびのあいさつ〉の［　］の部分に、どんなことを書くとよいですか。一つに○をつけましょう。

ア（　）林さんは、どんなゲームがすきですか。
イ（　）これからもお仕事をがんばってください。
ウ（　）来週、ぼくたちは遠足に行く予定です。

④ [A]・[B]には、何を書いたらよいですか。［　］からそれぞれ選んで、記号を書きましょう。

A（　）
B（　）

ア 日づけ
イ 自分の年れい
ウ 自分の名前
エ 自分の住所

「手紙の型」をおぼえると、手紙が書きやすくなるよ！

4 □に三年生で習った漢字を、（　）には漢字と送りがなを書きましょう。

① 水泳の［　　］（れんしゅう）。
② ［　　］（びょうどう）に分ける。
③ 走るのが（　　）（はやい）。
④ 気温を（　　）（しらべる）。

5 絵の中の言葉を三つ使って、夏の楽しみを書きましょう。

ぼくは、夏休みに、

[練習] 思いやりのデザイン ～ 漢字の広場②

時間 20 分

／100

ごうかく 80 点

学習日　　月　　日

教科書 上53～70ページ

答え 9ページ

文章を読んで、答えましょう。　思考・判断・表現

アップでとったゴール直後のシーンを見てみましょう。ひたいにあせを光らせ、口を大きく開けて、全身でよろこびを表しながら走る選手の様子がよく伝わります。アップでとると、細かい部分の様子がよく分かります。しかし、このとき、ゴールを決められたチームの選手は、どんな様子でいるのでしょう。それぞれのおうえん席の様子はどうなのでしょう。走っている選手いがいの、うつされていない多くの部分のことは、アップでは分かりません。

……第一段落

試合終了直後のシー

1 「アップでとったゴール直後のシーン」では、選手のどんな様子がよく伝わりますか。それが書かれた部分を四十字でさがし、初めと終わりの四字を書きましょう。　10点

□□□□ ～ □□□□

2 「試合終了直後のシーン」について、答えましょう。

① どんなとり方でとっていますか。　10点

② どんな様子がよく分かりますか。　全部できて10点

立ち上がっている（　　）と（　　）が一体となって、（　　）様子。

できたらスゴイ!

3 「アップとルーズには、それぞれ伝えられることと伝えられないことがあります。」とありますが、どんなことが伝えられ、どんなことが伝えられないのですか。指示された字数で書きぬき、表を完成させましょう。　一つ10点（40点）

ンを見てみましょう。勝ったチームのおうえん席です。あちこちでふられる旗、たれまく、立ち上がっている観客と、それに向かって手をあげる選手たち。選手とおうえんした人たちとが一体となって、勝利をよろこび合っています。ルーズでとると、広いはんいの様子がよく分かります。でも、各選手の顔つきや視線、それらから感じられる気持ちまでは、なかなか分かりません。

…第二段落

このように、アップとルーズには、それぞれ伝えられることと伝えられないことがあります。それで、テレビでは、ふつう、何台ものカメラを用意していろいろなうつし方をし、目的におうじてアップとルーズを切りかえながら放送をしています。

…第三段落

中谷 日出「アップとルーズで伝える」より

	アップ	ルーズ
伝えられること	①（五字）の様子。	③（五字）の様子。
伝えられないこと	②（十三字）。	④（二十四字）。

よく出る

4 第三段落は、どのような役わりをしていますか。一つに○をつけましょう。 10点

ア（　）第一・第二段落と反対の事がらをのべている。

イ（　）第一・第二段落の内容をまとめている。

ウ（　）第一・第二段落の話題を、別の話題にかえている。

考えを書こう

5 運動会のつな引きで勝ったチームの様子を、選手たちの「アップ」でとった場合、どんなことが伝わると思いますか。 20点

ふりかえり ③・④が分からないときは、19ページの3分でワンポイントにもどってかくにんしてみよう。

ぴったり3 たしかめのテスト②

[練習] 思いやりのデザイン ～ 漢字の広場②

時間 20分

／100

ごうかく 80点

学習日 月 日

教科書 上53～70ページ

答え 10ページ

1 読みがなを書きましょう。

一つ2点(20点)

① 美しい 景色。（ ）

② 説明図 でしめす。（ ）

③ 物語の 後半。（ ）

④ サッカー 選手（ ）

⑤ 旗 をかかげる。（ ）

⑥ 勝利 をいわう。（ ）

⑦ 大人 以外 の人。（ ）

⑧ 寒い 季節。（ ）

⑨ 市区町村 の名前。（ ）

⑩ 郡部 に住む。（ ）

2 漢字を書きましょう。

一つ2点(8点)

① 町を［あんない］する。

② テニスの［しあい］。

③ 野球場の［かんきゃく］。

④ テレビの［しゅざい］。

3 ――線の漢字の読み方を、音(おん)はかたかなで、訓(くん)は平がなで書きましょう。

一つ2点(10点)

① 関

ア 関係 がある。（ ）

イ 関 をこえる。（ ）

ウ 自分に 関 わる。（ ）

② 伝

ア 伝記 を読む。（ ）

イ 気持ちを 伝 える。（ ）

4

次の（　）に当てはまる言葉を［　］から選んで書きましょう。　一つ5点（15点）

① 妹は、運動がとくいです。（　　）、鉄ぼうだけは苦手なようです。

② 妹は、運動がとくいです。（　　）、運動会の日を楽しみにしています。

③ ぼくのすきな食べ物は、ケーキ、フルーツ、アイスクリームなどです。（　　）、あまいものがすきなのです。

［　つまり　　そのため　　しかし　］

5

次の（　）に当てはまる文を、「例えば」という言葉を使って書きましょう。　（12点）

わたしは、部屋でやる遊びや一人でやる遊びよりも、外でみんなと楽しめる遊びがすきです。（　　）

（　　　　　　　　　　　　　）

6

思考・判断・表現

手紙の型にそって手紙を書くとき、次の①～④にはどんな事がらを書きますか。［　］から選んで、記号を書きましょう。　一つ4点（20点）

① 初めのあいさつ（　）

② 本文（　）

③ むすびのあいさつ（　）

④ 後づけ（　）（　）

［
ア 自分の名前
イ 相手の名前
ウ 伝えたいこと
エ 相手を気づかう言葉
オ 季節に関する言葉や、相手の様子をたずねる言葉
］

7

手紙を送るとき、①～③はどこに書きますか。記号で答えましょう。　一つ5点（15点）

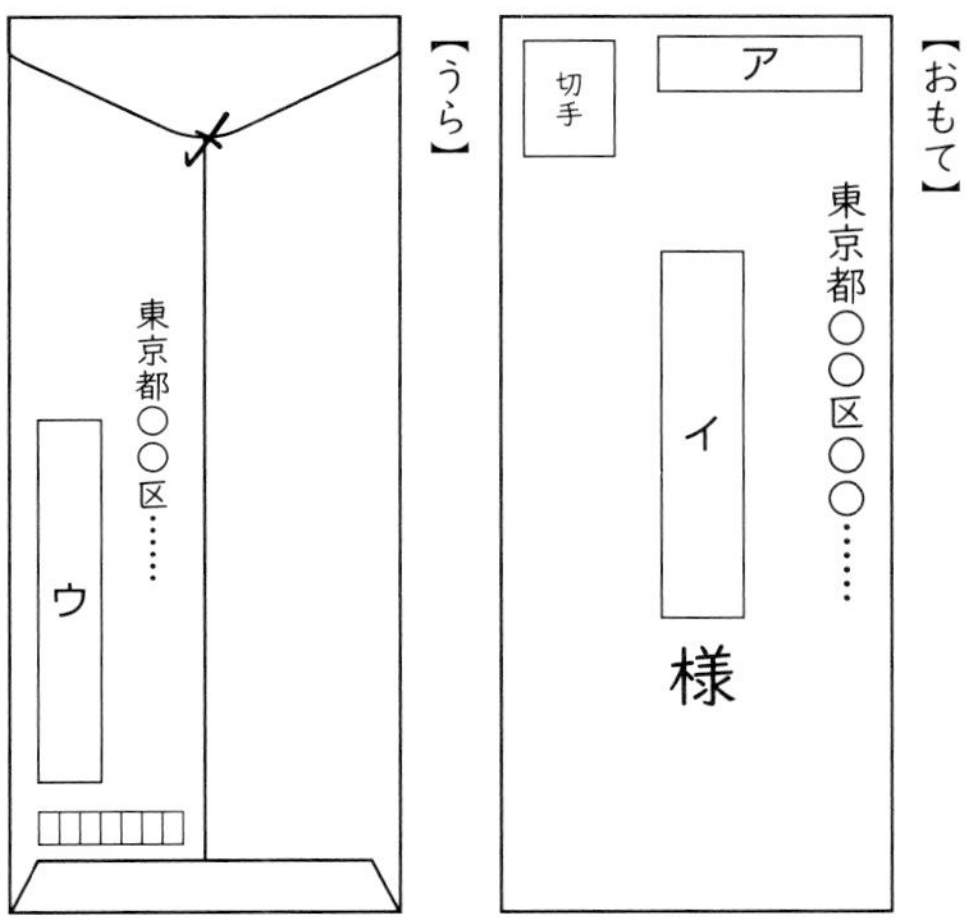

① ゆうびん番号（　）

② 自分の名前（　）

③ 相手の名前（　）

ふりかえり　⑥が分からないときは、24ページの③にもどってかくにんしてみよう。

ぴったり1 じゅんび

場面をくらべて読み、心にのこったことを伝え合おう

一つの花

今西（いまにし）祐行（すけゆき）

つなぎ言葉のはたらきを知ろう

3分でまとめ

めあて

★くり返し出てくる言葉に注意して、場面と場面をくらべて読もう。
★つなぎ言葉のはたらきを知って、正しく使おう。

学習日　月　日

教科書 上71〜87ページ

答え 10ページ

かきトリ 新しい漢字

漢字	教科書	読み	画数
戦	71ページ	セン・たたかう	13画
争	71ページ	ソウ・あらそう	6画
給	72ページ	キュウ	12画
飯	73ページ	ハン・めし	12画
包	76ページ	ホウ・つつむ	5画
帯	76ページ	タイ・おびる・おび	10画
泣	77ページ	なく	8画
軍	77ページ	グン	9画
兵	78ページ	ヘイ・ヒョウ	7画
隊	78ページ	タイ	12画
輪	79ページ	リン・わ	15画
健	86ページ	ケン	11画
康	86ページ	コウ	11画
夫	86ページ	フ・おっと	4画
氏	86ページ	シ	4画
祝	86ページ	シュク・いわう	9画
貨	86ページ	カ	11画
児	87ページ	ジ	7画
器	87ページ	キ	15画
官	87ページ	カン	8画
良	87ページ	リョウ・よい	7画
徒	87ページ	ト	10画
競	87ページ	キョウ・ケイ	20画

1 （　）に読みがなを書きましょう。

① ●頭（　　）巾（きん）をかぶる。

② ◆昨日（　　）の出来事。

●読み方が新しい字　◆特別な読み方の言葉

2 □に漢字を書きましょう。

① □□(せんそう)に行く。

② □□(ほうたい)をまく。

③ 国民(みん)の□□(しゅくじつ)

④ □□□(じどうかん)へ通う。

⑤ 消化□□(きかん)

⑥ □□□(ときょうそう)に出る。

3 (　)に当てはまるつなぎ言葉を□から選んで、記号を書きましょう。

① この部屋はさびしげだ。(　　)、花をかざった。

② 十対二で試合に勝った。(　　)、大勝だ。

③ 必死に練習した。(　　)、選手に選ばれなかった。

④ 弟は野球がすきだ。(　　)サッカーもすきだ。

⑤ お昼はごはんにしますか。(　　)、パンにしますか。

⑥ 説明はここまでです。(　　)、明日の予定を伝えます。

ア　つまり　　イ　しかし
ウ　では　　　エ　それとも
オ　そして　　カ　だから

前の文と後の文とのつながりを考えよう。

3分でワンポイント

「一つだけ」など、数や量を表す言葉に注目して読もう。

★①〜④の(　)に合う言葉を□の中から選んで、記号を書きましょう。

場面	起こった出来事
1 ゆみ子の口ぐせ	お母さん「一つだけ」と食べ物をゆみ子に分ける。ゆみ子「(①　　)ちょうだい。」が口ぐせになる。
2 父と母の思い	お父さん「(②　　)ちょうだい」と言うことを知らないゆみ子をかわいそうに思う。
3 お父さんが戦争に行く日	ゆみ子 おにぎりをねだって泣き出す。お父さん「一つだけの(③　　)、大事にするんだよ」と一輪の(③　　)をわたした。
4 十年後	ゆみ子 お父さんをおぼえていないが、家はコスモスの花で(④　　)包まれている。

ア　いっぱいに　イ　一つだけ　ウ　みんな　エ　お花

一つの花

場面をくらべて読み、心にのこったことを伝え合おう

文章を読んで、答えましょう。

「一つだけちょうだい。」

これが、ゆみ子のはっきりおぼえたさいしょの言葉でした。

まだ戦争のはげしかったころのことです。

そのころは、おまんじゅうだの、キャラメルだの、チョコレートだの、そんな物はどこへ行ってもありませんでした。おやつどころではありませんでした。食べる物といえば、お米の代わりに配給される、おいもや豆やかぼちゃしかありませんでした。

毎日、てきの飛行機が飛んできて、ばくだんを落としていきました。

1 「ゆみ子のはっきりおぼえたさいしょの言葉」は、何でしたか。九字で書きぬきましょう。（符号はふくまない。）

□□□□□□□□□

2 「そのころ」について、答えましょう。

⑴ 「そのころ」とは、いつのことですか。

（　　　　）

⑵ 「そのころ」は、どんな食生活を送っていましたか。

（　　　　）などはなく、食べる物は（　　　　）の代わりに配給される、（　　　　）しかないという、まずしい食生活。

⑶ 「そのころ」の町は、どんな様子になっていましたか。

毎日、（　　　　）が（　　　　）を落とし、次々に（　　　　）になっていった。

学習日 月 日
教科書 上71〜84ページ
答え 11ページ

町は、次々にやかれて、はいになっていきました。

ゆみ子は、いつもおなかをすかしていたのでしょうか。ご飯のときでも、おやつのときでも、もっともっとと言って、いくらでもほしがるのでした。

すると、ゆみ子のお母さんは、

「じゃあね、一つだけよ。」

と言って、自分の分から一つ、ゆみ子に分けてくれるのでした。

「一つだけ――。一つだけ――。」

と、これが、お母さんの口ぐせになってしまいました。ゆみ子は、知らず知らずのうちに、お母さんのこの口ぐせをおぼえてしまったのです。

今西 祐行「一つの花」より

3 「自分の分から一つ、ゆみ子に分けてくれるのでした。」とありますが、お母さんはどんな気持ちからそうしたのですか。一つに○をつけましょう。

ア（　）いくらでもほしがるゆみ子にこまりはて、しかたがないので一つあげて、あきらめさせようという気持ち。

イ（　）おなかをすかせたゆみ子がかわいそうで、自分の分をへらしてでも食べさせてあげたいという気持ち。

ウ（　）ゆみ子はあまえているだけなので、一つ分けてあげればきっと満足（まん）するだろうという気持ち。

ヒント　小さなゆみ子に十分に食べさせられない、お母さんの気持ちだよ。

4 「これが、お母さんの口ぐせになってしまいました。」から、どんなことが分かりますか。一つに○をつけましょう。

ア（　）戦争のために、食べ物が不足（ふ）しているじょうたいがつづいていたということ。

イ（　）ゆみ子がますますわがままになって、何度言い聞かせても言うことを聞かなくなったということ。

ウ（　）お母さんが食べ物をおしむようになったということ。

ヒント　「これ」は、直前の「一つだけ――。」を指しているよ。

学習日
月　日
教科書 上71～84ページ
答え 11ページ

文章を読んで、答えましょう。

それからまもなく、あまりじょうぶでないゆみ子のお父さんも、戦争に行かなければならない日がやって来ました。

お父さんが戦争に行く日、ゆみ子は、お母さんにおぶわれて、遠い汽車の駅まで送っていきました。頭には、お母さんの作ってくれた、わた入れの防空頭巾をかぶっていきました。

お母さんのかたにかかっているかばんには、包帯、お薬、配給のきっぷ、そして、大事なお米で作ったおにぎりが入っていました。

ゆみ子は、おにぎりが入っているのをちゃあんと

1 「あまりじょうぶでないゆみ子のお父さんも、戦争に行かなければならない」とありますが、ここからどんなことが分かりますか。一つに○をつけましょう。

ア（　）家族を守るために、お父さんが進んで兵隊になったこと。

イ（　）兵隊の数が不足して、お父さんのようなじょうぶでない人も戦争にかりだされるようになったこと。

ウ（　）じょうぶでないお父さんにとって、兵隊になるのは長年のゆめだったこと。

ヒント 「行かなければならない」という表現に着目しよう。

2 「みんな食べてしまいました。」とありますが、お母さんは、なぜおにぎりをみんな食べさせたと考えられますか。

そうしないと、ゆみ子が泣いてしまうかもしれず、

3 駅にいた、戦争に行く他の人や見送りの人たちと、お父さんの様子は、どのようにちがっていましたか。

知っていましたので、

「一つだけちょうだい、おじぎり、一つだけちょうだい。」

と言って、駅に着くまでにみんな食べてしまいました。お母さんは、戦争に行くお父さんに、ゆみ子の泣き顔を見せたくなかったのでしょうか。

駅には、他にも戦争に行く人があって、人ごみの中から、ときどきばんざいの声が起こりました。また、べつの方からは、たえずいさましい軍歌が聞こえてきました。

ゆみ子とお母さんの他に見送りのないお父さんは、プラットホームのはしの方で、ゆみ子をだいて、そんなばんざいや軍歌の声に合わせて、小さくばんざいをしていたり、歌を歌っていたりしていました。まるで、戦争になんか行く人ではないかのように。

今西祐行「一つの花」より

他の人たちの中からは、（　　　　）が起こったり、（　　　　）が聞こえたりしてきたが、お父さんは、（　　　　）をだいてあやしていた。

4 **3** のときのお父さんの様子を、どのようにたとえていますか。文章から一文でさがし、初めの六字を書きましょう。

5 お父さんは **3**・**4** のとき、どんな気持ちだったと考えられますか。一つに○をつけましょう。

ア（　）わかれがつらく、できることならゆみ子の成長を見守りつつ、家族でくらしたいという気持ち。

イ（　）家族の他に見送る人もいないのに、大声を出すのははずかしいという気持ち。

ウ（　）ゆみ子をだいているので、大きなばんざいも、大声で歌うこともできなくてざんねんだという気持ち。

ヒント　もう会えないかもしれない、わかれの場面だよ。

ぴったり1 じゅんび

3分でまとめ

短歌・俳句(はいく)に親しもう（一）
要約するとき

めあて
★短歌・俳句の言葉の調子に注意して読もう。
★文章の要約のしかたを知ろう。

学習日
月　日

教科書 上88～91ページ
答え 12ページ

かきトリ 新しい漢字

教科書88ページ	89ページ	90ページ
芽（ガ・め）8画	梅（バイ・うめ）10画	約（ヤク）9画

1 （　）に読みがなを書きましょう。

① ◆奈良（　　）の都。

② 文章を要約（　　）する。

◆特別な読み方の言葉

2 □に漢字を書きましょう。

① わらびが□(め)を出す。

② □(うめ)の花がさく。

短歌・俳句に親しもう（一）

3 正しい意味に〇をつけましょう。

① 若菜(わかな)をつむ。

ア（　）夏のはじめのみずみずしい青葉。

イ（　）春のはじめに芽を出した、食べられる草。

② いにしへ(え)の都。

ア（　）いつか。

イ（　）昔。

要約するとき

4 要約するときには、どんなことに気をつければよいですか。（　）に当てはまる言葉を□から選んで書きましょう。

① 要約する（　　）、まとめる分量をたしかめる。

② 意見文、物語など、元の文章の（　　）に合わせてまとめる。

③ 自分の（　　）や意見と、要約の部分を（　　）する。

しゅるい　感想　目的　くべつ

5 短歌・俳句を読んで答えましょう。

A 石走る垂水の上のさわらびの
萌え出づる春になりにけるかも
志貴皇子

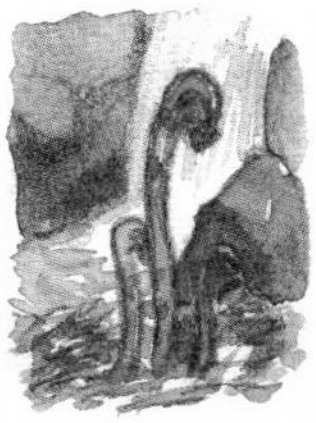

B いにしへの奈良の都の八重桜
今日九重に匂ひぬるかな
伊勢大輔

C 梅一輪一輪ほどの暖かさ
服部嵐雪

「短歌・俳句に親しもう（一）」より

(1) 次の説明は、ア短歌、イ俳句のどちらの説明ですか。記号で答えましょう。

① きほんは五・七・五・七・七の言葉でできている。（　）

② きほんは五・七・五の言葉でできている。（　）

③ 季語とよばれる、季節を表す言葉を入れる。（　）

(2) A の短歌は、どんな気持ちをよんだ歌ですか。一つに○をつけましょう。

ア（　）冬が終わることをざんねんに思う気持ち。

イ（　）水のいきおいをおそれる気持ち。

ウ（　）春のおとずれをよろこぶ気持ち。

(3) B を、言葉の調子に気をつけて、五つの部分に分けて平がなで書きましょう。

（　）（　）（　）（　）（　）

(4) C から、季語（季節を表す言葉）をぬき出しましょう。

（　）

(5) C には、どんな気持ちが表れていますか。（　）に当てはまる言葉を書きましょう。

（　）が一輪さいたのを見て、（　）へと季節がへんかしていくことを感じる気持ち。

ぴったり1 じゅんび

見せ方を工夫して書こう

新聞を作ろう
コラム　アンケート調査のしかた

3分でまとめ

めあて
★新聞の見せ方の工夫、作り方、取材のしかたを知ろう。
★アンケート調査のしかたを知ろう。

学習日
月　日
教科書
上92～99ページ
答え
12ページ

かきトリ 新しい漢字

付	清
教科書95ページ	97ページ
フ　つける・つく　5画	セイ　きよい・きよまる・きよめる　11画

1 （　）に読みがなを書きましょう。

①新聞の 工夫。（　　）

②しつもんに 回答 する。（　　）

●読み方が新しい字

2 □に漢字を、（　）に漢字と送りがなを書きましょう。

①作文の □□（せいしょ）。

②新聞のわり（　　）（つけ）。

新聞を作ろう

3 新聞のとくちょうを図にしました。（　）①～③に当てはまる言葉を□から選んで書きましょう。

（①）記事ごとに、短い言葉で内容（よう）を表す。

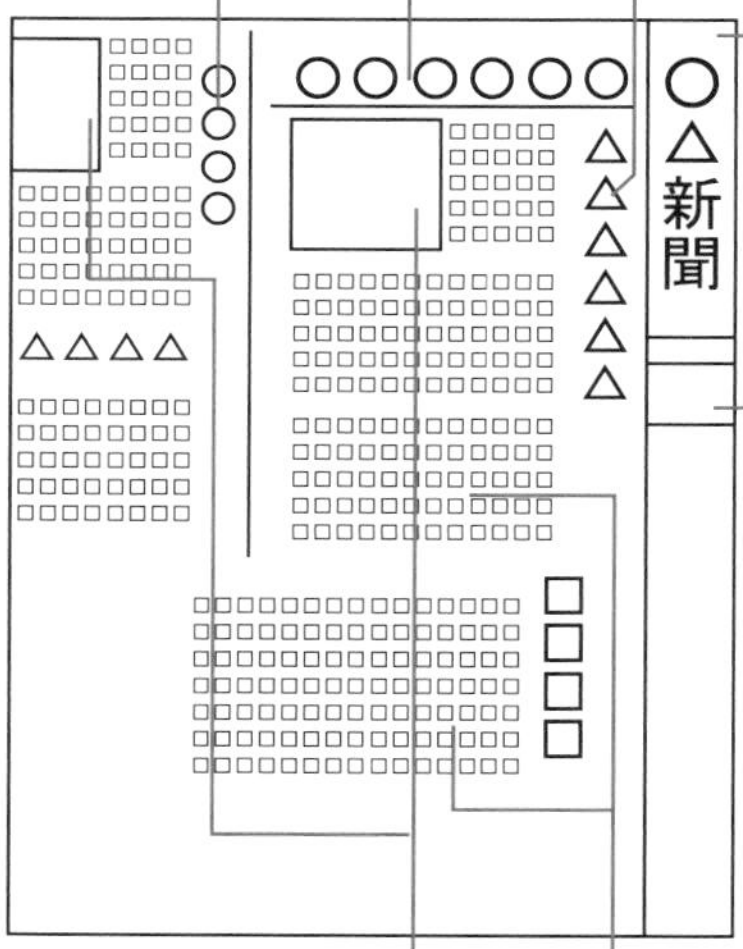

（②）、発行日、発行者

記事

（③）・絵・図・表など

文章と組み合わせ、こうか的に使われる。

写真　見出し　新聞名

①（　　）

②（　　）

③（　　）

新聞のどこに、どんなことが書かれているかをたしかめよう。

4 新聞はどんな手順で作りますか。手順どおりになるように、（　）に番号を書きましょう。

（　）記事の書き方を考えて、下書きをする。
（　）わり付けについて話し合って決める。
（　）どんな新聞を作るか、話し合って決める。
（　）新聞を仕上げる。
（　）取材をする。

5 取材をするときには、どんなことに気をつければよいですか。（　）に当てはまる言葉を［　］から選んで書きましょう。

① 調べたことは、あやまりがないように、（　　　）を取るなどして、正しく記録する。

② （　　　）をとるときは、さつえいしてよいかを聞いてからとる。

③ （　　　）や（　　　）のまちがいがないかをたしかめる。

［ 名前　メモ　写真　数 ］

6 アンケートを作るときには、どんなことに気をつければよいですか。当てはまるもの全てに○をつけましょう。

ア（　）自由に答えてもらうために、答えは用意しない。
イ（　）何について調べるのかを話し合う。
ウ（　）だれに、どんなことをきくとよいかを考える。
エ（　）用意した答えから選ばせる場合は、数を決めない。
オ（　）答える人にとって、答えやすい問いを作る。
カ（　）回答をおおまかに予想し、回答のしかたを決める。

7 「放か後のすごし方」についてのアンケートで、次のようなけっかが出ました。グループに分けて、表に書きましょう。

宿題をする　六人
ゲームをする　六人
じゅくに行く　五人
公園に行く　四人

放か後のすごし方		人数
勉強をする	宿題をする	6
	②	5
①	③	6
	公園に行く	4

ぴったり1 じゅんび

カンジーはかせの都道府県の旅2
季節の言葉2　夏の楽しみ

めあて
★都道府県名を漢字で読み書きできるようになろう。
★季節を表す言葉について知ろう。

学習日　月　日
教科書　上100〜103ページ
答え　13ページ

かきトリ　新しい漢字

漢字	ページ	読み	画数
滋	教科書100ページ	◆滋賀（しが）	12画
阪	100ページ	◆大阪（おおさか）	7画
徳	101ページ	トク	14画
香	101ページ	か・かおり、かおる	9画
媛	101ページ	◆愛媛（えひめ）	12画
佐	101ページ	サ	7画
賀	101ページ	ガ	12画
崎	101ページ	さき	11画
熊	101ページ	くま	14画
鹿	101ページ	しか・か	11画
沖	101ページ	おき	7画
縄	101ページ	なわ	15画

1　（　）に読みがなを書きましょう。

① ◆大阪（　）府のお城を見学する。

② ◆鳥取（　）県の友達と　徳島（　）県に遊びに行く。

③ ◆愛媛（　）県は、俳句（はいく）がさかんだ。

④ ◆大分（　）県から　◆鹿児島（　）県まで車で行く。

◆特別（とくべつ）な読み方の言葉

2

旅をした県の名物・名産（さん）品をあげました。（　）に県名の読みがなを、□に県名を漢字で書きましょう。

① 滋賀（　）県の琵琶（びわ）湖。

② □（なら）県の大仏（ぶつ）。

③ 香川（　）県のうどん。

④ □（こうち）県のかつお。

⑤ 長崎（　）県のちゃんぽん。

⑥ □（さが）県の有田焼（ありたやき）。

⑦ 熊本（　）県のトマト。

⑧ □（おきなわ）県のさんご。

3

あなたのちいきにある夏の行事を、一つ書きましょう。

（　　　）

4

次の俳句の季語を書きぬきましょう。

ものなくて軽（かろ）き袂（たもと）や衣更（ころもがえ）　高浜虚子（たかはまきょし）

「季節の言葉2　夏の楽しみ」より

（　　　）

5

次の絵をさんこうに、絵の中の言葉を一つ以上使って、〈例〉にならって俳句を作りましょう。

〈例〉
ささかざり
間でゆれる
ねがいごと

（　　　）

一つの花 ～ 季節の言葉2 夏の楽しみ

時間 20分　　／100　ごうかく 80点

学習日　月　日
教科書 上71～103ページ
答え 14ページ

文章を読んで、答えましょう。　思考・判断・表現

ところが、いよいよ汽車が入ってくるというときになって、またゆみ子の「一つだけちょうだい。」が始まったのです。

「みんなおやりよ、母さん。おにぎりを――。」

お父さんが言いました。

「ええ、もう食べちゃったんですの――。ゆみちゃん、いいわねえ。お父ちゃん、兵隊ちゃんになるんだって。ばんざあいって――。」

お母さんは、そう言ってゆみ子をあやしましたが、ゆみ子は、とうとう泣きだしてしまいました。

「一つだけ。一つだけ。」

と言って。

1 「みんなおやりよ、母さん。おにぎりを――。」とありますが、なぜお父さんはこのように言ったのですか。一つに○をつけましょう。　20点

ア（　）「一つだけ」しか言えないゆみ子に「みんな」食べさせ、よろこぶすがたを見たかったから。

イ（　）「一つだけ」でなく「みんな」食べさせないと、ゆみ子が泣きだしてお母さんをこまらせるから。

ウ（　）「一つだけ」あげても、ゆみ子はまたすぐに「一つだけ」とおねだりするとあきらめていたから。

2 「ゆみちゃん、いいわねえ。……ばんざあいって――。」と言ったとき、お母さんはどんな気持ちでしたか。一つに○をつけましょう。　20点

ア（　）ゆみ子の「一つだけちょうだい。」が始まるとうるさいので、ゆみ子の気をまぎらわしたい。

イ（　）お父さんが兵隊になって戦争に行ってしまうことを、なんとかゆみ子に分からせたい。

ウ（　）さい後のわかれかもしれないときに、お父さんにゆみ子の泣き顔を見せたくない。

できたらスゴイ！

3 「お父さんが、ぷいといなくなってしまいました。」とあ

お母さんが、ゆみ子を一生けんめいあやしているうちに、お父さんが、ぷいといなくなってしまいました。

お父さんは、プラットホームのはしっぽの、ごみすて場のような所に、わすれられたようにさいていたコスモスの花を見つけたのです。あわてて帰ってきたお父さんの手には、一輪のコスモスの花がありました。

「ゆみ。さあ、一つだけあげよう。一つだけのお花、大事にするんだよう――。」

ゆみ子は、お父さんに花をもらうと、キャッキャッと足をばたつかせてよろこびました。

お父さんは、それを見てにっこりわらうと、何も言わずに、汽車に乗って行ってしまいました。ゆみ子のにぎっている、一つの花を見つめながら――。

今西 祐行「一つの花」より

りますが、お父さんはどうするために、何をしていたのですか。二十五字以内で書きましょう。 20点

よく出る

4 「お父さんは、それを見てにっこりわらうと」とありますが、お父さんはなぜわらったのですか。 20点

ア（　）たった一輪のコスモスの花で、ゆみ子をうまくごまかせたことに、満足したから。

イ（　）ゆみ子がコスモスの花をもらってよろこんだことに、安心したから。

ウ（　）ゆみ子をなだめなければならないお母さんの苦労をへらすことができて、うれしかったから。

考えを書こう

5 「ゆみ子のにぎっている、一つの花を見つめながら――。」とありますが、このときお父さんはどんなことをねがっていたと思いますか。 20点

ふりかえり ③が分からないときは、31ページの 3分でワンポイント にもどってかくにんしてみよう。

ぴったり3 たしかめのテスト②

一つの花 ～ 季節の言葉2 夏の楽しみ

時間 20分
／100
ごうかく 80点
学習日 月 日
教科書 上71～103ページ
答え 15ページ

1 読みがなを書きましょう。 一つ2点(20点)

① 配給（　）のお米。
② 軍歌（　）を歌う。
③ 一輪（　）の花。
④ 社長の田中 氏（　）。
⑤ 百貨店（　）の商品。
⑥ 大がたの 台風（　）。
⑦ 奈良（　）公園のしか。
⑧ 工夫（　）して作る。
⑨ 大分（　）県の料理（りょう）。
⑩ 七月 一日（　）。

2 □に漢字を、（　）に漢字と送りがなを書きましょう。 一つ2点(20点)

① ご□（はん）を食べる。
② □□（へいたい）になる。
③ □□（けんこう）な体。
④ つまと□（おっと）。
⑤ 人の消化□□（きかん）。
⑥ □（うめ）の花びら。
⑦ □□（とくしま）県の山。
⑧ □□（くまもと）県の名産（さん）。
⑨ 子どもが（　）（なく）。
⑩ 天気が（　）（よい）。

思考・判断・表現

3 下の新聞の図を見て答えましょう。

一つ5点(10点)

① 「四年生遠足へ！」のように、記事の内容を短い言葉で表したものを何といいますか。

（　　　　）

② 記事の大きさと、新聞に入れる場所を決めることを何といいますか。

（　　　　）

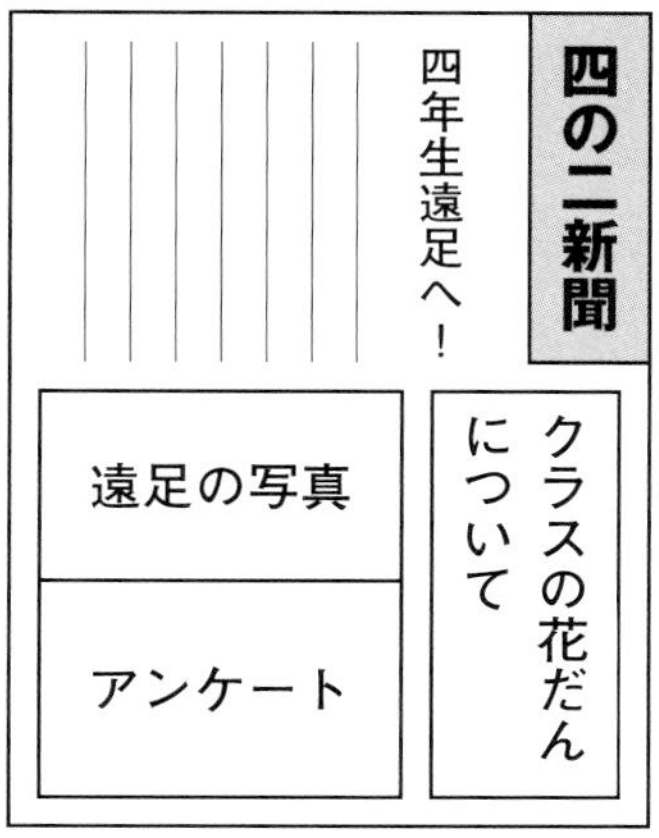

4 （　）に当てはまるつなぎ言葉を［　］から選んで、記号を書きましょう。（記号は一度しか使えません。）

一つ4点(24点)

① 話題のえいがを見た。（　）、つまらなかった。

② 今日は野球をしますか。（　）、サッカーをしますか。

③ わたしは音楽がすきだ。（　）、ピアノを習っている。

④ 兄は十四さいです。（　）、中学生です。

⑤ 今日はよい天気ですね。（　）、遠足はいつですか。

⑥ ぼくは肉料理がすきだ。（　）、魚料理もすきだ。

ア ところで　イ つまり　ウ それとも
エ だから　オ また　カ しかし

5 次の短歌と俳句を読んで、答えましょう。

A 君がため春の野に出でて若菜摘む我が衣手に雪は降りつつ　光孝天皇

B 夏河を越すうれしさよ手に草履　与謝蕪村

C 雀の子そこのけそこのけ御馬が通る　小林一茶

「短歌・俳句に親しもう（一）」より

① Aの短歌から、五・七・五・七・七の言葉の調子に合っていない部分を、平がなで書きぬきましょう。(5点)

（　　　　）

② Bの俳句から、季語（季節を表す言葉）を書きぬきましょう。(6点)

（　　　　）

③ Cの俳句に「雀の子そこのけそこのけ」とありますが、なぜその場をはなれたほうがよいのですか。(15点)

（　　　　）

ふりかえり 3が分からないときは、38・39ページの3・4にもどってかくにんしてみよう。

ぴったり1 じゅんび

本は友達

本のポップや帯を作ろう
神様の階段（だん）

◎めあて
★本の読み方やそのよさが伝わる方法を考えよう。
★外国に生きる人々のくらしや文化を読み取ろう。

学習日 月 日
教科書 上104〜115ページ
答え 15ページ

かきトリ 新しい漢字

教科書108ページ	112ページ	113ページ	113ページ	114ページ
熱 ネツ あつい 15画	働 ドウ はたらく 13画	栄 エイ さかえる 9画	養 ヨウ やしなう 15画	満 マン みちる・みたす 12画

1 （　）に読みがなを書きましょう。

① 田植えを◆手伝う。（　　）
② 一年の●春夏秋冬。（　　）

●読み方が新しい字　◆特別な読み方の言葉

2 □に漢字を書きましょう。

① □□（ねったい）の島。
② □□（えいよう）がある。

本のポップや帯を作ろう

3 （　）に漢字と送りがなを書きましょう。

① 田んぼで（　　　）。（はたらく）
② 水が（　　　）。（みちる）

4 本を読むとき、どんなことを考えながら読むとよいですか。[　]から選んで書きましょう。

① この先、何が起こるのかと（　　　）する
など、（　　　）をもちながら読む。
② 分からない言葉に気をつけ、前後の文章から考えたり、（　　　）で調べたりする。
③ 気になるところを読み返したり、むずかしいところは
読む（　　　）をかえて読んだりする。

国語辞典　問い　速さ　予想

5 ポップの例を読んで、問題に答えましょう。

① あなたも歩いてみよう「神様の階段」

「神様の階段」　今森光彦（いまもりみつひこ）

②自分もインドネシアのバリ島を歩いているような気持ちになれる本。「神様の階段」とともに生きる人々のくらしが分かります。

(1) ①のような、人の心を引きつける短い文のことを何といいますか。一つに○をつけましょう。

ア（　）タイトル
イ（　）スローガン
ウ（　）キャッチコピー

(2) ②の部分には、どんな内容（よう）を書いていますか。一つに○をつけましょう。

ア（　）内容のかんたんなしょうかいや感想。
イ（　）登場人物のしょうかいと筆者の説明。
ウ（　）書かれている話のくわしいすじと結末（けつまつ）。

6 正しい意味に○をつけましょう。

① 目の前にそびえる山。

ア（　）大きく見える。
イ（　）ひときわ高く立つ。

② 草いきれと土のにおいがする。

ア（　）夏に草むらから立ちのぼる熱気。
イ（　）かれはてた草むらのにおい。

7 （　）に当てはまる言葉を［　］から選んで書きましょう。

① あせをかきながら（　　　）と働く。
② （　　　）うちに土をたがやす。
③ 空の色が（　　　）とかわる。
④ みかんが（　　　）に実る。

［ みるみる　たわわ　こくこく　もくもく ］

同じ音をくり返す言葉が多いね！

学習日
月　日
教科書
上108～115ページ
答え
16ページ

文章を読んで、答えましょう。

翌(よく)朝、夜明け前に目をさまして、田んぼに行ってみた。うす暗がりの中で、アグン山が、黒々としたすがたを見せている。やみの中から、音もなく、静かにうかび上がる風景。

やがて、山のいただきから光の帯があらわれ、雲が赤くなってきた。田んぼの一まい一まいに、もえる空がうつりこむ。

土手を上っていくと、風景がこくこくとかわる。あぜ道のしなやかな曲線が、息をのむほど美しい。朝一番の光が、かがみのような水面にはんしゃして、まぶしくかがやく。

カッカカッカカッ。

気温が上がると、かえるの声が谷間中にひびきわたり始めた。満ち足りた気持ちでいっぱいになったぼくは、その声を聞きながら山を下ることにした。

たわわに実った田んぼの一角で、女の人が何かをかざっている。デウィ・スリという神様をおまねきする

1 「夜明け前」とありますが、太陽の光が見え始めた様子が書かれた一文をさがし、初めの五字を書きぬきましょう。

2 「人々は、デウィ・スリのために小さな家を作って……そこに住んでもらう。」について、答えましょう。

① デウィ・スリという神様は、ふだんはどこに住んでいるのですか。四字で書きぬきましょう。

② デウィ・スリのための「小さな家」は、何とよばれていますか。

③ デウィ・スリに「小さな家」に「住んでもらう」のは、なぜですか。

ための場所、サンガパクワンを作っているのだという。

　デウィ・スリは、ふだんは山に住んでいるが、いねが実ると、田んぼにまい下りてくるのだそうだ。そこで、人々は、デウィ・スリのために小さな家を作って、花やお米やおかしをささげ、しゅうかくまでの間、そこに住んでもらう。デウィ・スリがサンガパクワンに住み着くと、必ず豊作になるという。

　真っ黄色にかがやくいねの海原を下っていると、花をのせたお皿を持った女の人たちとすれちがった。これは、チャナンサリという、神様のためのおそなえ物だ。人々にとって、田んぼは、神様の住むアグン山へつづく道。

　山に向かって重なるたな田は、「神様の階段」。

　青い海をのぞむしゃめんで、たくさんの人に出会った。横にならんで、かけ声をかけながら、けんめいにくわで土をほっている。だれもがみんな、あせだくだ。きいてみると、これから、ここにたな田を作るのだという。

　バリ島の人たちにとって、お米を作ることは、神様が住むしんせいな森に近づくこと。人々は、森が、水を育み、自分たちを生かしてくれていることを知っている。土地に対するかんしゃの心が、美しい風景を守りつづけている。

今森 光彦「神様の階段」より

この本の終わりにある「夏のチャレンジテスト」をやってみよう！

3 「お皿を持った女の人たち」とありますが、お皿の上にのっていたものは何ですか。十一字で書きぬきましょう。

ヒント　デウィ・スリが住み着くと、どうなるのかな。

4 「神様の階段」とは、何ですか。

神様の住む山へと（　　　）のようにつづく、段々に重なっている（　　　）。

5 文章に書かれている内容に合っているもの一つに○をつけましょう。

ア（　）バリ島の人たちは、強い力をもつ神様をおそれ、いつもおそなえ物をしている。

イ（　）バリ島の人たちは、森や土地、神様へのかんしゃの心をもって、くらしている。

ウ（　）バリ島の人たちは、お米を自分たちのためではなく、神様にささげるために作っている。

ヒント　さい後の段落に注目しよう。

忘れもの
ぼくは川

めあて
★詩にえがかれている様子を思いうかべながら読んでみよう。
★たとえを使った表現に注目して、何が何にたとえられているかを考えてみよう。

学習日
月　日
教科書 上116～119ページ
答え 16ページ

忘れもの

1 詩を読んで、答えましょう。

忘れもの

高田敏子

入道雲にのって
夏休みはいってしまった
「サヨナラ」のかわりに
素晴らしい夕立をふりまいて

けさ　空はまっさお
木々の葉の一枚一枚が
あたらしい光とあいさつをかわしている

だがキミ！　夏休みよ
もう一度　もどってこないかな
忘れものをとりにさ

迷子のセミ
さびしそうな麦わら帽子
それから　ぼくの耳に
くっついて離れない波の音

(1) 「けさ」とは、いつですか。一つに○をつけましょう。
ア（　）夏休みが始まった日の朝。
イ（　）夏休みが終わる日の朝。
ウ（　）夏休みが終わって、秋の気配を感じる朝。

(2) 「忘れもの」をしたのはだれですか。
（　　　　）

(3) 「ぼくの耳に／くっついて離れない波の音」とありますが、「ぼく」は夏休みにどんな思い出があるのですか。
（　　　　）

(4) この詩は、どんな気持ちを表現したものですか。一つに○をつけましょう。
ア（　）夏休みが終わってしまったことを、ざんねんに思う気持ち。
イ（　）忘れものを早くとりに来てほしいという気持ち。
ウ（　）学校が始まって、うれしく思う気持ち。

2 詩を読んで、答えましょう。

ぼくは川

阪田寛夫

じわじわひろがり
背をのばし
土と砂とをうるおして
くねって　うねって　ほとばしり
とまれと言っても　もうとまらない
ぼくは川
真っ赤な月にのたうったり
砂漠のなかに渇いたり
それでも雲の影うかべ
さかなのうろこを光らせて
あたらしい日へほとばしる
あたらしい日へほとばしる

(1) 「じわじわひろがり／背をのばし」は、川のどんな様子を表していますか。一つに○をつけましょう。

ア（　）川の表面が、ひどく波打っている様子。

イ（　）川のはげしい流れが、ゆったりとなっていく様子。

ウ（　）川の小さな流れが、大きくなっていく様子。

(2) 川にいきおいがあることは、どこから分かりますか。詩から二行でさがし、初めと終わりの四字を書きましょう。

□□□□ ～ □□□□

(3) 「真っ赤な月に……うろこを光らせて」の四行は、川のどんな様子を表現していますか。一つに○をつけましょう。

ア（　）いろいろな所を流れて、やがて消えていく様子。

イ（　）どんな困難があっても、決して流れることをやめない様子。

ウ（　）いろいろな季節を楽しみながら、流れていく様子。

(4) この詩はどんなことを表現したものですか。一つに○をつけましょう。

ア（　）川に人間を重ね合わせ、未来に向かって力強く生きていこうとするすがたを表現している。

イ（　）川のように自由に旅をすることへのあこがれを表現している。

ウ（　）川と人間は、切っても切れない関係であることを表現している。

ぴったり1 じゅんび

あなたなら、どう言う
パンフレットを読もう

3分でまとめ

めあて

★相手の立場になって、言い方を考えよう。

★パンフレットのとくちょうを知り、目的をいしきして読もう。

学習日
月　　日
教科書 上120～125ページ
答え 17ページ

かきトリ 新しい漢字

教科書121ページ	123ページ	123ページ
令（レイ）5画	位（イ・くらい）7画	置（チ・おく）13画

「置」の部首は「罒（あみがしら）」だよ。

1 （　）に読みがなを書きましょう。

① 友達のお◆姉（　　）さん。

② 作り方を説明（　　）する。

◆特別な読み方の言葉

2 □に漢字を書きましょう。

① □□（めいれい）を聞く。

② □□（いち）がかわる。

あなたなら、どう言う

3 正しい意味に○をつけましょう。

① 対話の練習をする。

（　）理かいし合うために向き合って話すこと。

（　）複数の人で気楽に楽しく話をすること。

② たがいになっとくして行動する。

（　）自分の思いどおりになり、満足すること。

（　）他人の考えを理かいして、みとめること。

4 次の場合、どんな言い方をしたら、たがいがなっとくして、したいことができますか。□からそれぞれ選びましょう。

● お姉さんが料理を始めようとしたら、弟が台所の大きなテーブルの上に写真を広げて、整理していた。

ア　料理を始めたいから、他の場所にうつってもらえる？

イ　料理のじゃまだから、どこか他でやってよ。

ウ　写真を整理していたんだ。せっかく広げたのに…。

エ　少し待って。すぐにまとめて、向こうに行くね。

① お姉さん（　　）　② 弟（　　）

5 パンフレットのとくちょうとして、当てはまるものには○、当てはまらないものには×をつけましょう。

①（　）場所や物などの説明をしたり、よさを伝えたりするためのものである。

②（　）ページが多くてかさばるが、必要なじょうほうがひと通りのっている。

③（　）分かりやすいように、絵や写真と短い文章で作られている。

6 パンフレットを読むときには、どんなことに気をつけて読めばよいですか。[　]から選んで書きましょう。

①（　　）ことに合わせて、パンフレットの（　　）を読めばいいのかを考える。

② パンフレットが作られた（　　）や、（　　）相手はだれかをおさえて読む。

見てもらう　知りたい　どこ　目的

7 パンフレットの例を読んで、問題に答えましょう。

文化祭へようこそ！

ア **体育館でのイベント**

10:00　えんげき部「かぐやひめ」
○○○○　○○○
○○　○○○○○
12:00　合唱部コンサート
14:30　ダンス部発表
○○○○○　○○○○

イ **各学年の出し物**

一年生…○○○○　○○○
二年生…○○○○○
三年生…○○○○　○○

ウ **●こまったときは？**

・トイレはどこですか
・荷物をあずけたい
・具合が悪い（保健室）

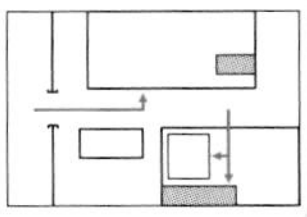

(1) このパンフレットでは、どんな工夫がされていますか。当てはまるものには○、当てはまらないものには×をつけましょう。

①（　）必要におうじて図が入っている。

②（　）見出しが大きな文字で書かれている。

③（　）きれいなイラストが多数のっている。

(2) 体調が悪くなったときは、ア～ウのどこを読めばよいですか。記号で答えましょう。（　　）

ぴったり1 じゅんび

どう直したらいいかな
いろいろな意味をもつ言葉

めあて
★相手や目的におうじた、文章の直し方を知ろう。
★いろいろな意味をもつ言葉を正しく使おう。

学習日　月　日
教科書 上126～129ページ
答え 17ページ

がきトリ 新しい漢字

漢字	読み	画数	ページ
漁	ギョ・リョウ	14画	教科書127ページ
浴	ヨク　あびる・あびせる	10画	127ページ
欠	ケツ　かける・かく	4画	129ページ
卒	ソツ	8画	129ページ
単	タン	9画	129ページ
結	ケツ　むすぶ	12画	129ページ
果	カ　はたす・はてる　はて	8画	129ページ
径	ケイ	8画	129ページ
副	フク	11画	129ページ
臣	シン・ジン	7画	129ページ
街	ガイ　まち	12画	129ページ
灯	トウ	6画	129ページ

「副」と「福」の使い分けに注意！

1 (　)に読みがなを書きましょう。

① 海水浴場へ行く。(　)

② 兄の卒業式。(　)

③ 人気作家の単行本。(　)

④ 副大臣になる。(　)

2 □に漢字を書きましょう。

① □（ぎょぎょう）の町。

② □（しゅっけつ）を取る。

③ 試合の□（けっか）。

④ □（ちょっけい）三メートル

⑤ 大通りの□（がいとう）。

3 三年生に向けて書いた次の文章を読んで答えましょう。

ダンスクラブは、げんざい12名で毎週火曜日にダンスの練習をしています。春と秋の学芸会でのダンス発表が主な活動です。ダンス未経験者も、上級生が親切に教えてくれるので、心配ありません。音楽に合わせて体を動かすのは、とても楽しいよ。ぜひダンスクラブを見学しに来てください。

(1) この文章を、内容のまとまりごとに三つの段落に分けるとき、二つ目の段落、三つ目の段落の初めの五字を書きましょう。

二つ目の段落……□□□□□

三つ目の段落……□□□□□

(2) 「ダンス未経験者」を、三年生に分かるような、やさしい言い方に書き直しましょう。

(　　　　)

(3) 「楽しいよ」を「です・ます」の形に直しましょう。

(　　　　)

4 □に入る言葉を平がなで書きましょう。

① 計画を□。 ビルを□。 はらを□。 手がらを□。 (　　　　)

② かぎを□。 めがねを□。 電話を□。 ブレーキを□。 (　　　　)

5 絵をヒントにして、「つく」という言葉を使って、言葉遊びの詩を作りましょう。

例 暗いお部屋に　電気つく　例 青いトマトに　色がつく

① 時間どおりに (　　　　)

② 大事な書類に (　　　　)

ぴったり1 じゅんび

ローマ字を使いこなそう 漢字の広場③

めあて
★ローマ字の書き方を場合によって使い分けよう。
★三年生で習った漢字をふく習しよう。

学習日 月 日
教科書 上130〜132ページ
答え 18ページ

がきトリ 新しい漢字

教科書131ページ	131ページ	130ページ	130ページ
英 エイ 8画	参 サン まいる 8画	唱 ショウ となえる 11画	塩 エン しお 13画

130ページ	130ページ
治 ジ・チ おさめる・おさまる なおる・なおす 8画	刷 サツ する 8画

「治水」とは、水害をふせぐ目的などで、川や水路を整備することだよ。

1 □に読みがなを書きましょう。

① 学習の 参考（　）にする。　② 市の 治水（　）事業。

●読み方が新しい字

2 □に漢字を書きましょう。

① えいご（□□）の発音。　② がっしょう（□□）団に入る。

③ しお（□□）けが強い。　④ 写真の いんさつ（□□）。

ローマ字を使いこなそう

3 次のものについて、ローマ字で書くことが多いものは○を、ローマ字では書かないものは×を書きましょう。

①（　）外国人用の地図で、「トイレ」や「レストラン」の場所をしめすとき。

②（　）電車の中の案内で、外国人向けに次に止まる駅の名前をしめすとき。

③（　）外国人と話をして、自分の名前を紙に書いて教えるとき。

4 次のローマ字は何と読みますか。平がなで答えましょう。

① shi

② ja

③ chi

④ fu

5 次の言葉を、ローマ字の二つの書き方で書きましょう。

① 中学生

② つみき

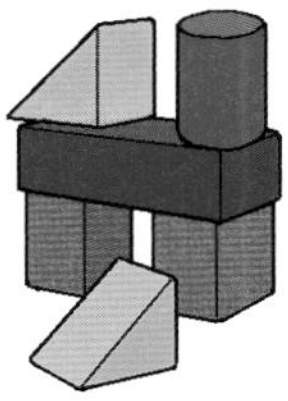

漢字の広場③

6 次の場合に当てはまるのは、どちらですか。□から選んで記号で答えましょう。

① 英語が分かる人に、日本語の「花」という言葉の意味を伝えたい場合。

② 日本語が読めない人に、「花」という字の読み方を教えたい場合。

ア hana
イ flower

7 □の言葉四つと、〈　〉のつなぎ言葉一つを使い、絵を参考にして、「うらしまたろう」の初めの場面を二文で書きましょう。

悪い　助ける　着く
お礼　海岸　急ぐ

〈しかし　そこで　つまり〉

ある日のこと、カメが、

忘(わす)れもの ～ 漢字の広場③

時間 20分

／100

ごうかく 80点

学習日　月　日

教科書 上116～132ページ

答え 18ページ

1 読みがなを書きましょう。

一つ2点(20点)

① 真っ赤（　　）な花。

② お姉（　　）さんと妹。

③ 位置（　　）を調べる。

④ 漁業（　　）がさかんな島。

⑤ 出欠（　　）をかくにんする。

⑥ テストの結果（　　）。

⑦ 街灯（　　）の明かり。

⑧ 絵を印刷（　　）する。

⑨ 参考（　　）にした本。

⑩ 塩気（　　）があるスープ。

2 漢字を書きましょう。

一つ2点(20点)

① 社長の［めいれい］。

② ［りゆう］を知る。

③ ［かいすいよく］

④ 姉の［そつぎょうしき］。

⑤ 円の［ちょっけい］。

⑥ ［たんこうぼん］

⑦ ［ふくだいじん］の話。

⑧ ［えいご］を学ぶ。

⑨ ［ちすい］工事

⑩ 言葉の［せつめい］。

3 正しい意味に○をつけましょう。 一つ4点(12点)

① 夏の空の入道雲。
ア（　）空一面にうすく広がる雲。
イ（　）むくむくとわき上がったような形の雲。

② ほとばしる川の水。
ア（　）いきおいよく飛び出たり流れ出たりする。
イ（　）たいへんな速さで走りすぎる。

③ 台風の日、波がのたうつ。
ア（　）のんびりとおだやかに動く。
イ（　）苦しんで体をはげしく動かす。

4 パンフレットで「町の名産品」をしょうかいします。文字を大きくしたほうがよいものに○をつけましょう。 8点

ア── 町の名産品
イ── ・りんご
ウ── ・もも
エ── ・ジャム

ア（　）町の名産品
イ（　）りんご
ウ（　）もも
エ（　）ジャム

5 □に入る言葉を平がなで書きましょう。 一つ10点(20点)

①
写真に□。
部屋を□。
においが□。
目に□。
（　　　　）

②
うでを□。
天ぷらを□。
旗を□。
温度を□。
（　　　　）

6 次の言葉を、ローマ字の二つの書き方で書きましょう。 一つ5点(20点)

① 漢字

② 三輪車

ぴったり1 じゅんび

気持ちの変化に着目して読み、感想を書こう

ごんぎつね

新美(にいみ)南吉(なんきち)

コラム　言葉を分類しよう

めあて

★登場人物の気持ちの変化を読み取り、物語の結末について考えよう。

★言葉のとくちょうを考えて分類しよう。

学習日
月　日
教科書
下13～35ページ
答え
19ページ

がきトリ 新しい漢字

ページ	漢字	音読み	訓読み	画数
教科書13ページ	変	ヘン	かわる・かえる	9画
13ページ	末	マツ	すえ	5画
14ページ	種	シュ	たね	14画
15ページ	続	ゾク	つづく・つづける	13画
21ページ	折	セツ	おる・おり・おれる	7画
23ページ	積	セキ	つむ・つもる	16画
25ページ	松	ショウ	まつ	8画
26ページ	不	フ・ブ		4画
26ページ	議	ギ		20画
27ページ	差	サ	さす	10画
27ページ	念	ネン		8画
30ページ	固	コ	かためる・かたまる・かたい	8画
35ページ	便	ベン・ビン	たより	9画
35ページ	博	ハク		12画
35ページ	浅		あさい	9画

1 （　）に読みがなを書きましょう。

① 百姓(しょう)●家（　）のうらの道。

② ●小川（　）が流れる。

●読み方が新しい字

2 □に漢字を、（　）に漢字と送りがなを書きましょう。

① □（なたね）油

② □（ふしぎ）な話。

③ □（ねん）仏(ぶつ)を唱える。

④ 科学□（はくぶつかん）

⑤ （あさい）海。

⑥ 雨がふり（つづく）。

●読み方が新しい字

3 正しい意味に○をつけましょう。

① かぜをひいて<u>とこにつく</u>。

ア（　）病気になってねこむ。

イ（　）つかれて休む。

② 作品をこわした<u>つぐない</u>をする。

ア（　）そんをさせた相手にうめ合わせをすること。

イ（　）こわれたところを直すこと。

4 [　]の言葉を、①「物や事を表す言葉」、②「動きを表す言葉」、③「様子を表す言葉」に分けましょう。

① 物や事を表す言葉（　　　　）

② 動きを表す言葉（　　　　）

③ 様子を表す言葉（　　　　）

暑い　遊ぶ　運動会　きつね
泳ぐ　赤い　きれいだ　二百

3分でワンポイント

出来事と、ごんと兵十（ひょうじゅう）の気持ちの変化を読み取ろう。

★①〜③の（　）に合う言葉を[　]の中から選んで、記号を書きましょう。

場面	ごんと兵十の関わり
1	ごん ①（　）がすき。兵十の魚をにがす。 兵十 「ぬすっとぎつねめ。」とおこる。
2	兵十 おっかあが死ぬ。 ごん 自分のいたずらを②（　）する。
5 〜 3	ごん ③（　）のため、兵十の家にくりや松たけを置いていく。 兵十 ごんの③（　）に気づかない。
6	ごん 兵十にじゅうでうたれる。 兵十 くりや松たけをくれたのはごんだったと気づく。

ア　こうかい　イ　つぐない　ウ　いたずら

ごんぎつね

気持ちの変化に着目して読み、感想を書こう

学習日
月　日
教科書
下13～34ページ
答え
19ページ

文章を読んで、答えましょう。

これは、わたしが小さいときに、村の茂平（もへい）というおじいさんから聞いたお話です。

昔は、わたしたちの村の近くの中山（なかやま）という所に、小さなお城があって、中山様というおとの様がおられたそうです。

その中山から少しはなれた山の中に、「ごんぎつね」というきつねがいました。ごんは、ひとりぼっちの小ぎつねで、しだのいっぱいしげった森の中に、あなをほって住んでいました。そして、夜でも昼でも、あたりの村へ出てきて、いたずらばかりしました。畑へ入っていもをほりちらしたり、菜種がらのほしてあるのへ火を付けたり、百姓（しょう）家のうら手につるしてあるとんがらし（とうがらし）をむしり取っていったり、いろんなことをしました。

ある秋のことでした。二、三日雨がふり続いたその間、ごんは、外へ

1 「ごんぎつね」とは、どんなきつねですか。

森の中の（　　　）に住んでいて、村へ出てきては（　　　）ばかりする、（　　　）の小ぎつね。

2 「雨があがると」について、答えましょう。

① 雨があがったときのごんの気持ちが表れている言葉を、文章から五字で書きぬきましょう。

□□□□□

② 雨があがった様子がよく分かる表現（げん）を文章から一文でさがし、初めの六字を書きましょう。

□□□□□□

3 「川は、いつもは水が少ないのですが、三日もの雨で、水がどっとましていました。」とありますが、川の水がふえたことが分かる景色をえがいた一文を文章からさがし、初めの五字を書きましょう。

も出られなくて、あなの中にしゃがんでいました。

雨があがると、ごんは、ほっとしてあなからはい出ました。空はからっと晴れていて、もずの声がキンキンひびいていました。

ごんは、村の小川のつつみまで出てきました。あたりのすすきのほにには、まだ雨のしずくが光っていました。川は、いつもは水が少ないのですが、三日もの雨で、水がどっとましていました。ただのときは水につかることのない、川べりのすすきやはぎのかぶが、黄色くにごった水に横だおしになって、もまれています。ごんは、川下の方へと、ぬかるみ道を歩いていきました。

ふと見ると、川の中に人がいて、何かやっています。ごんは、見つからないように、そうっと草の深い所へ歩きよって、そこからじっとのぞいてみました。

「兵十（ひょうじゅう）だな。」と、ごんは思いました。兵十は、ぼろぼろの黒い着物をまくし上げて、こしのところまで水にひたりながら、魚をとるはりきりというあみをゆすぶっていました。はちまきをした顔の横っちょうに、円いはぎの葉が一まい、大きなほくろみたいにへばりついていました。

新美 南吉「ごんぎつね」より

[　　　　]

ヒント 「ただのとき」とは、「いつも」と同じ意味だよ。

4 ごんが「見つからないように」したのは、なぜですか。一つに○をつけましょう。

ア（　）チャンスがあれば、いたずらをしようと思っていたから。

イ（　）見つかれば火縄じゅうでうたれてしまうから。

ウ（　）兵十の仕事をこっそり手伝おうと思ったから。

5 「兵十だな。」とありますが、兵十は何をしていましたか。

[　　　　] に入り、魚をとる [　　　　] を [　　　　] いた。

6 兵十が魚とりにけんめいになっていることは、どんなところから分かりますか。

（　　　　　　　　　　）

ヒント 兵十はけんめいなばかりに、気づいていないことがあるよ。

ごんぎつね

気持ちの変化に着目して読み、感想を書こう

学習日　月　日
教科書　下13～34ページ
答え　20ページ

文章を読んで、答えましょう。

兵十（ひょうじゅう）は、今までおっかあと二人きりで、まずしいくらしをしていたもので、おっかあが死んでしまっては、もうひとりぼっちでした。「おれと同じ、ひとりぼっちの兵十か。」こちらの物置の後ろから見ていたごんは、そう思いました。

ごんは、物置のそばをはなれて、向こうへ行きかけますと、どこかで、いわしを売る声がします。

「いわしの安売りだあい。生きのいい、いわしだあい。」

ごんは、そのいせいのいい声のする方へ走っていきました。と、弥助（やすけ）のおかみさんが、うら戸口から、

「いわしをおくれ。」

と言いました。いわし売りは、いわしのかごを積んだ車を道ばたに置いて、ぴかぴか光るいわしを両手でつかんで、弥助のうちの中へ持って入りました。ごんは、そのすき間に、かごの中から五、六ぴきのいわしをつかみ出して、もと来た方へかけだしました。そして、兵十のうちのうら口から、うちの中へいわしを投げこんで、あな

1　「おれと同じ、ひとりぼっちの兵十か。」というところから、ごんの兵十に対するどんな思いが分かりますか。一つに○をつけましょう。

ア（　）ひとりぼっちになって、兵十も自分と同じようにさびしいだろうなと同情（じょう）する気持ち。

イ（　）ひとりぼっちになった兵十は、これから自分と遊んでくれるにちがいないと期待する気持ち。

ウ（　）ひとりぼっちになった兵十は、これからどうやってくらしていくのだろうと心配する気持ち。

2　「まず一つ、いいことをした」について、答えましょう。

⑴　「まず一つ」という言葉から、ごんのどんな気持ちが分かりますか。一つに○をつけましょう。

ア（　）これからもつぐないを続けようという気持ち。

イ（　）これからはいたずらをやめようという気持ち。

ウ（　）これで兵十にゆるしてほしいという気持ち。

ヒント　「まず」は、さいしょに、という意味だよ。

⑵　「いいことをした」とありますが、「いいこと」とはどんなことですか。二十字以内で書きましょう。

へ向かってかけもどりました。とちゅうの坂の上でふり返ってみますと、兵十がまだ、井戸のところで麦をといでいるのが小さく見えました。

ごんは、うなぎのつぐないに、まず一つ、いいことをしたと思いました。

次の日には、ごんは山でくりをどっさり拾って、それをかかえて兵十のうちへ行きました。

うら口からのぞいてみますと、兵十は、昼飯を食べかけて、茶わんを持ったまま、ぼんやりと考えこんでいました。変なことには、兵十のほっぺたに、かすりきずがついています。どうしたんだろうと、ごんが思っていますと、兵十がひとり言を言いました。

「いったい、だれが、いわしなんかを、おれのうちへ放りこんでいったんだろう。おかげでおれは、ぬすびとと思われて、いわし屋のやつにひどいめにあわされた。」
と、ぶつぶつ言っています。
ごんは、これはしまったと思いました。「かわいそうに兵十は、いわし屋にぶんなぐられて、あんなきずまでつけられたのか。」

新美 南吉「ごんぎつね」より

ヒント 一つ前の段落で、ごんがしたことは何かな。

3 「兵十のほっぺたに、かすりきずがついています。」とありますが、なぜ、かすりきずがついたのですか。

ごんがうなぎの（　　　）にしたことのせいで、兵十が（　　　）と思われて、いわし屋に（　　　）にあわされたから。

4 兵十のかすりきずのわけを知ったごんは、どんな気持ちになりましたか。一つに○をつけましょう。

ア（　）兵十に悪いことをしてしまったと、すまなく思う気持ち。

イ（　）兵十にしたいいことを、台なしにしたいわし屋におこる気持ち。

ウ（　）自分がいわし屋になぐられなくてよかったという気持ち。

ぴったり1 じゅんび

漢字を正しく使おう
季節の言葉3 秋の楽しみ

めあて
★かなで書くと同じになる言葉、送りがな、いろいろな読み方をもつ漢字に注意しよう。
★季節を表す言葉を知ろう。

学習日
月　日

教科書 下36〜39ページ
答え 20ページ

かきトリ 新しい漢字

教科書36ページ	36ページ	36ページ	36ページ
倉 ソウ くら 10画	札 サツ ふだ 5画	孫 ソン まご 10画	功 コウ 5画

36ページ	36ページ	37ページ
加 カ くわえる・くわわる 5画	牧 ボク 8画	借 シャク かりる 10画

1 (　)に読みがなを書きましょう。

① 学校の●読本。(　)

② ●明後日(　)の予定。

●読み方が新しい字

2 □に漢字を書きましょう。

① 会社の□(そうこ)。

② □(なふだ)を付ける。

③ □(まご)と遊ぶ。

④ 実験(けん)は□(せいこう)だ。

⑤ 行事に□(さんか)する。

⑥ □(ぼくじょう)の牛。

⑦ □(えいご)を学ぶ。

⑧ □(せつめい)を聞く。

3 (　)に漢字と送りがなを書きましょう。

① 本を(　　)(かりる)。

② 漢字を(　　)(もちいる)。

4 かなで書くと同じになる言葉に気をつけて、□に漢字を書きましょう。

① かわる
A 色が□わる。
B 母と電話を□わる。

② なおす
A けがを□す。
B まちがいを□す。

③ じてん
A 国語□□
B 百科□□

④ きかん
A 消化□□
B じょう気□□車
C 夏季休業□□

5 言葉や文の意味に合わせて、（　）に送りがなを書きましょう。

・
A つみきを積（　　）。
B 雪が積（　　）。

6 いくつもの読み方をもつ漢字に気をつけて、正しい読みがなを書きましょう。

① 米作（　　）がさかんなちいきでとれたお米（　　）。
② げんかんの戸（　　）を開けて、戸外（　　）に出た。
③ 八月の半（　　）ば、夏休みの宿題が半分（　　）終わった。

7 あなたのすきな秋の行事を一つ書きましょう。

（　　　　）

ぴったり1 じゅんび

3分でまとめ

役わりをいしきしながら話し合おう

クラスみんなで決めるには

◎めあて
★役わりにおうじて話し合う方法について、考えよう。

学習日　月　日
教科書　下40～46ページ
答え　21ページ

かきトリ 新しい漢字

教科書43ページ　挙　キョ　あげる・あがる　10画

44ページ　協　キョウ　8画

45ページ　極　キョク　12画

46ページ　求　キュウ　もとめる　7画

「挙」の部首は「手」だよ。

1 □に漢字を書きましょう。

① 家族で［きょうりょく］する。

② ［せっきょくてき］な発言。

2 □に漢字と送りがなを書きましょう。

① 手を（あげる）。

② 意見を（もとめる）。

3 話し合いのしかたをまとめました。□に当てはまる言葉を▢から選んで、記号を書きましょう。

▼役わりを決め、目的と（①）をたしかめる。

（②）（司会・記録係・時間係）
多くの参加者が発言できるようにする。
意見を整理しながら進行する。

（③）議題について、理由とともに提案する。

（④）進行にそって、自分の立場や考えを発言する。

▼話し合いの（⑤）をする。

（②）前もって（⑥）を立てる。

（③）目的や（①）におうじて考えをまとめておく。

▼（⑥）にしたがって話し合う。

ア 提案者　イ 司会グループ　ウ 参加者
エ じゅんび　オ 進行計画　カ 議題

①（　）②（　）③（　）④（　）
⑤（　）⑥（　）

4 次の話し合いを読んで、問題に答えましょう。

司会 今日は、学芸会で行う出し物について話し合います。①初めに提案者五人に意見を出してもらいます。②その後、提案についての意見を聞きます。では、Aさんから提案をおねがいします。

提案者A はい。ぼくは、みんなで合唱するのがよいと思います。音楽のじゅ業でもやったことがあるので、うまくできると思います。

司会 次に、Bさんお願いします。

提案者B わたしも、Aさんと同じく合唱がいいと思いました。人気の歌手グループの歌を歌いたいです。

司会 Cさんはいかがですか。

提案者C クラスで大きな絵をかいて体育館にかざるのがよいと思います。みんなで協力して一つのものを作るのは、よいけいけんになると思います。

…

司会 ③全部で四つの案が出ました。これらについて意見がある人はいますか。――④意見が出ないようなので、はんで相談する時間を二分間取ります。――では、Dさん、お願いします。

参加者D [　　　　　]。

(1) ――①〜④の司会の発言は、どんな役わりをしていますか。[　]から選んで記号を書きましょう。

①（　）②（　）③（　）④（　）

ア どのように話し合いを進めるかを説明している。
イ 意見が出ないときに、相談する時間を取っている。
ウ 初めに議題をたしかめている。
エ それまでの話の流れをまとめている。

(2) 提案者A〜Cで、理由とともに案を言っているのは、だれですか。全てさがして、記号で答えましょう。

（　　　　）

(3) 参加者Dの立場から発言するとして、意見の言い方としてよいもの一つに○をつけましょう。

ア（　）ぼくは、なんとなくCさんにさんせいです。
イ（　）どうして学芸会で出し物をするのですか。
ウ（　）ぼくは、Cさんの意見にさんせいです。体育館を使う人もよろこんでくれると思います。
エ（　）合唱なんかうまくできる気がしないなあ。

ごんぎつね ～ クラスみんなで決めるには

時間 20 分

／100

ごうかく 80 点

学習日

月　日

教科書 下13～46ページ

答え 22ページ

文章を読んで、答えましょう。　　思考・判断・表現

その明くる日も、ごんは、くりを持って、兵十（ひょうじゅう）のうちへ出かけました。兵十は、物置で縄をなっていました。それで、ごんは、うちのうら口から、こっそり中へ入りました。

そのとき兵十は、ふと顔を上げました。と、きつねがうちの中へ入ったではありませんか。こないだ、うなぎをぬすみやがったあのごんぎつねめが、またいたずらをしに来たな。

「ようし。」

兵十は立ち上がって、なやにかけてある火縄じゅうを取って、火薬をつめました。そして、足音をしのばせて近よって、今、戸口を出ようとするごんを、ドンとうちました。

1 「その明くる日も」の「も」から、どんなことが分かりますか。　10点

（　　　　　　　　　　）

2 兵十がごんをよく思っていないことが分かる言葉を、文章から十九字で書きぬきましょう。　15点

（十九字のマス目）

できたらスゴイ！

3 「ようし。」とありますが、このときの兵十はどんな気持ちでしたか。一つに○をつけましょう。　15点

ア（　）ごんのいたずらを、この目でたしかめてやろう。

イ（　）いたずらばかりするごんを、やっつけてやろう。

ウ（　）いたずらをしに来たごんを、びっくりさせてやろう。

4 「おや。」について、答えましょう。

① 兵十は何を見て、このように言ったのですか。　10点

ごんは、ばたりとたおれました。

兵十はかけよってきました。うちの中を見ると、土間にくりが固めて置いてあるのが、目につきました。

「おや。」

と、兵十はびっくりして、ごんに目を落としました。

「ごん、おまい（おまえ）だったのか、いつも、くりをくれたのは。」

ごんは、ぐったりと目をつぶったまま、うなずきました。

兵十は、火縄じゅうをばたりと取り落としました。青いけむりが、まだつつ口から細く出ていました。

新美 南吉「ごんぎつね」より

② 兵十はこのとき、どんなことに気づきましたか。 15点

（　　　　）

よく出る

5 「ぐったりと目をつぶったまま、うなずきました。」とありますが、このときのごんはどんな気持ちでしたか。一つに○をつけましょう。 15点

ア（　）うなぎをぬすんだつぐないの気持ちは、兵十には分かってもらえないだろう。

イ（　）うなぎをぬすんだつぐないの気持ちを、やっと兵十に分かってもらえた。

ウ（　）うなぎをぬすんだことぐらいで自分をうつなんて、兵十はひどすぎるよ。

考えを書こう

6 「兵十は、火縄じゅうをばたりと取り落としました。」とありますが、このときの兵十はどんな気持ちだったと思いますか。兵十になったつもりで書きましょう。 20点

（　　　　）

ふりかえり ④が分からないときは、61ページの 3分でワンポイント にもどってかくにんしてみよう。

ぴったり3 たしかめのテスト②

ごんぎつね ～ クラスみんなで決めるには

時間 20 分
／100
ごうかく 80 点
学習日 月 日
教科書 下13〜46ページ
答え 23ページ

1 読みがなを書きましょう。 一つ2点(20点)

① 百姓（しょう）家〔　〕のそば。

② 小川〔　〕の流れ。

③ 荷物を積〔　〕む。

④ 不思議〔　〕な出来事。

⑤ 明かりが差〔　〕す。

⑥ 博物館〔　〕へ行く。

⑦ 米作〔　〕を行う。

⑧ 戸外〔　〕に出る。

⑨ 木〔　〕かげにすわる。

⑩ 五月の半〔　〕ば。

2 □に漢字を、〔　〕に漢字と送りがなを書きましょう。 一つ2点(20点)

① 気温の□□（へんか）。

② 物語の□□（けつまつ）。

③ □（まつ）たけを拾う。

④ □（びん）せんに書く。

⑤ □□（そうこ）のかぎ。

⑥ 式に□□（さんか）する。

⑦ □□（きょうりょく）し合う。

⑧ □□□（せっきょくてき）なしせい。

⑨ 花をふみ〔　　〕（おる）。

⑩ 土を〔　　〕（かためる）。

3 （　）に当てはまる言葉を［　］から選んで、記号を書きましょう。　一つ2点（10点）

① 空が（　）晴れあがる。
② あせが（　）ふき出す。
③ 友達の後ろに（　）近づく。
④ 集合時間に（　）間に合った。
⑤ よばれた気がして（　）ふりかえる。

ア どっと　イ そうっと　ウ ひょいと
エ やっと　オ からっと

4 かなで書くと同じになる言葉に気をつけて、□に漢字を書きましょう。　一つ5点（20点）

① たつ
A 席を□つ。
B ビルが□つ。

② かんしん
A 見事なうで前に□□する。
B 弟は、音楽に□□がある。

5 次の文は、何についての説明ですか。［　］から選んで書きましょう。　一つ5点（15点）

① 紅葉（こうよう）を見に山などに出かけること。（　）
② すすきやだんごなどをかざって、昔のこよみの八月十五日の月を見ること。（　）
③ 三さい、五さい、七さいに、無事（ぶ）な成長を祝って神社にお参りすること。（　）

七五三　お月見　もみじがり

6 思考・判断・表現
次は、ア司会、イ記録係、ウ参加者の、だれの役わりですか。記号を書きましょう。　一つ3点（15点）

①（　）ところどころで、それまでに出た意見を整理する。
②（　）話し合いの進行の様子を、見やすく黒板に書く。
③（　）できるだけ多くの意見が出るように工夫する。
④（　）自分の立場をはっきりさせ、理由とともに話す。
⑤（　）いくつもの意見が出たときは、表などを使って分かりやすく書く。

ふりかえり　6が分からないときは、68ページの3にもどってかくにんしてみよう。

中心となる語や文を見つけて要約し、調べたことを書こう

未来につなぐ工芸品
工芸品のみりょくを伝えよう

大牧（おおまき） 圭吾（けいご）

めあて
★筆者が伝えようとしていることを読み取ろう。
★リーフレットの作り方を知ろう。

学習日 月 日
教科書 下47～59ページ
答え 23ページ

かきトリ 新しい漢字

漢字	読み	画数	ページ
末	ミ	5画	教科書47ページ
芸	ゲイ	7画	47ページ
各	カク	6画	48ページ
料	リョウ	10画	50ページ
然	ゼン・ネン	12画	52ページ

「未」と「末」は、横ぼうの長さで全くべつの漢字になるので注意しよう！

1 （ ）に読みがなを書きましょう。

① 自然（　）の素材。

② 事実を伝（　）える。

●読み方が新しい字

2 □に漢字を書きましょう。

① □（みらい）の世界。

② すぐれた□（こうげいひん）。

③ 日本□（かくち）の寺。

④ □（ざいりょう）を集める。

未来につなぐ工芸品

3 正しい意味に〇をつけましょう。

① 伝統（とう）的な方法で作る。
ア（　）機械や電気を使わない様子。
イ（　）古くから受けつがれている様子。

② かんきょうへの負荷（か）。
ア（　）相手に負わせる重荷。
イ（　）重荷を下ろすこと。

③ 使いごこちがよい道具。
ア（　）使う人の気持ち。
イ（　）使ったときの感じ。

4 次の文章から、「中心となる文」を一つ選んで、記号で答えましょう。

ア みなさんは、短歌を知っていますか。イ 現代(げんだい)でも、たくさんの歌人（短歌を作る人）が活やくしています。ウ 今日は、短歌のみりょくをみなさんにしょうかいします。

（　　）

5 リーフレットを作るときに大切なことをまとめました。（　）に入る言葉を［　］から選んで書きましょう。

- 調べたことを整理して、文章の（　　　　）を考えて書く。
- どんなところが（　　　　）なのか、読む人に分かるように書く。
- そのよさを（　　　　）を挙げながら書く。
- 文章ではそうぞうしにくいものなどは、（　　　　）を使って説明する。

具体例　写真や絵　みりょく　組み立て

3分でワンポイント

中心となる語や文を整理しよう。

★①～④の（　）に合う言葉を［　］の中から選んで、記号を書きましょう。

まとまり	初め	中	終わり
筆者の考え・伝えたいこと	・わたしは、（①　　）を未来の日本にのこしていきたい。	理由1 工芸品が、日本の（②　　）やげいじゅつを未来につないでくれること。（**具体例**＝奈良墨(ならすみ)） 理由2 工芸品が、（③　　）を未来につないでくれること。（**具体例**＝南部鉄器(なんぶてっき)）	・工芸品をのこすことは、日本の文化やげいじゅつ、かんきょうを（④　　）につないでいくことになる。

ア 未来　イ かんきょう　ウ 工芸品　エ 文化

中心となる語や文を見つけて要約し、調べたことを書こう

未来につなぐ工芸品

学習日　月　日
教科書 下47～55ページ
答え 24ページ

文章を読んで、答えましょう。（写真はしょうりゃく）

職人は、使う人のことを大切に思い、ていねいに工芸品を作っています。わたしは、そんな職人と、職人たちが生み出す工芸品が大すきで、工芸品のよさを伝える仕事をしています。日本人の生活の変化などから、昔にくらべて工芸品を使う人がへり、職人の数も少なくなっていますが、わたしは、工芸品を未来の日本にのこしていきたいと考えています。それには、二つの理由があります。

一つ目の理由は、工芸品が、過去、げんざいと続いてきた日本の文化やげいじゅつを、未来につないでくれることです。例えば、奈良県に、「奈良墨」という工芸品があります。奈良墨は、千年以上も前から、文字や絵をかくための道具として使われてきました。木や紙にかかれた墨は、今も消えることなくのこっていて、当時の文化をわたしたちに伝えてくれています。そして、げんざいも、書家や画家、墨で文字や絵をかくことを楽しむ人たちの中に、

1 「わたしは、そんな職人と、職人たちが生み出す工芸品が大すき」とありますが、どんな職人がすきなのですか。

（　　　　）

ヒント 「そんな」の指す内容を、前からさがそう。

2 「工芸品を未来の日本にのこしていきたい」とありますが、その理由を次のようにまとめたとき、（　）に当てはまる言葉を文章から書きぬきましょう。

一つ目…工芸品は、日本の（　　　　）を未来につないでくれるから。

二つ目…工芸品は、（　　　　）を未来につないでくれるから。

ヒント 「一つ目の理由は」「二つ目の理由は」に注目。

3 「茶道で使う茶わん、落語家のせんす、祭りのときのちょ

色合いが美しく、かきごこちのよい奈良墨を使っている人が多くいます。そうしてかかれたものは、未来に、今を伝えてくれることでしょう。茶道で使う茶わん、落語家のせんす、祭りのときのちょうちんや和だいこなども同じです。職人が作るさまざまな工芸品があるからこそ、日本の文化やげいじゅつを未来にのこせるのです。

　二つ目の理由は、かんきょうを未来につないでくれることです。工芸品には、材料や作り方の面で、かんきょうへの負荷が少ないというとくちょうがあります。また、長く使えるように作られているので、ごみをへらすことにもなります。岩手県の「南部鉄器」を例に見てみましょう。ある工房では、火山岩のすなとねん土をまぜて型を作り、そこに木炭の火でとかした鉄を流しこんで（写真①）、鉄びんやふうりんなどを作ります。さびをふせぐために木炭で熱し（写真②）、仕上げにうるしをぬって色をつけるのですが、そのときに使うはけ（写真③）も、「クゴ」という植物でできています。南部鉄器は、鉄、木炭、すな、ねん土、うるし、クゴなど、自然にある素材で、電気や化学薬品を使わなくても作ることができるのです。さびにくく、じょうぶなので、五十年、百年と使い続けることができます。材料や作り方、そして長く使えるという点で、かんきょうにやさしいといえます。

大牧 圭吾「未来につなぐ工芸品」より

うちんや和だいこなども同じ」とありますが、どんな点が同じなのですか。一つに○をつけましょう。

ア（　）使うことでその時の文化を未来に伝えられる点。
イ（　）かかれた絵や文字が消えることなくのこる点。
ウ（　）色合いが美しく、かきごこちがよい点。

4 「工芸品には、材料や作り方の面で、かんきょうへの負荷が少ないというとくちょうがあります。」とありますが、その例として、何を挙げていますか。

（　　　　）

5 筆者の考えとして、正しいもの一つに○をつけましょう。

ア（　）工芸品を未来にのこすため、工芸品を作る職人の数をふやしたい。
イ（　）日本の文化や、かんきょうを未来につないでくれる工芸品をのこしたい。
ウ（　）工芸品を未来の日本にのこすには、工芸品を使う人をふやすことが大切だ。

6 この文章は三つの段落でできていますが、どのような文章の組み立てになっていますか。一つに○をつけましょう。

ア（　）筆者の考え↓理由↓筆者の考え
イ（　）筆者の考え↓理由↓理由
ウ（　）理由↓筆者の考え↓例
エ（　）筆者の考え↓例↓例

ぴったり1 じゅんび

慣用句（かんようく）
短歌・俳句（はいく）に親しもう（二）
漢字の広場④

3分でまとめ

めあて
★慣用句の意味と使い方を知ろう。
★短歌や俳句を声に出して読み、表された風景をそうぞうしてみよう。

学習日
月　日
教科書
下60〜64ページ
答え
24ページ

かきトリ 新しい漢字

教科書61ページ	61ページ	61ページ
仲　なか　6画	労　ロウ　7画	焼　やく・やける　12画

61ページ	63ページ
冷　レイ　つめたい・ひえる　ひや・さめる　7画	照　ショウ　てる・てらす　てれる　13画

1 （　）に読みがなを書きましょう。

① 金色（　　）の鳥。

② 実を結（　　）ぶ。

●読み方が新しい字

①は「きんいろ」とも読むけれど、それ以外の読み方を答えよう。

2 □に漢字を、（　）に漢字と送りがなを書きましょう。

① □（なか）がよい。

② □（ろう）をねぎらう。

③ 世話を（　　）（やく）。

④ 月が（　　）（てらす）。

慣用句

3 （　）に□の言葉を入れて、動物の名前を使った慣用句（かんようく）を完成させましょう。

① （　　）が合う

② （　　）返し

③ （　　）をかぶる

④ （　　）のなみだ

⑤ （　　）の知らせ

おうむ　すずめ　馬　虫　ねこ

4 **次の慣用句の意味を、[　]から選んで記号を書きましょう。**

① 頭を冷やす（　　）

② うり二つ（　　）

③ エンジンがかかる（　　）

ア　こうふんした気持ちをおさえて、冷静にする。
イ　やる気が出て、調子よく進む。
ウ　顔かたちがそっくりである。

短歌・俳句に親しもう（二）

5 **次の短歌を読んで問題に答えましょう。**

金色の〈ア〉ちひ（い）さき鳥の〈イ〉かたちして〈ウ〉銀杏（いちょう）ちるなり夕日の岡に

与謝野（よさの）晶子（あきこ）

「短歌・俳句に親しもう（二）」より

① 「銀杏」が、何の形に見えたのですか。短歌の中から書きぬきましょう。

（　　　　　　）

② 「夕日の岡に」という言葉は、ふつうの文と言葉の順じょがちがっています。ふつうの文にするなら、「夕日の岡に」という言葉をア〜ウのどこに入れるとよいですか。

（　　）

6 **次の俳句を読んで問題に答えましょう。**

柿（かき）くへ（え）ば鐘（かね）が鳴るなり法隆寺（ほうりゅうじ）

正岡（まさおか）子規（しき）

「短歌・俳句に親しもう（二）」より

① 季節を表す言葉（季語）を俳句の中からぬき出しましょう。

（　　　　　　）

② 「鐘」は、どこから聞こえてくる「鐘」なのですか。俳句の中からぬき出しましょう。

（　　　　　　）

漢字の広場④

7 **[　]の言葉を二つ使い、絵を参考にして、教室で、だれが、どんなことをしているのかを書きましょう。**

指名　起立
面積　倍
問題　横

教室で、

未来につなぐ工芸品 ～ 漢字の広場④

時間 20分

／100

ごうかく 80点

学習日 月 日

教科書 下47～64ページ

答え 25ページ

文章を読んで、答えましょう。（写真はしょうりゃく） 思考・判断・表現

職人は、使う人のことを大切に思い、ていねいに工芸品を作っています。わたしは、そんな職人と、職人たちが生み出す工芸品が大すきで、工芸品のよさを伝える仕事をしています。日本人の生活の変化などから、昔にくらべて工芸品を使う人がへり、職人の数も少なくなっていますが、わたしは、工芸品を未来の日本にのこしていきたいと考えています。それには、二つの理由があります。

一つ目の理由は、工芸品が、過去、げんざいと続いてきた日本の文化やげいじゅつを、未来につないでくれることです。例えば、奈良県に、「奈良墨」という工芸品があります。奈良墨は、千年以上も前から、文字や絵をかくための道具として使われてきました。木や紙にかかれた墨は、今も消えることなくのこっていて、当時の文化をわたしたちに伝えてくれています。そして、げんざいも、書家や画家、墨で文字や絵をかくことを楽しむ人たちの中に、色合いが美しく、かきごこちのよい奈良墨を使っている人が多くいます。そうしてかかれたものは、

1 「昔」とありますが、昔とくらべて、へっているものを二つ書きましょう。 一つ10点(20点)

よく出る

2 「工芸品を未来の日本にのこしていきたい」と筆者が考える理由を二つ書きましょう。 一つ10点(20点)

3 「工芸品があるからこそ、日本の文化やげいじゅつを未来にのこせる」とありますが、工芸品の「奈良墨」はなぜ「日本の文化やげいじゅつを未来にのこせる」のですか。

未来に、今を伝えてくれることでしょう。茶道で使う茶わん、落語家のせんす、祭りのときのちょうちんや和だいなども同じです。職人が作るさまざまな工芸品があるからこそ、日本の文化やげいじゅつを未来にのこせるのです。

二つ目の理由は、かんきょうを未来につないでくれることです。工芸品には、材料や作り方の面で、かんきょうへの負荷が少ないというとくちょうがあります。また、長く使えるように作られているので、ごみをへらすことにもなります。岩手県の「南部鉄器」を例に見てみましょう。ある工房では、火山岩のすなとねん土をまぜて型を作り、そこに木炭の火でとかした鉄を流しこんで（写真①）、鉄びんやふうりんなどを作ります。さびをふせぐために木炭で熱し（写真②）、仕上げにうるしをぬって色をつけるのですが、そのときに使うはけ（写真③）も、「クゴ」という植物でできています。南部鉄器は、鉄、木炭、すな、ねん土、うるし、クゴなど、自然にある素材で、電気や化学薬品を使わなくても作ることができるのです。さびにくく、じょうぶなので、五十年、百年と使い続けることができます。材料や作り方、そして長く使えるという点で、かんきょうにやさしいといえます。

大牧 圭吾「未来につなぐ工芸品」より

一つに○をつけましょう。 15点

ア（　）奈良墨は色合いが美しく、かきごこちがよいため、使っている人が多くいるから。

イ（　）かかれたものは消えることなくのこるので、当時の文化を伝えられるから。

ウ（　）奈良墨をこのむ人は、茶わんやせんすなどの他の工芸品もこのむことが多いから。

できたらスゴイ!

4 工芸品についてA「材料や作り方の面で、かんきょうへの負荷が少ない」、B「長く使えるように作られているので、ごみをへらすことにもなります。」とありますが、A・Bは「南部鉄器」ではどうなのですか。それを説明した文を、それぞれ一文でさがし、初めの五字を書きましょう。 一つ15点（30点）

A

B

考えを書こう

5 筆者が、この文章で伝えようとしているのはどんなことですか。（　）に合う言葉を考えて書きましょう。 15点

（　　　　　　　）が大切だ。

ふりかえり ②が分からないときは、75ページの 3分でワンポイント にもどってかくにんしてみよう。

未来につなぐ工芸品 ～ 漢字の広場④

時間 20 分

／100

ごうかく 80 点

学習日

月　日

教科書

下47～64ページ

答え

26ページ

1 読みがなを書きましょう。 一つ2点(8点)

① 未来（　　）にのこす。

② 自然（　　）の風景。

③ 労（　　）をおしむ。

④ 金色（　　）の仏(ぶつ)像。

2 漢字を書きましょう。 一つ2点(8点)

① □□□(こうげいひん)を使う。

② 世界□□(かくち)の湖。

③ □□(ざいりょう)をそろえる。

④ □(なか)が悪い。

3 漢字と送りがなを書きましょう。 一つ3点(12点)

① パンを（　やく　）。

② 体を（　ひやす　）。

③ 月明かりが（　てらす　）。

④ 晴天が（　つづく　）。

4 □に三年生で習った漢字を書きましょう。 一つ3点(12点)

① ギリシャ□□(しんわ)

② □□(どうわ)を読む。

③ □□(こうてい)に集まる。

④ □(むかし)の思い出。

5 慣用句の意味を[　]から選んで、記号を書きましょう。 一つ4点（20点）

① 心がおどる（　　）
② 世話を焼く（　　）
③ 水に流す（　　）
④ 実を結ぶ（　　）
⑤ 借りてきたねこ（　　）

ア とてもおとなしい様子。
イ 今までのことはなかったことにして、こだわらないようにする。
ウ よい結果となってあらわれる。
エ わくわくする。
オ 進んで人のめんどうをみる。

6 思考・判断・表現 次の慣用句を使って、短い文を作りましょう。 一つ10点（20点）

① 頭をひねる

（　　　　　　　　）

② うり二つ

（　　　　　　　　）

7 次の短歌と俳句を読んで問題に答えましょう。

A 晴れし空仰げばいつも
口笛を吹きたくなりて
吹きてあそびき
石川啄木

B 柿くへば鐘が鳴るなり法隆寺
正岡子規

C 秋空につぶてのごとき一羽かな
杉田久女

「短歌・俳句に親しもう（二）」より

① [A]の短歌に「口笛を吹きたくなり」とありますが、どんなときに口笛を吹きたくなるのですか。 10点

（　　　　　　　　）

② [B]の俳句は、いつの季節をよんだものですか。春、夏、秋、冬の中から答えましょう。 5点

（　　　　）

③ [C]の俳句では、秋空を飛ぶ「一羽」の鳥が、何のように見えたのですか。俳句の中から書きぬきましょう。 5点

（　　　　）

ふりかえり ⑥が分からないときは、79ページの④にもどってかくにんしてみよう。

つながりを見つけながら読み、おもしろいと思ったことを話し合おう

友情(じょう)のかべ新聞

はやみね かおる

めあて
★場面と場面を結び付けながら読もう。
★登場人物の変化を読み取ろう。

学習日 月 日
教科書 下65〜83ページ
答え 26ページ

かきトリ 新しい漢字

教科書ページ	漢字	音読み	訓読み	画数
65ページ	好	コウ	この む・す く	6画
66ページ	最	サイ	もっとも	12画
68ページ	省	セイ・ショウ	はぶく	9画
69ページ	課	カ		15画
69ページ	無	ム・ブ	ない	12画
70ページ	側	ソク	がわ〈かわ〉	11画
73ページ	改	カイ	あらためる あらたまる	7画
78ページ	周	シュウ	まわり	8画

1 （　）に読みがなを書きましょう。

① ●正反対（　　）のせいかく。
② ●正直（　　）に話す。

●読み方が新しい字

2 □に漢字を書きましょう。

① □（さいこう）の結果。
② 深く□（はんせい）する。
③ □（ほうかご）
④ □（むり）をする。
⑤ 新聞の□（みぎがわ）。
⑥ 校庭を□（いっしゅう）する。
⑦ 学校の□（きゅうしょく）。
⑧ □（ふまん）げな顔。

3 （　）に漢字と送りがなを書きましょう。

① 読書が（すき）。
② 考えを（あらためる）。

4 正しい意味に○をつけましょう。

① たいこう心をもやす。
ア（　）相手をきらい、にくむ気持ち。
イ（　）相手に負けたくないとはり合う気持ち。

② かくしごとを知られて、うなだれる。
ア（　）悲しみやはずかしさで、うつむく。
イ（　）反省して、あやまる。

③ 二人がもみ合う。
ア（　）言い合って争う。
イ（　）つかみ合って争う。

④ 後ろめたさで元気がなくなる。
ア（　）この先どうなるのか、不安に思うこと。
イ（　）自分に悪いところがあり、気がひけること。

5 （　）に当てはまる言葉を□から選んで書きましょう。

① しかられて（　　）をこわばらせる。
② どうしてだろうと（　　）をひねる。
③ おたがいに（　　）をはなせない。

首　顔　目

3分でワンポイント

場面と場面を結び付けながら読んでみよう。

★①〜⑤の（　）に合う言葉を□の中から選んで、記号を書きましょう。

始まり	二人の様子	ぼくのすいり	終わり
・仲が悪い東君と西君は、協力して①（　　）を作ることになった。	1 かべ新聞が②（　　）にはられた。 2 二人はいっしょにすごすようになった。 3 なぜか③（　　）を使わなかった。	1 二人はけいじ板をよごし、かべ新聞でかくした。 2 相手が先生に言いつけないか不安で、おたがいから④（　　）をはなせなくなった。 3 後ろめたさで、油性ペンもさわりたくなかった。 ↓いっしょにいるうちに相手のことが分かった。	・二人は本当に⑤（　　）がよくなった。

ア けいじ板　イ 目　ウ 油性ペン
エ 仲　オ かべ新聞

ぴったり2

練習①

友情のかべ新聞

つながりを見つけながら読み、おもしろいと思ったことを話し合おう

文章を読んで、答えましょう。

今日、月曜日。東君と西君は、中井先生にしかられている。学芸会のじゅんびで言い争ったあげく、そのはずみで花びんをわってしまったからだ。先週も、犬とねこのどっちがいいかで大さわぎしたばかりなので、いつも以上にしかられている。

われた花びんを前に、顔をこわばらせて立っている二人。

「西君が当たって、花びんが落ちたんです。」

「それは、東君がおしたからです。」

二人の言い分に、

「東君も西君も、相手のせいにばかりして、少しも反省していないな。」

と、きびしい顔をする先生。そして、ため息をついた。

「君たちは、本当に仲が悪いな。」

先生は、とても悲しそうだ。しばらく考えてから、指を一本のばした。

「放課後、東君と西君とで協力して、かべ新聞を作りな

1 「いつも以上にしかられている。」とありますが、なぜですか。（　）に当てはまる言葉を文章から書きぬきましょう。

先週、犬とねこの話で（　　　　）したばかりなのに、また言い争ったあげく、（　　　　）をわってしまったから。

2 「きびしい顔をする先生。」とありますが、このときの先生は、なぜおこっているのですか。（　）に当てはまる言葉を書きましょう。

花びんをわったことも悪いが、それ以上に、

（　　　　　　　　）

ヒント　すぐ前の先生の言葉に注目しよう。

3 「放課後、東君と西君とで協力して、かべ新聞を作りなさい。」とありますが、先生が二人に「かべ新聞」作りを命じたのは、何のためですか。

さい。これは、君たちが仲よくなるために、先生が考えた作戦だ。」

「ええっ。」

不満げな声を上げる二人。

そして、同時に言った。

「協力なんて、無理です。」

おどろく先生。

「こういうときは、気が合うんだね。」

「あの二人が、協力ねえ。」

「無理だよ。」

「ぜったい、けんかするね。」

みんな、そんなうわさをした。

なのに、火曜日の朝、教室に入ったぼくらは、びっくりした。真新しい紙に書かれたかべ新聞のどうどうとしたすがたが、目に飛びこんできたからだ。

はやみね かおる「友情のかべ新聞」より

4 「おどろく先生。」とありますが、先生はどんなことにおどろいたのですか。一つに○をつけましょう。

ア（　）二人のためになるよい提案をしたつもりだったのに、二人が不満げだったから。

イ（　）仲が悪いとはいえ、協力することさえもできないことが意外だったから。

ウ（　）仲の悪い二人が、心が通じ合っているかのように、同じ言葉を同時に言ったから。

ヒント　すぐ後の先生の言葉から読み取ろう。

5 「あの二人が、協力ねえ。」とありますが、この言葉を言った人はどんな気持ちだったのですか。一つに○をつけましょう。

ア（　）二人は仲が悪いのだから、協力して何かをするなんて無理だろう。

イ（　）先生の言うとおり、協力して物を作ることで二人は仲よくなれるかもしれない。

ウ（　）いつも言い争っている二人が、意外にもうまく協力できそうでおどろいた。

つながりを見つけながら読み、おもしろいと思ったことを話し合おう

友情のかべ新聞

学習日
月　日
教科書
下65～83ページ
答え
27ページ

文章を読んで、答えましょう。

そんな中、ぼくは思い切って、教室のすみで、二人に分かったことを伝えた。

すると二人は、うなだれて、それでもどこかほっとした顔で言った。

「金曜日に相談して、あやまりに行こうって決めたんだ。それで、今から職員室に行くところなんだ。」

そうか、よかった。

そのとき、教室の後ろの方で、だれかが「たいくつだなあ。」と、大きくうでを広げて、のびをした。その手が、近くにいた女の子をおした。女の子はふらつき、かべ新聞に手をつく。

ビリリリリ。

はでな音を立てて、やぶれるかべ新聞。

そして、やぶれたかべ新聞の向こうから、緑のシートの上を走る青い線があらわれた。

1 「二人は、うなだれて、それでもどこかほっとした顔で言った。」について答えましょう。

(1) なぜ「うなだれて」いたのですか。一つに○をつけましょう。

ア（　）かくしごとが知られてしまったから。
イ（　）「ぼく」にひどくおこられたから。
ウ（　）けんかしてつかれ切っていたから。

(2) なぜ「ほっとした顔」だったのですか。一つに○をつけましょう。

ア（　）「ぼく」がゆるしてくれたから。
イ（　）まだ先生には知られていなかったから。
ウ（　）もうかくしごとをしなくてよいから。

2 「あやまりに行こうって決めたんだ。」とありますが、どんなことをあやまりに行くのですか。

ヒント
先生の言葉から、何をあやまるのかを読み取ろう。

「つまり、東君と西君は、青の油性ペンで、けいじ板をよごしてしまったんだね。」

中井先生にきかれ、二人はうなずく。

ここからは、ぼくのすいりだ。

記事を書き終わり、青が好きな東君が、青い油性ペンで新聞をふち取ろうとする。それを、赤が好きな西君がいやがって、止めようとする。

もみ合う二人。手に持っていた油性ペンがけいじ板に当たって、シートにインクが付く。インクは、ぞうきんでふくだけでは落ちない。

最近の二人はしかられ続けている。それなのに、けいじ板をよごしたのが知られたら、またどれだけしかられることか。

「正直にあやまろう。」

どちらかがそう言っても、相手はさんせいしない。相手の意見に反対するのが、くせになっているからだ。

どっちが悪いか言い争っているとき、見回りの先生の足音が聞こえたりしたら――。

二人は、とっさにかべ新聞でよごれをかくしてしまった。あせっていたから、ほんの少しだけ、新聞のはしからインクが見えてしまっていることに気づかなかった。

はやみね かおる「友情のかべ新聞」より

3 「やぶれたかべ新聞の向こうから、緑のシートの上を走る青い線があらわれた。」について答えましょう。

(1) 「青い線」は、どのようにして付いたのですか。それが書かれた文をさがし、初めの五字を書きぬきましょう。

□□□□□

(2) 二人が「青い線」の上にかべ新聞をはったのは、何のためですか。

（　　　　）

4 「つまり、東君と西君は、青の油性ペンで、けいじ板をよごしてしまったんだね。」の前は一行空いています。これはどんなことを表していますか。一つに○をつけましょう。

ア（　）ここから過去の話にもどること。

イ（　）ここで時間がしばらくたったこと。

ウ（　）ここから「ぼく」の空想が始まること。

5 「ぼくは思い切って、……分かったことを伝えた。」とありますが、「ぼく」が考えた内容が書かれているのは、どこからですか。初めの五字を書きぬきましょう。

□□□□□

ヒント 「分かったこと」＝「ぼく」がすいりしたこと。

ぴったり1 じゅんび

理由や例を挙げて、考えを書こう

もしものときにそなえよう
季節の言葉4　冬の楽しみ

めあて
★考えたことが分かりやすく伝わる文章の書き方を知ろう。
★季節を表す言葉について知ろう。

学習日　月　日

教科書　下84～91ページ

答え　28ページ

かきトリ　新しい漢字

教科書84ページ

害（ガイ）10画

●読み方が新しい字

1 （　）に読みがなを書きましょう。

① 豪（ごう）●雨（　　）にみまわれる。

② ●元（　　）旦（たん）の行事。

②「元旦」は、「一月一日」の意味でも使うけれど、本来は「一月一日の朝」のことだよ。

2 □に漢字を書きましょう。

① 災（さい）□（がい）にそなえる。

② □□（ひつよう）な物。

もしものときにそなえよう

3 考えを伝える文章の書き方をまとめました。（　）に当てはまる言葉を□から選んで、記号を書きましょう。

▼（①）を決めて調べる。
・さまざまな本や（②）を活用して調べる。
・分かったことは（③）に書き、内容（よう）ごとに分類するなどして（④）する。

▼文章の組み立てをたしかめる。
「初め」「中」「（⑤）」の組み立てで書くとよい。

▼文章を書く。
・自分の考えに合う（⑥）や例を挙げて書く。

①（　）　②（　）　③（　）
④（　）　⑤（　）　⑥（　）

ア　整理　　イ　カード　　ウ　終わり
エ　理由　　オ　テーマ　　カ　インターネット

4 **次の文章を読んで、答えましょう。**

初め

ぼくは、台風が近づいたら、ひなんのじゅんびをしておくべきだと考える。

中

なぜなら、一つには風雨が強くなってからでは、ひなんに間に合わなくなるおそれがあるからだ。もう一つには地区の資料に、……（中略）

終わり

これらの理由から、台風が近づいてきたら、ひなんの指示が出るまで待っているのではなく、早めにひなんのじゅんびを始めることが大切だと考えます。

(1) 「初め」「中」「終わり」には、それぞれどんな内容が書かれていますか。□から選んで、記号を書きましょう。

初め（　　）　中（　　）　終わり（　　）

ア　自分の考えに合う理由を書いている。
イ　自分の考えを書いている。
ウ　もう一度、自分の考えを書いている。

(2) 文章を書くときは、「です・ます」と、「だ・である」のどちらかでそろえることが大切です。上の文章の――線の部分は、どのように直せばよいですか。書きましょう。

（　　　　　　　　）

(3) この文章の後に書き足す内容として正しいものに、○をつけましょう。

ア（　）引用したり参考にしたりした本の説明。
イ（　）この文章を読んでくれた人の感想。
ウ（　）見た目が美しくなるようなイラスト。

季節の言葉４　冬の楽しみ

5 **□の行事を、十二月の行事、一月の行事、二月の行事に分けて、記号で答えましょう。**

ア　節分　イ　七草がゆ　ウ　大みそか
エ　冬至　オ　お正月

・十二月の行事……（　　　）
・一月の行事……（　　　）
・二月の行事……（　　　）

友情のかべ新聞 ～季節の言葉4 冬の楽しみ

時間 20分　　／100　　ごうかく80点

学習日　月　日
教科書 下65～91ページ
答え 29ページ

文章を読んで、答えましょう。　思考・判断・表現

そして、よごれをかくした二人には、新しく心配なことができた。

相手が、先生に言ってしまうのではないかと思ったのだ。それも、「自分は悪くありません。全部、相手が悪いんです。」というように。

だから、おたがいから目をはなせなくなり、いつもいっしょにいるようになった。

その間、二人は油性ペンをさわりたくなかった。また、後ろめたさでしょくよくがなくなり、プリンを取り合わなかった。

その後――。

いっしょにいるうちに、相手がどんなやつか分かってきた。不思議なことに、二人でいるのが楽しくなってきた。無理に仲よくなろうとしたんじゃない。相手のことを知るうちに、「なんだ、そんなにいやなやつじゃないじゃないか。」そう思えてきたのだ。

そして、それで十分だった。

1 「新しく心配なことができた。」とありますが、

① どんなことが「心配」だったのですか。　20点

（　　　　　　　　　　）

② 「心配なこと」ができて、二人はどんな行動を取るようになりましたか。　一つ5点(10点)

いつも（　　　　）にいて、おたがいから（　　　　）をはなさないようになった。

よく出る

2 「相手がどんなやつか分かってきた。」とありますが、どんなやつだと思うようになったのですか。一つに○をつけましょう。　10点

ア（　）相手は、自分とよくにているやつだ。
イ（　）相手は、自分が思っていたよりいいやつだ。
ウ（　）相手は、先生につげ口するようなやつだ。

3 「それで十分だった。」とありますが、何のために「十分」だったのですか。一つに○をつけましょう。　10点

先生が、二人にきく。

「どうしてけいじ板がよごれたのかな。」

東君が答える。

「悪いのは、ぼくです。ぼくの持っていた油性ペンが当たったんです。」

西君も答える。

「悪いのは、ぼくです。ぼくが東君をおしたから、油性ペンが当たったんです。」

聞いていた先生は、

「君たちは、本当に仲が――。」

そこまで言って、うれしそうにほほえんだ。

放課後、二人は、けいじ板のよごれを落とす先生を手伝った。

そして、きれいになったけいじ板の上に、セロハンテープで直したかべ新聞をはった。青と赤の二重のふち取りが、ぐるっと一周しているかべ新聞だ。

そんな二人を見て、中井先生が、とくいそうに言った。

「先生の作戦は、大成功だな。」

はやみね かおる「友情のかべ新聞」より

ア（　）二人が相手のことをよく知るため。

イ（　）二人がいっしょに行動するため。

ウ（　）二人の間に友情が生まれるため。

4 「悪いのは、ぼくです。ぼくの持っていた油性ペンが当たったんです。」とありますが、ここにはどんな気持ちが表れていますか。一つに○をつけましょう。 15点

ア（　）自分がこのように言えば、西君も自分のことをかばってくれるだろう。

イ（　）自分が悪かったのだから、友達である西君をしからないでほしい。

ウ（　）二人とも悪かったのだから、二人で平等に先生からしかられるのがよい。


できたらスゴイ！

5 この物語の題名は「友情のかべ新聞」ですが、青が好きな東君と赤が好きな西君の「友情」がかべ新聞に表れていることが分かる一文をさがし、初めの五字を書きぬきなさい。 15点

考えを書こう

6 「君たちは、本当に仲が――。」とありますが、この後に言葉を続けるとしたら、どんな言葉が入ると思われますか。 20点

ふりかえり ❶が分からないときは、85ページの 3分でワンポイント にもどってかくにんしてみよう。

たしかめのテスト②

友情のかべ新聞 ～ 季節の言葉4 冬の楽しみ

時間 20分

／100

ごうかく 80点

学習日 月 日

教科書 下65～91ページ

答え 30ページ

1 読みがなを書きましょう。 一つ2点（20点）

① 正反対（　　　）の向き。

② 最高（　　　）の気分。

③ 放課後（　　　）の予定。

④ 正直（　　　）な人。

⑤ 豪（ごう）雨（　　　）にあう。

⑥ 元（　　　）旦（たん）の日の出。

⑦ 学芸会（　　　）のじゅんび。

⑧ 協力（　　　）して作る。

⑨ 不思議（　　　）なこと。

⑩ 実験（けん）に成功（　　　）する。

2 漢字を書きましょう。 一つ2点（12点）

① □□（はんせい）の気持ち。

② □□（むり）を言う。

③ 道の□□（みぎがわ）。

④ □□（いっしゅう）回る。

⑤ 災（さい）□（がい）をふせぐ。

⑥ □□（さくせん）を練る。

3 漢字と送りがなを書きましょう。 一つ2点（4点）

① 犬が（　　　）（すき）だ。

② 心を（　　　）（あらためる）。

この本の終わりにある「冬のチャレンジテスト」をやってみよう！

4

□に漢字を入れて、上の言葉と反対の意味をもつ言葉を作りましょう。　一つ6点(24点)

① 安心 ⇔ 不□
② 最後 ⇔ 最□
③ 海外 ⇔ 国□
④ げんいん ⇔ 結□

5

思考・判断・表現

□のような考えを伝えたいとき、どんな例を挙げたらよいですか。一つに○をつけましょう。　8点

自分の考え　災害にそなえ、ひなんするときの道順をたしかめておくことが大切だ。

ア（　）ひなんしようとしたとき、ひなん所までの道にまよってこまった人の例。
イ（　）道順をたしかめておかなかったが、無事にひなん所に行けた人の例。
ウ（　）災害が起こったとき、ひじょう用の食べ物がなかったためにこまった人の例。

6

思考・判断・表現

□の言葉を、①「理由を挙げるときの言葉」、②「例を挙げるときの言葉」に分け、記号で答えましょう。　一つ4点(8点)

①（　　）　②（　　）

ア　例を挙げると、――。　イ　――ためである。
ウ　――が当たる。　エ　例えば、――。
オ　なぜなら、――。
カ　その理由の一つは、――だ。

7

次の文は、何の行事を説明したものですか。□から選んで書きましょう。　一つ6点(24点)

① 十二月十三日。正月に向けたじゅんびを始める日。（　　）
② 十二月二十二日ごろ。一年で最も昼の時間が短い日。（　　）
③ 一月七日。春の七種の青菜を入れたかゆを食べる。（　　）
④ 二月三日ごろ。その日に豆をまき、わざわいや病気をはらう。（　　）

正月事始め　七草がゆ　節分　冬至(じ)

ふりかえり　6が分からないときは、90ページの4にもどってかくにんしてみよう。

自分だけの詩集を作ろう
言葉から連想を広げて

めあて

★同じ題材をあつかった詩を読み味わおう。

★ある言葉から連想を広げる方法を知ろう。

学習日　　月　　日

教科書　下92〜95ページ

答え　30ページ

かきトリ　新しい漢字

教科書93ページ	94ページ
共　キョウ　とも　6画	連　レン　つらなる・つらねる・つれる　10画

「連」は「連続」「連日」などと使うよ。

1 （　）に読みがなを書きましょう。

① 順番（　　）にならべる。

② 関（　　）わりが深い。

2 □に漢字を書きましょう。

① 二人の□□□（きょうつうてん）。

② □□（れんそう）ゲーム

自分だけの詩集を作ろう

3 次の詩を読んで、問題に答えましょう。

月

雲のうんだ　たまご

こやま　峰子（みねこ）

(1) この詩では、「月」を何にたとえていますか。

（　　　　　　）

(2) この詩にえがかれている「月」は、次のうち、どれですか。一つに○をつけましょう。

ア（　）

イ（　）

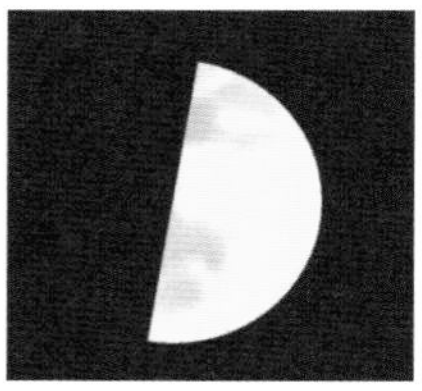

ウ（　）

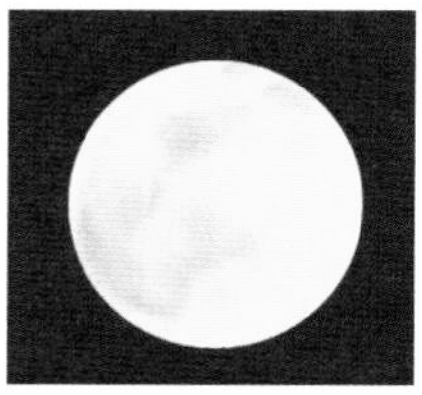

4 次の詩を読んで、問題に答えましょう。

上弦の月　堀田　美幸

すっかり明けきった
青空に
うすく浮かんだ
半分だけのお月さま

もう半分を
さがしてる

(1) この詩は、一日のうちのいつごろの時間をよんだ詩ですか。一つに○をつけましょう。

ア（　）朝
イ（　）昼すぎ
ウ（　）夜

(2) 「半分だけのお月さま」は、どんなことをしているようだと作者はそうぞうしているのですか。

自分の体が半分になってしまったので、

（　　　　）

5 詩を作るときの手順を次のようにまとめました。（　）に当てはまる言葉を［　］から選んで書きましょう。

① 連想を広げる

・色、形、（　　　）などを言葉にする。
・におい、（　　　）、さわった感じなどを思い出したりそうぞうしたりして言葉にする。
・何か他のものに（　　　）。
・自分がその物になりきって、考える。

② 表現のしかたを考える

・言葉を組み合わせたり、（　　　）を変えたりする。

［順序　大きさ　味　たとえる］

6 あなたが、身の回りの物の中から一つを選んで、詩を書くとしたら、何を選びますか。

（　　　　）

熟語(じゅく)の意味 漢字の広場⑤

めあて
★訓や漢字の組み合わせを手がかりに、熟語の意味を考えよう。
★三年生で習った漢字をふく習しよう。

学習日 月 日
教科書 下96～98ページ
答え 31ページ

かきトリ 新しい漢字

漢字	音読み	訓読み	画数	ページ
願	ガン	ねがう	19画	教科書97ページ
望	ボウ	のぞむ	11画	97ページ
失	シツ	うしなう	5画	97ページ
辺	ヘン	あたり・べ	5画	97ページ
低	テイ	ひくい・ひくめる・ひくまる	7画	97ページ
敗	ハイ	やぶれる	11画	97ページ
老	ロウ	おいる	6画	97ページ
底	テイ	そこ	8画	97ページ
票	ヒョウ		11画	97ページ
陸	リク		11画	97ページ
管	カン	くだ	14画	97ページ
衣	イ		6画	97ページ

「底」は、下の横ぼうをわすれずに書こう！

1 （　）に読みがなを書きましょう。

① 木刀（　）を手に持つ。
② 竹林（　）を歩く。
③ 母からの伝言（　）。
④ 車で右折（　）する。

● 読み方が新しい字

2 □に漢字を書きましょう。

① □（がんぼう）がかなう。
② 駅の□（しゅうへん）。
③ □（しょうはい）が決まる。
④ すぎの□（ろうぼく）。
⑤ □（かいひょう）結果
⑥ 太い□（けっかん）。

3 熟語の意味を書きましょう。

（訓を手がかりにして）

① 新年（　　　　）

② 無力（　　　　）

③ 親友（　　　　）

④ 最強（　　　　）

（漢字の組み合わせを手がかりにして）

⑤ 飲食（　　・　　）

⑥ 強弱（　　・　　）

⑦ 海底（　　　　）

⑧ 乗車（　　　　）

漢字の意味から、熟語の意味をそうぞうできるね。

4 次の熟語は、どのような漢字の組み合わせでできたものですか。［　］から選んで、記号で答えましょう。

① 読書（　　）　② 道路（　　）

③ 問答（　　）　④ 赤飯（　　）

⑤ 習字（　　）　⑥ 右手（　　）

ア　にた意味をもつ漢字の組み合わせ
イ　反対の意味をもつ漢字の組み合わせ
ウ　上の漢字が、下の漢字を修飾（しゅうしょく）する関係にある組み合わせ
エ　「――を」「――に」に当たる意味の漢字が下に来る組み合わせ

5 ［　］の言葉を三つ使って、どこで、どんな人が、どんなことをしているのかを書きましょう。

写真　漢字
二階　洋服
勉強　整理

ぴったり1 じゅんび

きょうみをもったことを中心に、しょうかいしよう／言葉について考えよう

風船でうちゅうへ つながりに気をつけよう

岩谷（いわや） 圭介（けいすけ）

めあて
★自分のきょうみにそって文章の中心をとらえよう。
★言葉と言葉、文と文のつながりに気をつけよう。

学習日 月 日
教科書 下99～116ページ
答え 31ページ

かきトリ 新しい漢字

教科書101ページ	101ページ	102ページ	106ページ	109ページ	109ページ	113ページ
完 カン 7画	験 ケン 18画	別 ベツ わかれる 7画	残 ザン のこる・のこす 10画	希 キ 7画	努 ド つとめる 7画	束 ソク たば 7画

114ページ	114ページ	114ページ	116ページ	116ページ	116ページ	116ページ
巣 す 11画	産 サン うむ・うまれる 11画	候 コウ 10画	察 サツ 14画	特 トク 10画	兆 チョウ 6画	億 オク 15画

116ページ
鏡 キョウ かがみ 19画

1 （　）に読みがなを書きましょう。

① 野鳥の観察。（　）

② 自ら光る星。（　）

●読み方が新しい字

2 □に漢字を書きましょう。

① 理科の□（じっけん）。

② □（ざんねん）な結果。

③ □（どりょく）の成果。

④ □（やくそく）を守る。

⑤ □（てんこう）が悪い。

⑥ 三千□（おく）円

3 正しい意味に○をつけましょう。

① そうちを回収する。
ア（　）あちらこちらを回ってたくさん集めること。
イ（　）手元からはなれた物を取りもどすこと。

② 実験が順調に進む。
ア（　）予想どおりの結果が出ること。
イ（　）物事が調子よくゆくこと。

③ 試行錯誤を重ねる。
ア（　）何度も失敗しながら、かい決法を見つけること。
イ（　）あれこれをやってみてもうまくいかないこと。

4 次の文を、①・②の意味になるように、読点を一つ打って書きましょう。

わたしは必死で走る弟を追いかけました。

① 「必死」なのは「わたし」。

② 「必死」なのは「弟」。

3分でワンポイント

内容のまとまりごとに整理しよう。

★ ①～④の（　）に合う言葉を［　］の中から選んで、記号を書きましょう。

初め	中：きっかけ	中：実験	中：成功	終わり
カメラを付けた風船でうちゅうをさつえいできる。	アメリカの大学生のニュースを目にして、うちゅうをさつえいする①（　）を始める。	一号機…ゆれたえいぞうしかとれなかった。 二号機…風に流されて消えた。 三号機…えいぞうの②（　）が小さくなった。 四号機…太平洋沖合いに落ちる。飛ぶ方向や速さを予測する方法を考える。 五号機～…風船の③（　）が課題になる。	さまざまな④（　）を重ね、十六号機であざやかな景色をさつえいできた。	今、風船で人を運ぶ研究をしている。わたしはたくさん失敗しながら乗りこえていく。

ア ゆれ　イ ちょうせん　ウ 試行錯誤　エ 数

ぴったり2

練習①

きょうみをもったことを中心に、しょうかいしよう

風船でうちゅうへ

文章を読んで、答えましょう。

二か月後の十月、一号機が完成しました。カメラをはっぽうスチロールでおおったそうちに、二十五個の風船を付けたものです（図②）。うちゅうをさつえいするための最初の実験として、百メートルほどの高さまで飛ばしてみることにしました。カメラは、小さくて軽い、動画がとれるものにし、一号機がどこかへ行ってしまわないように、ひもを付けて、地上とつなぐことにしました。

通っていた北海道大学の、広い農地から打ち上げた一号機は、百メートルほどの高さまでふんわりと上がり、空にただよいました。

しかし、回収したカメラにうつっていたのは、ぐわんぐわんとゆれたえいぞうで、ポコポコという音も聞こえました。わたしは、風船どうしが

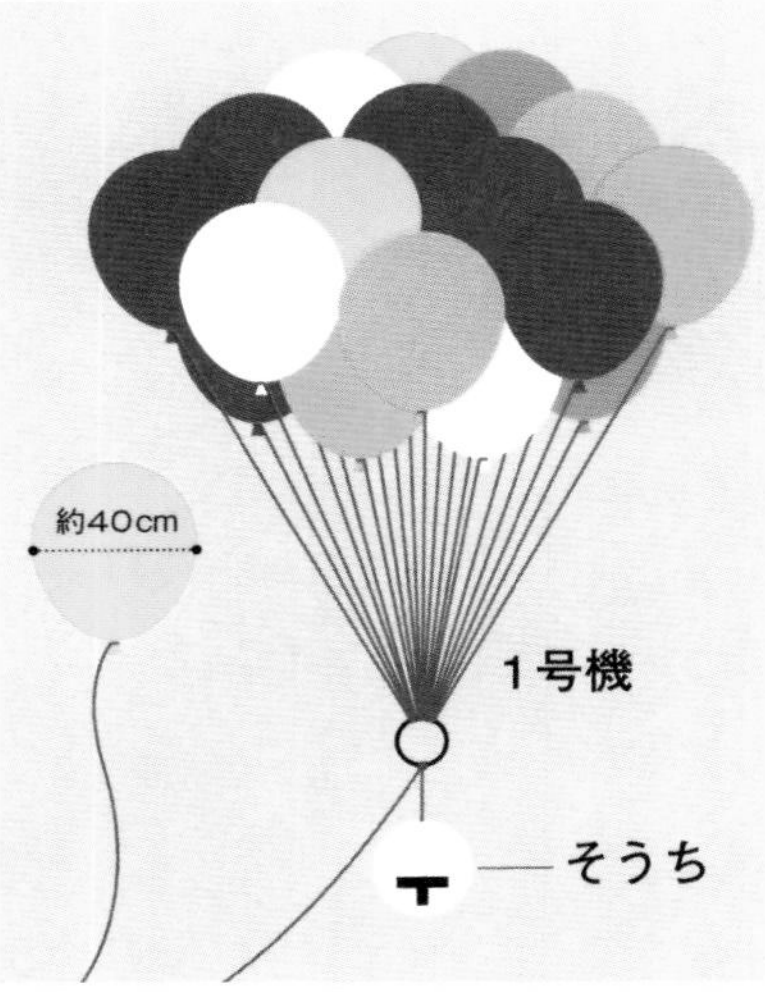

図②

令和5年検定済 光村図書 小国4下より

1 「ひもを付けて、地上とつなぐ」とありますが、何のためにそうするのですか。

（　　　　　　）

ヒント 「〜ため。」という形で答えよう。

2 「一号機の失敗は、次に進むためのヒントをくれました。」について、答えましょう。

(1) 「一号機の失敗」とはどんなことですか。一つに○をつけましょう。

ア（　）カメラを目標の高さまで飛ばせなかった。
イ（　）カメラでうちゅうの写真がとれなかった。
ウ（　）カメラで思うようなえいぞうをとれなかった。

ヒント カメラを回収して、どんなことが分かったのかな。

(2) 「失敗」のげんいんは、どんなことでしたか。

風船どうしがぶつかったときの（　　　　）がカメラに伝わったこと。

学習日　月　日
教科書　下99〜112ページ
答え　32ページ

ぶつかり、そのゆれが、カメラに伝わってしまったのではないかと考えました。物事には、やってみて初めて分かることがあります。一号機の失敗は、次に進むためのヒントをくれました。

　二号機は、少し大きな風船を一個だけ付けて、打ち上げました（図③）。これでうまくいくと思いましたが、今度は、別の失敗をしました。二号機を飛ばしてすぐに、二号機と地上とをつないだひもがぴんとはったかと思うと、不意に力がぬけたのです。風が強い日だったので、二号機はあっというまに風に流されて、空のかなたへ消えました。そうちと風船をつなぐ金具に結んでいたひもが、ほどけてしまったのです。げんいんは、ひもの結び方がゆるかったことと、風の弱い日まで実験を待てなかったことでした。カメラを回収できなかったので、風船を一個にしたことがよかったのかどうかも分かりません。回収することの大切さを感じた失敗でした。

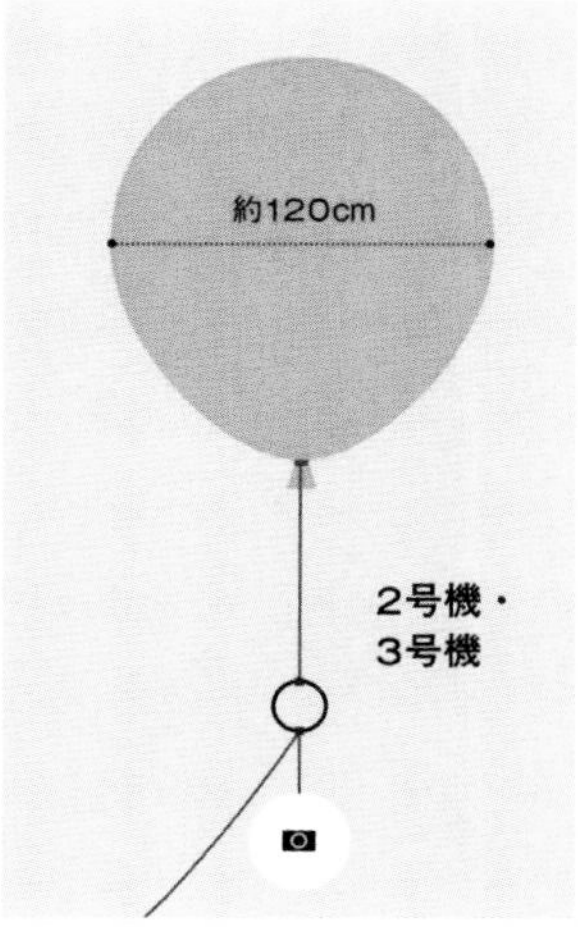

図③

岩谷 圭介「風船でうちゅうへ」より

(3) その「失敗」を「ヒント」にして、二号機では何をどのように変えましたか。

（　　　　）

3 (1) 「今度は、別の失敗をしました。」について、答えましょう。

「失敗」をしたげんいんは、どんなことですか。文章中から二つ書きぬきましょう。

（　　　　）

（　　　　）

(2) (1)の「失敗」を受けて、三号機ではどのように変えたらよいでしょうか。考えて書きましょう。

（　　　　）

4 文章の内容に合っているもの一つに○をつけましょう。

ア（　）筆者は失敗をヒントにそうちを改良しているが、かえって悪い結果になっている。

イ（　）筆者は失敗から教訓をえて、少しずつ目標に近づいていっている。

ウ（　）筆者は失敗しても気にとめず、新しい別のアイディアを次々に出している。

きょうみをもったことを中心に、しょうかいしよう

風船でうちゅうへ

文章を読んで、答えましょう。

こうしてできた四号機は、初めはほぼ予想どおりに飛びましたが、とちゅうから想定外の方向に飛んでいき、最終的には、太平洋沖合いに落ちてしまいました（図⑤）。GPS（ジーピーエス）端末（たん）もこわれ、四号機がどこにあるのかも分かりません。自分には無理なちょうせんだったのかもしれないと、暗い気持ちになりました。

しかし、十日後、四号機が見つかります。念のため、そうちにれんらく先を書いておいたことが役立ちました（図⑥）。運よく岸に流れ着いたそうちを拾ってくれた方が、れんらくをくれたのです。わたしは、「もう少しがんばってみたらいいんじゃないか。」と言われたような気がしました。

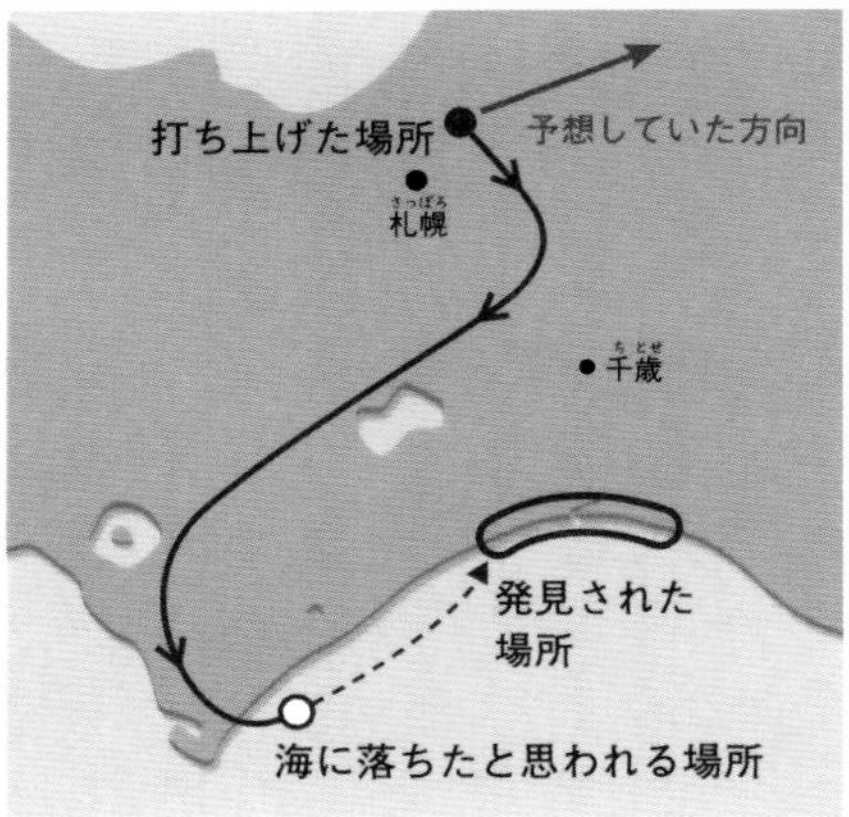

図⑤

令和５年検定済 光村図書 小国４下より

1 「四号機」はどのように移動しましたか。（　）に当てはまる言葉を書きましょう。

・初め……ほぼ（　　　）に飛んだ。

・とちゅう……（　　　）の方向へ進んだ。

・最終的に……（　　　）の沖合いに落ちた。

2 「十日後、……見つかります。」について、答えましょう。

(1) 四号機が見つかるまでの間、筆者はどんな気持ちでいたのですか。

（　　　　　　　　）

ヒント ――線部の前に筆者の気持ちが書かれているよ。

(2) 四号機が見つかったとき、筆者はどんな気持ちになりましたか。一つに○をつけましょう。

ア（　）自分には無理だとあきらめる気持ち。

学習日　月　日

教科書 下99～112ページ

答え 32ページ

四号機の失敗を受けて、わたしは、風船が飛ぶ方向や速さを正しく予測する方法を考える必要があると感じました。そこで、気象庁に相談に行くと、気象台で、さまざまな高さの気温や風速、風向を調べていることを教えてくれました。今後は、このデータをもとに、どのように飛ぶかを予測し、打ち上げ場所を選ぶことにしました。

　また、四号機のえいぞうから、意外な発見もありました。四号機では風船を三つにしたにもかかわらず、えいぞうがあまりぶれていないのです。三号機までと四号機とのちがいを考えたとき、えいぞうがぶれるげんいんは、地上とつなぐひもにあることに気づきました。風に流される風船をひもがおさえるために、風船どうしがぶつかっていたのです。ひもがなければ、風船は一つでなくてもよいのです。

岩谷 圭介「風船でうちゅうへ」より

※図⑥は省略しています。

イ（　）もう少しがんばれとはげまされたような気持ち。

ウ（　）がんばりが足りないとしかられたような気持ち。

3 「四号機の失敗」を受けて、筆者は何を考えることにしましたか。文章中から二十字で書きぬきましょう。

4 「このデータ」とは、何ですか。

気象台が調べている、（　　　　）のデータ。

5 「意外な発見」とありますが、それはどんなことですか。一つに○をつけましょう。

ア（　）地上とつなぐひもがなければ、風船の数がふえてもカメラのえいぞうはぶれないということ。

イ（　）つなぐ風船を三つにすれば、カメラのえいぞうのぶれをふせぐことができるということ。

ウ（　）地上とつなぐひもがない場合、風船の数をふやしたほうがよいえいぞうがとれるということ。

ヒント　えいぞうがぶれるげんいんを読み取ろう。

ぴったり1 じゅんび

3分でまとめ

言葉を選んで詩を書き、友達と読み合おう／調べて分かったことを話そう

心が動いたことを言葉に　調べて話そう、生活調査隊

めあて

★詩を書くときの手順をかくにんしよう。

★調べたことを整理して伝える方法を知ろう。

学習日
月　日
教科書
下117～124ページ
答え
33ページ

心が動いたことを言葉に

1 詩を書くときの手順を次のようにまとめました。（　）に当てはまる言葉を[　]から選んで書きましょう。

① 詩に書きたいことをくわしく書き出す。

② 詩の（　　）を考える。

・知っている詩を参考に、（　　）、連の数などを考える。

③ 言葉を選ぶ。

・いちばん（　　）ことを中心に、（　　）を広げ、言葉を書き出す。

・伝えたいことに合う言葉になっているか見直し、言葉を組み合わせたり、言葉の順序を工夫したりする。

[行数　伝えたい　組み立て　連想]

調べて話そう、生活調査隊

2 グループで調べたことを発表します。正しい手順となるように、（　）に番号を書きましょう。

（　）資料を見せながら、発表する。

（　）アンケートを取る。

（　）発表の組み立てを考え、資料を作る。

（　）調べたいことを出し合って、その中から選ぶ。

（　）アンケート結果を整理し、分かることを考える。

3 「初め」「中」「終わり」の組み立てで発表します。それぞれの部分では、どんなことを話せばよいですか。[　]から全て選んで、記号を書きましょう。

① 初め（　　）

② 中（　　）

③ 終わり（　　）

[
ア 調べた内容。
イ 話題。
ウ 考えたことや伝えたいこと。
エ 調べて分かったこと。
オ 調べたきっかけや目的。
]

4 調べたことを発表した例を読んで、問題に答えましょう。

1 わたしたちは「読書の時間はへっているか、ふえているか」について調査しました。

2 ①最近、みなさんは本を読んでいますか。最近、塾(じゅく)に通うようになって読書する時間がないと言う友達がいました。学級文庫の本も借りる人がへっているようにア思います。わたしたちは、みんなの読書の時間がへっているのではないかと感じ、アンケートを取ってみました。

3 ②こちらの表を見てください。これが調査結果です。いちばん多かったのは「読書の時間がへった」で十六人、次が「前と変わらない」で十人、「前よりふえた」が三人、「その他」が三人です。わたしたちのクラスでは、前より読書時間が□人が多いことがイ分かりました。

4 次に「へった」と答えた人に、その理由を聞いた結果がこちらの表です。「塾に行くから」と「パソコンやスマートフォンにふれることがふえたから」がそれぞれ六人で最も多く、他に「読みたい本が見つからないから」が三人、「その他」が一人という結果でした。塾で読書の時間がないことは予想どおりでしたが、電子機器の利用が思った以上に読書にえいきょうをウあたえていました。

このように、……

(1) ——線①・②では、どんな工夫をして伝えていますか。□からそれぞれ選んで、記号で答えましょう。

ア 調査結果を資料にして、見せている。
イ きれいな写真を用意して、場をもり上げている。
ウ 大事なことを伝えるために声を大きくしている。
エ よびかけによって、聞き手を引きつけている。

①（　）　②（　）

(2) ‖ア～ウを、「調べて分かったこと」を表しているものと、「考えたこと」を表しているものに分けましょう。

・調べて分かったこと……（　）（　）
・考えたこと……（　）

(3) 文章中の□に当てはまる言葉を書きましょう。

（　）

(4) 次の内容が書かれた段落は、1～4段落のどれですか。それぞれ数字で答えましょう。

・調べたきっかけ……（　）段落
・調査結果……（　）・（　）段落
・何を調査したか（話題）……（　）段落

風船でうちゅうへ ～調べて話そう、生活調査隊

文章を読んで、答えましょう。　思考・判断・表現

いっぽう、風船の数は、別の点で重要でした。それは、風船が上がる速度です。速度がおそいと、風船が風に流されて、打ち上げ場所から遠くはなれたり、十分な高さに上がる前に、カメラの電池が切れたりします。五号機からは、これが課題の一つになりました。わたしは、風船が多いほうが速く上がると思っていました。しかし、やってみると、風船の数が多いほどおそくなります。風船が多いと、外の空気におされる面積が大きくなり、上がるのをじゃまされて、速度がおそくなってしまうのです。最終的には、ゆれではなく、上がる速度の問題から、一つのとても大きな風船を使うとよいというけつろんにたどり着きました。

この後も、きれいな写真を連続してとれるカメラにかえたり、レンズがくもらない工夫をしたりと、さまざまな試行錯誤（さくご）を重ね、十一号機で、初めてうちゅうの写真をとることができました。残念ながら、ほとんどの写真がぼけていましたが、成功まであと少しというところま

1 「風船が上がる速度」について、答えましょう。　一つ10点（20点）

(1) 「風船が上がる速度」がおそいとどうなりますか。

風船が風に［　　　　］しまう。

(2) 「風船が上がる速度」と風船の数はどのように関係していますか。一つに○をつけましょう。

ア（　）風船の数が多いほど、上がる速度が速くなる。
イ（　）風船の数が多いほど、上がる速度がおそくなる。
ウ（　）風船の数によって、上がる速度は変わらない。

よく出る

2 「これが課題の一つになりました。」について答えましょう。　一つ10点（20点）

(1) どんなことが「課題」でしたか。○をつけましょう。

ア（　）風船のゆれをどうやってふせげばよいか。
イ（　）カメラの電池をどうやって長持ちさせるか。
ウ（　）風船の数をいくつにするのがよいか。

(2) 「課題」に対するけつろんが書かれた一文を文章中からさがし、初めの五字を書きぬきましょう。

［　　　　　］

できました。
　そして、二〇一二年十月、十六号機で、ついにあざやかな景色をたくさんさつえいできました（図⑦）。そこには、地上からどんどん空に上がっていき、雲をぬけて、空の色がだんだん青から黒に変わっていく世界が写っていました。これらの一連の写真を目にしたとき、わたし自身が空をこえて、うちゅうまで来たかのように感じました。

※図⑦は省略しています。

岩谷　圭介「風船でうちゅうへ」より

3 ①うちゅうの写真を初めてとれたのは、何号機でしたか。②うちゅうのあざやかな景色をさつえいできたのは何号機でしたか。それぞれ答えましょう。　一つ5点（10点）

①（　　　）号機　②（　　　）号機

できたらスゴイ！

4 (1)「一連の写真」について、答えましょう。

写真にはどんな様子が写っていましたか。　一つ5点（20点）

・（　　　）からどんどんはなれていく様子。
・（　　　）を通りぬける様子。
・空の色が（　　　）から（　　　）に変わる様子。

(2)「一連の写真」を見たときの筆者は、どのような気持ちになったのですか。　15点

（　　　）

考えを書こう

(3) 筆者が、あざやかにとれたうちゅうの写真を初めて目にしたとき、どんな言葉が口から出たと思いますか。考えて書きましょう。　15点

（　　　）

ふりかえり　②が分からないときは、101ページの 3分でワンポイント にもどってかくにんしてみよう。

ぴったり3 たしかめのテスト②

風船でうちゅうへ ～調べて話そう、生活調査隊

1 読みがなを書きましょう。 一つ2点(20点)

① 化学の 実験。 (　) (　)

② 残念 に思う。 (　)

③ 努力 を重ねる。 (　)

④ 約束 を果たす。 (　)

⑤ 野鳥 が飛ぶ。 (　)

⑥ 天候 が良くなる。 (　)

⑦ 自 ら名乗り出る。 (　)

⑧ 一億 もの星。 (　)

⑨ 連想 を広げる。 (　)

⑩ 最終 的な考え。 (　)

2 □に漢字を、(　)に漢字と送りがなを書きましょう。 一つ2点(20点)

① □□(かんせい)した作品。

② □(べつ)の方法。

③ □□(きぼう)をいだく。

④ つばめの□(す)。

⑤ たまごを(　)(うむ)。

⑥ へちまの□□(かんさつ)。

⑦ □(とく)に問題ない。

⑧ 三□(ちょう)キロメートル

⑨ 天体□□□(ぼうえんきょう)

⑩ 気持ちが(　)(つたわる)。

時間 20分

／100

ごうかく 80点

学習日

月　日

教科書 下99～124ページ

答え 35ページ

3 正しい意味に○をつけましょう。　一つ3点(9点)

① 失敗を教訓にする。

ア(　)見習うもとになる行い。

イ(　)けいけんから学んだいましめ。

② そうちを改良する。

ア(　)悪い点をかえて良くすること。

イ(　)品質の良いものと取りかえること。

③ どこで練習するかが課題だ。

ア(　)かい決しなくてはならない問題。

イ(　)かい決できないままでいる問題。

4 次の文を、後の指示にしたがって、分かりやすく書き直しましょう。　一つ10点(20点)

赤いリボンが入った箱。

① 赤いのは「リボン」。読点を一つ打って書き直す。

(　　　　)

② 赤いのは「箱」。言葉の順序を変えて書き直す。

(　　　　)

5 次の文を、主語と述語がたいおうするように書き直しましょう。　10点

ぼくのゆめは、医者になって病気を治したいです。

(　　　　)

6 次の文を、分かりやすくなるように、内容の切れ目で二つの文に分けて書きましょう。　11点

わたしは野鳥の生態を調べていて、いつもの場所に野鳥がいないので巣をさがすと、巣にたまごがあった。

(　　　　)

7 思考・判断・表現

次の文を、言葉の順序を工夫することで、より感動が伝わる文に書き直しましょう。　10点

・海の色は、とても青かった。

(　　　　)

ふりかえり　7が分からないときは、106ページの1にもどってかくにんしてみよう。

読んで考えたことを、友達と伝え合おう

スワンレイクのほとりで
漢字の広場⑥

小手鞠(こでまり)るい

◎めあて
★人物の気持ちのうつり変わりを読み取ろう。
★三年生で習った漢字をふく習しよう。

学習日
月　日
教科書
下125〜143ページ
答え
35ページ

かきトリ 新しい漢字

教科書129ページ	129ページ	130ページ
散 サン ち(る)・ち(らす)・ち(らかす)・ち(らかる) 12画	民 ミン 5画	覚 カク おぼ(える)・さ(ます)・さ(める) 12画

131ページ	131ページ
勇 ユウ いさ(む) 9画	笑 わら(う) 10画

「覚える」と「覚ます」はちがう訓読みだね。注意しよう！

1 □に読みがなを書きましょう。

① ●白鳥（　）がすむ湖。

② にっこり笑（　）う。

●読み方が新しい字

2 □に漢字を、（　）に漢字と送りがなを書きましょう。

① 朝の□(さんぽ)。

② 移□(みん)の国。

③ 目が（さめる）。

④ □(ゆうき)を出す。

スワンレイクのほとりで

3 正しい意味に○をつけましょう。

① 川のほとりでバーベキューをする。
ア（　）草地。草原。
イ（　）その辺り。その近く。

② 今日の空は快晴(かいせい)だ。
ア（　）晴れたりくもったりすること。
イ（　）気持ちよく晴れること。

③ はじけるような声で答える。
ア（　）音を立ててわれる。
イ（　）いきおいよく飛び散る。

4 （　）に当てはまる言葉を[　]から選んで書きましょう。

① むずかしい漢字を（　　　）と読む。

② どうしたらよいか、（　　　）分からない。

③ （　　　）と落ち着かない気分だ。

④ （　　　）と重い荷物がとどく。

さっぱり　ずっしり
そわそわ　すらすら

5 [　]の言葉を二つ使って、学級新聞の記事を書きましょう。

運動会　勝つ
負ける　必死
苦しい

3分でワンポイント

物語の組み立てと、人物の気持ちのうつり変わりをつかもう。

★①～④の（　）に合う言葉を[　]の中から選んで、記号を書きましょう。

「今」の歌（うた）	アメリカでの出来事（過去（か）を思い出している）	「今」の歌
・歌は「心に残っていること」というテーマの作文でアメリカ旅行のことを書こうとする。	○夏休みにアメリカに遊びに行った。アメリカではおどろきと発見の連続だった。 ○グレンと出会い、野菜畑で野菜を見たり、空を飛ぶ（①　　）を二人でながめたりする。 ・グレンが歌の名前を「なんて（②　　）名前だろう」と言ってくれる。	・もっと（③　　）の勉強をしてグレンと話したい。わたしたちは友達だ。 ・自分の気持ちを（④　　）に伝えたい。 ・げんこう用紙にふたたび向き合う。

ア 英語　イ グレン　ウ 美しい　エ 白鳥

読んで考えたことを、友達と伝え合おう

スワンレイクのほとりで

学習日
月　日
教科書 下125～142ページ
答え 36ページ

文章を読んで、答えましょう。

アメリカに着いてからは毎日、おどろきと発見の連続だった。いちばんおどろいたのは、アメリカには、いろんな人が住んでいるということ。

お父さんといっしょに、スーパーマーケットへ買い物に行ったとき、お店の中には、本当にいろんな人たちがいた。はだの色も、かみの色も、目の色も、人それぞれにちがう。英語ではない言葉を話している人たちもいた。

日本のスーパーマーケットでも、ときどき、外国から来た人を見かけるけれど、アメリカでは、わたしとお父さんが外国人。だけど、わたしたちを外国人だと思っている人は、いないのかもしれない。散歩をしているわたしたちに、道をたずねてくる人もいたから。

「アメリカは、移民（いみん）がつくりあげた国だからね。いろんな人種の人たちみんなが同じ、アメリカ人なのよ。」

と、真琴（まこと）さんは教えてくれた。

湖の周りに広がっている森にも、いろんな動物たちがすんでいた。鹿、熊、うさぎ、やまあらし、きつね、り

1 「おどろき」とありますが、「わたし」が最もおどろいたことが分かる一文をさがし、初めの五字を書きぬきましょう。

□□□□□

2 「わたしたちを外国人だと思っている人は、いないのかもしれない。」とありますが、それはなぜですか。

アメリカは、（　　　）がつくりあげた国なので、アメリカ人にとっては、身の回りにいろいろな（　　　）の人たちがいるのが当然だから。

3 「わたしたちに、道をたずねてくる人もいた」から、どんなことが分かりますか。一つに○をつけましょう。

ア（　）道をたずねた人は、「わたしたち」のことを自分と同じような旅行者だと思ったこと。

イ（　）アメリカ人から見ると、「わたしたち」が外国人であることはすぐに分かること。

ウ（　）道をたずねた人には、「わたしたち」が近くに住んでいるアメリカ人に見えたこと。

すなど。同じりすでも、しっぽがふさふさの銀色のりすもいれば、短いしっぽの茶色のりすもいる。

わたしは、毎日のように森へ遊びに行って、虫や小鳥の観察をしたり、湖のほとりで絵をかいたりしていた。

そんなある日、真琴さんが言った。

「歌ちゃん、あした、おとなりのおうちのご家族をしょうたいして、みんなでバーベキューパーティーをすることにしたの。歌ちゃんと同じくらいの年の子も来るから、楽しみにしていてね。名前は、グレンっていうの。友達になれたらいいね。」

グレンは男の子で、お父さんの祖先は中国から、お母さんの祖先はアイルランドから、アメリカにやって来たという。

友達になれたらいいな。なりたいな。でも、なれるかな。

まどの外を見ると、それまでは真っ青だった湖に、黒っぽい雲のかげがうつっていた。昼すぎから、雨がふり始めた。けれど、夜になる前に、ぴたりとやんだ。

小手鞠るい「スワンレイクのほとりで」より

4 「湖の周りに広がっている森」とアメリカは、どんなところがにていますか。

アメリカにいろいろな人が住んでいるように、森にも

（　　　　）ところ。

ヒント 「森にも」という表現に注目しよう。

5 「歌ちゃんと同じくらいの年の子」について答えましょう。

(1) 名前は何ですか。

（　　　　）

(2) お父さんの祖先、お母さんの祖先は、それぞれどこの国の人ですか。

・お父さんの祖先…（　　　　）

・お母さんの祖先…（　　　　）

6 「まどの外を見ると、……黒っぽい雲のかげがうつっていた。」という情景には、どんな気持ちが表れていますか。

ア（　）あしたのパーティーが楽しみでたまらない気持ち。

イ（　）あしたがどうなるか、どことなく不安な気持ち。

ウ（　）あしたのパーティーに出たくないという気持ち。

ヒント まず、明るい情景か、暗い情景かを考えよう。

読んで考えたことを、友達と伝え合おう

スワンレイクのほとりで

文章を読んで、答えましょう。

ひまわりにかこまれた野菜畑に着いた。あちこちに、いろんな野菜が植えられている。にぎやかに、みんなでおしゃべりしているみたい。よく知っている野菜もあれば、日本では見かけたことのない野菜もある。

わあ、これは、なんだろう。ずっしりと重そうな、クリーム色の野菜。すいかでもないし、メロンでもないし、なんだろう。

――それは、スパゲティ・スクワッシュ。

――スパゲティ・スクワッシュ。

グレンの言葉をくり返すと、ぱっと、はじけるような答えが返ってきた。

――そう、パンプキンの仲間。

あ、今、パンプキンって、聞こえた。だったらこれも、

1 「ひまわりにかこまれた野菜畑」は、どんな様子だと思われますか。一つに○をつけましょう。

ア（　）いろいろな種類の野菜がごちゃまぜになっていて、畑があれている様子。

イ（　）さまざまな野菜が、種類ごとにきちんと分けて植えられている様子。

ウ（　）色も形もさまざまな野菜が、それぞれに元気よく育っている様子。

ヒント 「にぎやか」「おしゃべり」に合うものを選ぼう。

2 「わあ、これは、なんだろう。」とありますが、「これ」とはどんなものを指していますか。

ずっしりと（　　　）で、（　　　）や

メロンににている、（　　　）色の野菜。

3 「こんな色と形をしたかぼちゃがあるなんて。」とありますが、このときの「わたし」の気持ちに当てはまるものに○をつけましょう。

学習日
月　日
教科書
下125～142ページ
答え
36ページ

かぼちゃってことだよね。知らなかった、こんな色と形をしたかぼちゃがあるなんて。

　そのとなりにあるのは、とっても大きななすだ。英語では、どう言うんだろう。

――じゃあ、これは。

　問いかけながら、わたしがなすを指さすと、グレンは教えてくれた。

――それはね、エッグプラント。

　そうか、なすは英語で「エッグプラント」って言うのか。おもしろいな。たしかに、このなすは、たまごの形をしている。わたしがいつも食べているなすは、もっと細長い。

　グレンにそう伝えたかったけれど、そんなにすらすらしゃべれるはずもなく、わたしはただ、えがおで「うん、うん。」と、うなずいていた。

　近くで、二ひきの茶色のりすたちが、追いかけっこをして遊んでいる。わたしたちも、追いかけっこをした。言葉の追いかけっこ。野菜畑の中で、一つ一つの野菜を指さしては、名前を教え合った。


小手鞠るい「スワンレイクのほとりで」より

※エッグプラント…英語で「エッグ」はたまご、「プラント」は植物という意味。

ア（　）感動　イ（　）疑問　ウ（　）不満

4 「おもしろいな。」とありますが、「わたし」は、どんなことに気づいて「おもしろい」と感じたのですか。

英語でなすを「エッグプラント」と言うのは、

（　　　　　　　　）

からだということ。

5 「わたしはただ、えがおで……うなずいていた。」とありますが、このときの「わたし」は、グレンに対してどんな気持ちでいますか。一つに○をつけましょう。

ア（　）英語を全部は理かいできないけれど、グレンの話をまじめに聞いているよ。

イ（　）グレンの話はよく分からないけれど、気分を悪くしないでほしいな。

ウ（　）うまくは話せないけれど、わたしはグレンとの会話を楽しんでいるよ。

ヒント　「グレンにそう伝えたかった」に注目しよう。

6 「わたしたちも、追いかけっこをした。」とありますが、「わたし」たちの「追いかけっこ」とは、どんなことですか。

（　　　　　　　　）

スワンレイクのほとりで
漢字の広場⑥

時間 20分

／100

ごうかく 80点

学習日　月　日

教科書 下125〜143ページ

答え 37ページ

文章を読んで、答えましょう。　思考・判断・表現

野菜畑をひと回りしたあと、湖のほとりにならんで、湖面のすいれんをながめた。白とピンクの花も、緑の葉っぱも、きらきら、かがやいている。

ふいに、グレンがこう言った。

――ウタ、君の名前には、どんな意味があるの。

わたしは答えた。むねをはって。

――「歌」は「ソング」だよ。

すると、グレンはこう言ったのだった。まぶしそうに、目を細めて。

――なんて美しい名前なんだろう。

美しい名前、と言われて、むねがくすぐったくなった。急に自分の名前が好きになった。

向こう岸から空に向かって、白鳥が二羽（わ）、仲よくよりそって、飛び立っていくのが見えた。わたしは、白い鳥

1 「わたしは答えた。むねをはって。」から、「わたし」のどんな気持ちが分かりますか。一つに○をつけましょう。　10点

ア（　）言いたいことを英語で正しく言えるか不安だ。

イ（　）自分の名前をだれにもばかにされたくない。

ウ（　）自分の名前の意味を伝えられるのがうれしい。

2 「なんて美しい名前なんだろう。」とありますが、このときのグレンの気持ちに当てはまるものに○をつけましょう。　10点

ア（　）からかい　イ（　）おどろき

ウ（　）感動

よく出る

3 「急に自分の名前が好きになった。」とありますが、それはなぜですか。　20点

4 「すずしい夏の……波が立っていた。」とありますが、この情景（じょう）によって表されている「わたし」の気持ちに当てはまるものに○をつけましょう。　10点

たちを指さしながら、言った。

――あれは、白鳥。英語では、スワン、だよね。

グレンは、目の前の湖を指さしながら、言った。

――これは、スワンレイク。鳥たちは今、空を泳いでいるけど。

二人、顔を見合わせて、笑った。

すずしい夏の風がふいてきて、辺りの草をゆらした。さわさわ、さやさや、さわさわ、さやさや、草と風がやさしく話しかけてくる。見つめていると、まぶたまで青くそまってしまいそうな湖に、細かい波が立っていた。まるで、わたしたちといっしょに、笑っているかのように――。

あのまぶしい夏の午後、グレンに出会ってから、わたしは、もっともっと英語の勉強をして、いろんなことをグレンと話してみたい、と思うようになっている。わたしたちの心の中には、野菜畑の思い出がある。いっしょにながめたスワンレイクの景色も。今は、遠くはなれた場所でくらしているけれど、わたしたちは、友達。

この気持ちをいつか、グレンに伝えられたらいいな。

げんこう用紙のそばから、えんぴつを取り上げると、ぎゅっと、力をこめてにぎった。

あの日、グレンの手をにぎったときのように。

小手鞠るい「スワンレイクのほとりで」より

ア（　）グレンの本心は分からないという不安。

イ（　）グレンとたしかに心が通い合ったというよろこび。

ウ（　）グレンとの別れの時がきたことへの悲しみ。

5 アメリカでの思い出の場面が終わり、「今」の「わたし」の様子が書かれているのは、どこからですか。「今」の場面の初めの五字を書きぬきましょう。 10点

できたらスゴイ!

6 「この気持ち」とは、どんな気持ちですか。二つに分けて書きましょう。 一つ10点（20点）

考えを書こう

7 「げんこう用紙のそばから……力をこめてにぎった。」とありますが、「わたし」がアメリカで「いちばん心に残ったこと」を作文に書くとすれば、どんなことについて書くと思いますか。考えて書きましょう。 20点

ふりかえり 6が分からないときは、113ページの 3分でワンポイント にもどってかくにんしてみよう。

スワンレイクのほとりで 漢字の広場⑥

時間 10分

／100

ごうかく 80点

学習日 月 日

教科書 下125～143ページ

答え 38ページ

1 読みがなを書きましょう。 一つ5点(20点)

① 白鳥（　）が空を飛ぶ。

② まよいから覚（　）める。

③ 鹿や熊（　）。

④ 植物の観察（　）。

2 □に漢字を、（　）に漢字と送りがなを書きましょう。 一つ6点(24点)

① 犬の□□（さんぽ）。

② 移（い）□（みん）の子孫。

③ □□（ゆうき）がわく。

④ 大声で（　　）（わらう）。

3 三年生で習った漢字を書きましょう。 一つ5点(20点)

① クラスの□□（だいひょう）。

② □□（はんたい）意見

③ □□□（しんがっき）が始まる。

④ ラケットと□（たま）。

4 □に当てはまる、体の一部を表す漢字を、［　］から選んで、漢字に直して書きましょう。 一つ12点(36点)

① まぶしそうに、□を細める。

② 作文を書いていた□が止まる。

③ 二人で□を見合わせてわらう。

かお　はな　て　め　あし

夏のチャレンジテスト

教科書 上16～115ページ

名前　　月　日

時間 40分

思考・判断・表現 ／60　ごうかく80点 ／100

答え 39ページ

1 読みがなを書きましょう。　一つ1点(8点)

① 百貨店（　）のりっぱな建物（　）。

② 一日に必要（　）な栄養（　）をとる。

③ 夏休みの初（　）めに目標（　）を立てる。

④ 岐阜（　）県から車で滋賀（　）県へ行く。

2 漢字を書きましょう。　一つ1点(8点)

① 暑い［きせつ］に、［いちりん］の花がさく。

② ［しょうり］した［せんしゅ］たちがよろこぶ。

③ ［ときょうそう］で転び、［ほうたい］をまく。

④ ［けんこう］をたもつための［ほうほう］。

3 漢字と送りがなを書きましょう。　一つ1点(4点)

① 悪と［たたかう］。

② 会社で［はたらく］。

③ ［しずか］な部屋。

④ 入学を［いわう］。

4 次の漢字の部首と部首名を書きましょう。　一つ2点(12点)

① 雪　部首（　）　部首名（　）

② 近　部首（　）　部首名（　）

③ 図　部首（　）　部首名（　）

5 次の漢字の総画数を、漢数字で書きましょう。　一つ2点(4点)

① 氏（　）画　② 郡（　）画

6 次の（　）に当てはまるつなぎ言葉を後から選んで、記号を書きましょう。　一つ1点(4点)

① 雨がふっている。（　）、太陽が出ている。

② 雨がふっている。（　）、風も出てきた。

③ 雨がふっている。（　）、家で遊ぼう。

④ 雨がふっている。（　）、今何時かな。

ア だから　イ ところで
ウ さらに　エ しかし

7 思考・判断・表現
次は、七月に出すお礼の手紙の一部です。後の問いに答えましょう。　一つ5点(10点)

［　　］季節となりました。山田さんはお元気ですか。先週、お話をうかがいました、中村かなです。
この間は、町のれきしについて教えてくれてありがとう。ていねいなお話で、とてもよく分かりました。

① ［　］に合う言葉を選んで、記号を書きましょう。

ア あざやかな青葉の　イ 木々が色づく
ウ 入道雲のわき立つ　（　）

② ――線部をお礼の手紙にふさわしい言葉で書き直しましょう。

（　　　　）

うらにも問題があります。

8 思考・判断・表現

文章を読んで、答えましょう。

松井さんが乗せたお客は、山ねこが化けたわかい男の人でした。山ねこのお客は医者で、母が病気になったから急いでいると言います。松井さんはお客を家に送り、帰りも病院まで送ることにしました。

「待たせてすみませんでした。おかげで、早く治りそうです。なあに、わたしに会いたいので、少し大げさに言っているらしいんですよ。」

車に乗りこんだ山ねこ先生は、笑いながら言いました。

さっきの青いスカートの女の子が出てきて、茶色の小さな手を一生けんめいふっています。

「いちばん下の妹です。早くりっぱな医者になって、ここに帰って来なければ、と思いますよ。」

山ねこ先生も、女の子に手をふりながら、松井さんにこんなことを言ったりしました。

林をすぎ、金色のいねの間の道を走り、町に入ったとき、松井さんは、わざわざふり向いてみました。

後ろのシートにいるのはあたりまえのわかい男の人。そのお客はかた目をつぶって、にやっと笑いながら言いました。

「ほら、そのたばこ屋を右ですよ。」

「それから、左。」

「そのポストを、右。」

こう何回も言われるうちに、ちゃんと、また、りんどう橋に出てきました。

「その先の大学病院です。」

やがて空色の車は、はりばたの大きな病院の前に、ぴたっと止まりました。

メーターは、いつのまにか、三千八百五十円に上がっています。お金といっしょに、松井さんのてのひらには、はがきを半分にしたぐらいの紙がのせられました。

「これには、人には読めませんが、こう書いてあります。

『山ねこ、おことわり』――これを、ドアにはってください。もうだいじょうぶですよ。」

先生は、広いかいだんを、すたすたとかけ上がっていきます。そのせなかを、ぽかんと見ていた松井さんは、急にまどを開けました。

顔をつき出して、よび止めました。

「や、や、やま。いや、ちょっと――。」

「は。」

と、ふり返った山ねこ先生に、松井さんは、その小さな紙を、パリパリッとやぶってみせました。

あまんきみこ「山ねこ、おことわり」
令和2年度版 光村図書「国語四上 かがやき」より

(1) 「少し大げさに言っている」とありますが、何のことを大げさに言っているのですか。 5点

母の（　　　　）

(2) 「かた目をつぶって、にやっと笑いながら」とありますが、そのとき、「お客」はどんな気持ちでしたか。一つに○をつけましょう。 5点

ア（　）タクシーの運転手なのに、道が分からないでいる松井さんを気づかう気持ち。

イ（　）山ねこがわかい男の人か、まよっている松井さんをばかにする気持ち。

ウ（　）わかい男の人にうまく化けているでしょうと、松井さんにじまんする気持ち。

エ（　）松井さんがわざわざふり向いてみることに、いらいらする気持ち。

(3) 「いつのまにか」という言葉から、松井さんがどのように感じていたことが分かりますか。 両方できて5点

□□きょりを走っていたのに、松井さんは□□きょりに感じていたこと。

(4) 「人には読めませんが」とありますが、なぜ人に読めなくてよいのですか。 10点

（　　　　）

(5) 「もうだいじょうぶですよ。」とありますが、「もう」の下に言葉をつけ足すとしたら、どんな言葉が入りますか。十字ぐらいで書きましょう。 10点

□□□□□□□□□□□□ だいじょうぶですよ。

(6) 「や、や、やま。」とありますが、松井さんはどんな言葉を言おうとしたのですか。 5点

（　　　　）

(7) 「松井さんは、……やぶってみせました。」とありますが、松井さんは山ねこ先生にどんなことを伝えたかったのだと思いますか。考えて書きましょう。 10点

（　　　　）

冬のチャレンジテスト

教科書 上116〜下91ページ

名前　　　月　　日

時間 40分

思考・判断・表現 ／62　ごうかく80点 ／100

答え40ページ

1 読みがなを書きましょう。　一つ1点(8点)

① 放課後（　）に友達と海水浴（　）に行った。

② 高原にある牧場（　）の周（　）りの森。

③ 博物館（　）に行って、見事な工芸品（　）を見た。

④ 卒業式（　）に向けて合唱（　）の練習をする。

2 漢字を書きましょう。　一つ1点(8点)

① （しぜん）の木の実を（ざいりょう）にする。

② 大会で（せいこう）の（けっか）が出せた。

③ 決まった（いち）に（なふだ）を付ける。

④ 雨の中、（だいじん）がかさを（さ）す。

3 漢字と送りがなを書きましょう。　一つ1点(4点)

① 住所が〔かわる〕。　② 〔あさい〕川。

③ 月が〔てらす〕。　④ もちが〔やける〕。

4 □に入る言葉を平がなで書きましょう。　一つ2点(6点)

① 橋を□。かぎを□。命を□。（　）

② かがみに□。ノートに□。実行に□。（　）

③ 荷物を□。貯（ちょ）金を□。大根を□。（　）

5 次の□に漢字一字を入れて、（　）の意味の慣用（かんよう）句（く）を完成（かんせい）させましょう。　一つ3点(12点)

① □が出る（予算をこえる）

② □が下がる（感心させられる）

③ □につく（役目などがよく合っている）

④ □を売る（むだ話などして仕事をなまける）

6 思考・判断・表現

「給食のおかわり」について、話し合いました。次の発言の説明として合うものをア〜エから選んで、記号を書きましょう。　一つ5点(10点)

① これまで話し合って、大きく二つの意見が出ました。一つは、食べ終わった人は、自由におかわりをしてよいという意見です。もう一つは、あまらないように平等に配ればよいというものです。（　）

② わたしは、黒田さんとちがって、平等に配ればよいと思います。なぜなら、食べ方が早い人もいればゆっくりな人もいるからです。（　）

ア 自分の考えを理由とともに話している。

イ 司会として、自分の意見もそえてまとめている。

ウ 司会として、出てきた意見をまとめている。

エ 前の人との関わりは言わずに、自分の意見だけを言っている。

うらにも問題があります。

7 思考・判断・表現

文章を読んで、答えましょう。

　夏の暑いときや、運動をしたとき、人はあせをかきます。あせをかくと、「服がぬれていやだなあ。」「べとべとするなあ。」と思うかもしれません。しかし、あせをかくことは、命を守るうえで大切なことです。

　わたしたちは、気温が高いところにいたり、体を動かしたりすると、体温が上がります。夏の暑い日には、体温の上がり方がより大きくなり、体温が四十二度をこえると、命に関わるほどの重い熱中症につながります。

　人の脳は、体温が上がるのを感知すると、ひふのかんせんという器官に、「あせを出せ」という命令を出します。すると、かんせんであせが作られます。かんせんは、ひふの表面に二百万個ほどあると言われています。うでだと、一辺が一センチメートルの正方形の中に、だいたい、百個から百五十個ほどです。あせが出てくる様子をけんび鏡で観察すると、ひふのあちこちから、ぽつぽつと水玉のあせが出て、広がっていく様子が分かります。

　このあせがひふからじょうはつすることで、体の表面の熱をうばい、体温が上がりすぎるのをふせいでいます。これは、夕立の後に、ぬれた地面がかわくと、気温が下がるのと同じ仕組みです。左のがぞうは、室温の高い部屋で、あせをかく前と、運動をしてあせを三十分かいた後の、ひふの温度が見えるようにしたものです。ひふの温度が高い部分は赤く、低い部分は青や緑になっています。二つのがぞうをくらべると、あせをかくことで、ひふの温度が下がっていることが、よく分かります。

天野 達郎「あせの役わり」より

※文章中の「左のがぞう」は省略しています。

(1) 第一段落で、筆者が最も伝えたいことはどんなことですか。文章中の言葉を使って書きましょう。 10点

（　　　　）

(2) 「命に関わるほどの重い熱中症」にかかるきけんがあるのはどんなときですか。 5点

（　　　　）

(3) 「人の脳は、……命令を出します。」について、答えましょう。

① かんせんは、次の■の広さのひふの中にいくつくらいあるのですか。 5点

（1cm × 1cm の正方形）

（　　　　）ほど

② 「あせ」はどのようにして体温を下げるのですか。 一つ4点(8点)

あせが（　　　　）するときに、体の表面の（　　　　）をうばって、体温を下げる。

(4) 「夕立の後に……同じ仕組み」とありますが、「夕立」「地面」は体の仕組みでいうと、それぞれ何に当たりますか。 一つ4点(8点)

○夕立…（　　　　）

○地面…（　　　　）

(5) 元の文章には「左のがぞう」として、ア「あせをかく前」、イ「運動をしてあせを三十分かいた後」の二つのがぞうがあります。これについて、答えましょう。

① アのときとイのときでは、どちらがひふの温度が低くなりますか。 6点

（　　）

② アとイの二つのがぞうの色をくらべると、どのようなちがいがあると考えられますか。 10点

（　　　　）

春のチャレンジテスト

教科書 下92〜143ページ

名前　　　月　　日

時間 40分

思考・判断・表現 ／60　ごうかく80点 ／100

答え 41ページ

1 読みがなを書きましょう。 一つ1点(10点)

① 実験（　）にかかったひようは、一兆円（　）だった。

② 努力（　）して作品を完成（　）させる。

③ ある言葉から別（　）の言葉を連想（　）する。

④ 鏡（　）に向かって、にっこり笑（　）う。

⑤ 約束（　）が守られなかったことが残念（　）だ。

2 漢字を書きましょう。 一つ1点(8点)

① □□（かいてい）にしずんだ□□（ろうぼく）を拾う。

② □□（ゆうき）と□□（きぼう）をもって生きる。

③ つばめの□（す）を□□（かんさつ）する。

④ □□（てんこう）のよい日に□□（さんぽ）をする。

3 漢字と送りがなを書きましょう。 一つ1点(2点)

① 点を〔　　〕（うしなう）。

② 〔　　〕（ひくい）山々。

4 次の熟語のうち、漢字の組み合わせが他とちがうものをそれぞれ一つずつ選び、記号で答えましょう。 一つ3点(12点)

① ア 最多　イ 帰国　ウ 右折　エ 木刀（　）

② ア 消火　イ 登山　ウ 読書　エ 売買（　）

③ ア 前進　イ 加入　ウ 思考　エ 岩石（　）

④ ア 上下　イ 明暗　ウ 中央　エ 軽重（　）

5 次の文を、指示にしたがって分かりやすく書き直しましょう。 一つ4点(8点)

・姉は笑いながらにげる弟を追いかけた。

① 笑っているのは「姉」。読点を一つ打って。

（　　　　）

② 笑っているのは「弟」。言葉の順番を変えて。

（　　　　）

6 思考・判断・表現

次は、「みんなの好きなメニュー」について発表するためにとった、アンケートの結果です。分かりやすく伝わるようにグラフにまとめましょう。 10点

しゃぶしゃぶ 五人　グラタン 二人　すし 四人
ハンバーグ 六人　すき焼き 三人　カレー 六人

うらにも問題があります。

7 思考・判断・表現

文章を読んで、答えましょう。

あるまどの下を通りかかると、人間の声がしていました。なんというやさしい、なんという美しい、なんというおっとりした声なんでしょう。

「ねむれ　ねむれ
母のむねに、
ねむれ　ねむれ
母の手に――。」

子ぎつねは、その歌声は、きっと、人間のお母さんの声にちがいないと思いました。だって、子ぎつねがねむるときにも、やっぱり母さんぎつねは、あんなやさしい声でゆすぶってくれるからです。

するとこんどは、子どもの声がしました。

「母ちゃん、こんな寒い夜は、森の子ぎつねは、寒い寒いってないてるでしょうね。」

すると、母さんの声が、

「森の子ぎつねも、お母さんぎつねのお歌を聞いて、ほらあなの中でねむろうとしているでしょうね。さあ、ぼうやも早くねんねしなさい。森の子ぎつねとぼうやと、どっちが早くねんねするか。きっと、ぼうやのほうが早くねんねしますよ。」

それを聞くと、子ぎつねは、急にお母さんがこいしくなって、母さんぎつねの待っている方へとんでいきました。

母さんぎつねは、心配しながら、ぼうやのきつねの帰ってくるのを、今か今かと、ふるえながら待っていましたので、ぼうやが来ると、温かいむねにだきしめて、泣きたいほどよろこびました。

二ひきのきつねは、森の方へ帰っていきました。月が出たので、きつねの毛なみが銀色に光り、その足あとには、コバルトのかげがたまりました。

「母ちゃん、人間って、ちっともこわかないや。」

「どうして。」

「ぼう、まちがえて、本当のおてヶ出しちゃったの。でも、ぼうし屋さん、つかまえやしなかったもの。ちゃんと、こんないい、温かい手ぶくろくれたもの。」

と言って、手ぶくろのはまった両手を、パンパンやってみせました。母さんぎつねは、

「まあ。」

とあきれましたが、

「本当に人間は、いいものかしら。本当に人間は、いいものかしら。」

とつぶやきました。

新美南吉「手ぶくろを買いに」より

(1) 「人間の声」とありますが、子ぎつねが、あるまどの下で聞いた人間の声は、どのような声でしたか。三つ書きましょう。　全部できて10点

（　　　　）声。
（　　　　）声。
（　　　　）声。

(2) 「その歌声は、きっと、人間のお母さんの声にちがいない」と子ぎつねが思ったのは、なぜですか。　一つ5点(10点)

その歌声は□□□□□□のように□□□□□だったから。

(3) 「母さんぎつねの待っている方へとんでいきました。」とありますが、それはなぜですか。一つに○をつけましょう。　10点

ア(　)母さんぎつねに、早く会いたくなったから。
イ(　)母さんぎつねのことが、心配になったから。
ウ(　)人間のぼうやよりも、早くねんねしようと思ったから。
エ(　)人間のお母さんに見つかり、びっくりしたから。

(4) 「母ちゃん、人間って、ちっともこわかないや。」とありますが、子ぎつねが人間をこわくないと思ったのはなぜですか。　10点

（　　　　）

(5) 「本当に人間は、いいものかしら。本当に人間は、いいものかしら。」とありますが、このとき、母さんぎつねは、どのような気持ちだったと思いますか。あなたの考えを書きましょう。　10点

（　　　　）

4年 国語のまとめ 学力しんだんテスト

名前　　月　日

時間 40分　ごうかく70点　／100　答え 42ページ

1 読みがなを書きましょう。

一つ1点(8点)

① 愛読書（　　）をいつか英語（　　）で読みたい。

② 今回の反省（　　）を生かして次は成功（　　）させよう。

③ 司書（　　）が図書館の中を案内（　　）する。

④ 積極的（　　）に係活動に協力（　　）する。

2 漢字を書きましょう。

一つ1点(8点)

① ［ふしぎ］なもようの［いふく］だ。

② ［たね］を植えた場所に［めじるし］を付ける。

③ ［ひこうき］が空港に［ちゃくりく］する。

④ ［とちぎ］から［かごしま］に行く。

3 漢字と送りがなを書きましょう。

一つ1点(4点)

① ［かならず］うまくいく。　② 先を［あらそう］。

③ 本を［かりる］。　④ 体が［ひえる］。

4 次の言葉を、ローマ字の二つの書き方で書きましょう。

一つ5点(20点)

① 船

② 地図

思考・判断・表現

5 次は、島田さんたちが運動会について書いた学級新聞です。後の問いに答えましょう。

四年一組学級新聞	（9月15日号）

もうすぐ運動会！

十月六日（日）、青山小の運動会が①開らかれます。ゆうしょうを目指して、全員で力を合わせましょう！

★運動会までの流れについて★

②ほうかご、りれえのれんしゅうをします。次のことは、かならず守ってください。

○運動場③意外の場所は、使用しないこと。

○午後三時から始めます。おくれないでください。

(1) この記事の見出しを書きぬきましょう。　2点

（　　）

(2) ――部①・③を、送りがなや漢字のまちがいを正して書き直しましょう。　一つ2点(4点)

①（　　）　③（　　）

(3) ――部②を漢字やかたかなを使って、読みやすいように書き直しましょう。　2点

（　　）

(4) 二つ目の○の内容を、一つ目の○の書き方に合わせて、一文にまとめて書きましょう。　2点

（　　）

うらにも問題があります。

思考・判断・表現

6 文章を読んで、答えましょう。

日本では沖縄をはじめ、八重山諸島、奄美諸島の周辺の海で、よく見ることができましたが、一九六〇年を最後に、沖縄の海をのぞく日本のどの海域でもジュゴンのすがたは、見られなくなりました。

一九七五年には国の天然記念物に指定され、現在は、アラビア半島近海をのぞいた東側の分布域では、沖縄のジュゴンが、いちばん北に生息する、「北限のジュゴン」となりました。

【ジュゴンの分類】

ジュゴンは、一生を海ですごす海生哺乳類のなかの海牛類に属しています。海牛類は、ジュゴン科とマナティー科の二科に分けられ、さらにジュゴン科は、ジュゴン属とカイギュウ属に分かれています。しかしカイギュウ属はすでに絶滅し、ジュゴン属はジュゴン一種のみであるため、ジュゴンはジュゴン科でただ一種だけ、現在も生きているという、貴重な動物なのです。

【ジュゴンの祖先】

ジュゴンの祖先は、ゾウの祖先と同じような動物だと考えられています。こう聞くと、おどろく人もいるでしょう。ジュゴンはゾウのように鼻も長くないですし、からだの形もぜんぜんちがいます。その上、すんでいる場所も海と陸上で大きくちがっています。

地球が誕生したのは四六億年前。海のなかで生命が生まれたのは、三〇億年前といわれます。そののち、長い年月をかけて陸地にあがった動物の中で、進化をとげて生まれたのが、わたしたち人間をふくむ哺乳類です。

ところが、その哺乳類のなかには、ふたたび陸から海にもどって生活することになった動物たちがいたのです。それは、「海獣」とよばれる海にすむ哺乳類たちです。海獣は、四つの仲間に分かれます。クジラやイルカなどのクジラ類、アシカ、アザラシ、セイウチなどの鰭脚類、ラッコ、カワウソなどの食肉類（イタチ科）、そしてジュゴン、マナティーなどの海牛類たちです。

クジラやイルカは、牛や馬のようなヒヅメをもった祖先から分かれて、海にもどったといわれますが、ジュゴンとマナティーは、ゾウやハイラックス（イワダヌキ）と共通の祖先から分かれて、海にもどったといわれています。海獣たちがなぜ海に帰ったのか、その理由はまだよくわかっていませんが、ジュゴンたち海牛類は、化石や地層から、約五五〇〇万年前ごろに、外敵からのがれるために海にもどったのではないかといわれています。

真鍋和子「ジュゴンはなぜ死ななければならなかったのか」より

(1) 沖縄のジュゴンの貴重さを次のようにまとめました。（　）に当てはまる言葉を文章から書きぬきましょう。　一つ5点(15点)

① （　　　　）年より後は、日本では沖縄でしかジュゴンが見られない。

② 国の（　　　　）に指定されている。

③ 現在、東側の分布域では、「（　　　　）のジュゴン」である。

(2) ジュゴンは、どの分類に属していますか。二つに○を付けましょう。　一つ3点(6点)

ア（　）カイギュウ属
イ（　）哺乳類
ウ（　）マナティー科
エ（　）海牛類
オ（　）食肉類

(3) ジュゴンやマナティーと共通の祖先をもつ動物を文章から二つ、二字と六字で書きぬきましょう。　一つ5点(10点)

□□　□□□□□□

(4) 「ふたたび陸から海にもどって生活することになった」とありますが、ジュゴンの属する分類の海獣はいつごろ、何のために海にもどったといわれていますか。「いつごろ」と「何のため」に分けて書きましょう。　一つ5点(10点)

いつごろ（　　　　）

何のため（　　　　）

(5) ジュゴンについて考えたことや、感じたことを書きましょう。　9点

［　　　　］

教科書ぴったりトレーニング

丸つけラクラクかいとう

この「丸つけラクラクかいとう」はとりはずしてお使いください。

光村図書版 国語４年

「丸つけラクラクかいとう」では問題と同じ紙面に、赤字で答えを書いています。

①問題がとけたら、まずは答え合わせをしましょう。

②まちがえた問題やわからなかった問題は、てびきを読んだり、教科書を読み返したりしてもう一度見直しましょう。

おうちのかたへ では、次のようなものを示しています。

- 学習のねらいやポイント
- 他の学年や他の単元の学習内容とのつながり
- まちがいやすいことやつまずきやすいところ

お子様への説明や、学習内容の把握などにご活用ください。

見やすい答え

くわしいてびき

じゅんび 50~51ページ

こんな係がクラスにほしい／ポスターを読もう

じゅんび 52~53ページ

書くことを考えるときは／漢字の組み立て

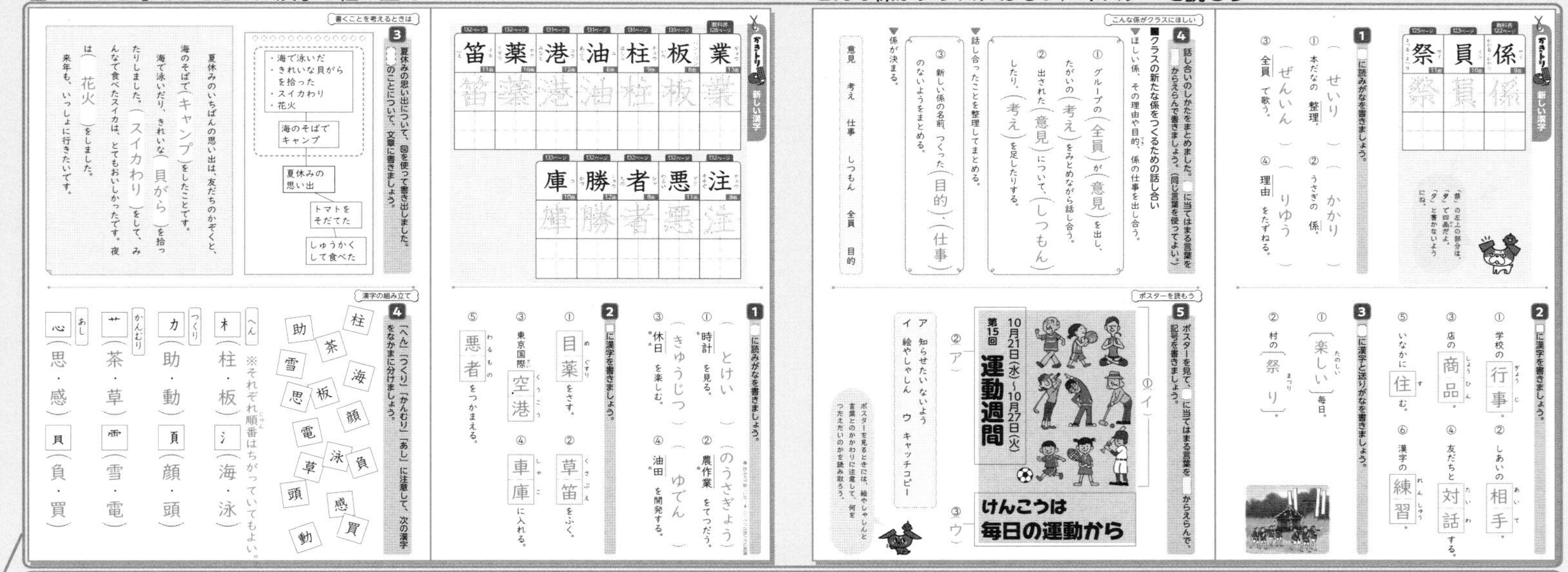

2 ④「対話」は二人の人が向かい合って話すことです。「会話」とはちがいます。

3 ②「まつり」は「祭」一字だけでなく、「祭り」と送りがながつきます。

4 話し合いは、全員が意見を出し、おたがいの考えをみとめ合いながら話し合うことが大切です。出た意見には、しつもんしたり、考えを足したりして、考えを広げましょう。

5 このポスターは、「運動週間」について知らせるポスターです。期間は「10月21日（水）～10月27日（火）」。いろいろな運動をしている人たちの絵を入れて、見る人のきょうみを引いています。「キャッチコピー」は、読む人を引きつけるようにくふうされたみじかい言葉です。けんこうのために毎日運動をしよう、ということをつたえています。

1 ①「時計」はとくべつな読み方の言葉です。

②「作」の「サ」という読みは音です。

③「休日」は「休む日」です。

2 ③「港」の音には「開港」（新しく港や空港を開くこと）の語もあります。

3 夏休みの思い出をテーマとして、思いついたことを、図を使って書いています。その中のいちばんの思い出として、海のそばでキャンプをしたことを文章にしました。図に書いてあることを文章に当てはめます。

書くことを考えるときは、このように図を使ってくわしく書き出し、その中から友だちにつたえたいことをえらび、文章に書くとよいでしょう。

4 漢字の多くは、いくつかの部分が組み合わさってできています。漢字の左がわにあって、おおまかな意味を表す部分を「へん」、漢字の右がわにおかれる部分を「つくり」といいます。漢字の上や下の方にあって、おおまかな意味を表す部分を、それぞれ「かんむり」「あし」といいます。そのほか、「にょう」「たれ」「かまえ」などもあるので、調べてみましょう。ここにあげた「へん」「つくり」「かんむり」「あし」の名前は、「木（きへん）」「氵（さんずい）」「力（ちから）」「頁（おおがい）」「艹（くさかんむり）」「⻗（あめかんむり）」「心（こころ）」「貝（かい）」です。

※紙面はイメージです。

じゅんび 2~3ページ

春のうた

1 正しい意味に○をつけましょう。

① つるつるした水。
ア(○)なめらかで、つやのある様子。

イ( )光っていて、まぶしい様子。

② そよそよと木の葉をゆらす風。
ア(○)風がしずかにふく様子。

イ( )風がいきおいよくふく様子。

2 詩を読んで、答えましょう。

春のうた　草野(くさの) 心平(しんぺい)

かえるは冬のあいだは土の中にいて
春になると地上に出てきます。
そのはじめての日のうた。

ほっ　まぶしいな。
ほっ　うれしいな。

みずは　つるつる。
かぜは　そよそよ。
ケルルン　クック。
ああいいにおいだ。
ケルルン　クック。

ほっ　いぬのふぐりがさいている。
ほっ　おおきなくもがうごいてくる。

ケルルン　クック。
ケルルン　クック。

四年生の学習が始まるよ。まずは、詩「春のうた」を読んで、場面の様子や、かえるの気持ちをそうぞうしよう。

(1) この詩は、だれが、いつ、どうした日のことをうたっていますか。
(土の中)にいた(かえる)が、(春)になって、地上に(はじめて)出てきた日。

(2) 「ほっ」という言葉が四回使われていますが、この言葉にはかえるのどんな気持ちが表れていますか。二つに○をつけましょう。
ア(○)よろこび　イ( )心配
ウ( )悲しみ　エ(○)おどろき

(3) 「みずは　つるつる。かぜは　そよそよ。」とありますが、どんな様子を表していますか。一つに○をつけましょう。
ア( )寒そうな様子。　イ(○)春らしい様子。

ウ( )うす暗い様子。

(4) 「ケルルン　クック。」について、答えましょう。
① この言葉は、何を表していますか。
かえるの 鳴き声 。
② この言葉を音読するときは、どんな調子で読めばよいですか。一つに○をつけましょう。
ア( )暗くしずんだ調子。

イ( )ゆったりと落ち着いた調子。

ウ(○)明るくはずんだ調子。

(5) この詩から、かえるのどんな気持ちがそうぞうできますか。一つに○をつけましょう。
ア(○)土の中から出られたよろこびと、地上の春の風景(けい)やここちよさにうきうきする気持ち。

イ( )地上のあまりのまばゆさにおどろき、もう少し土の中でゆっくりしていたかったという気持ち。

ウ( )地上の様子が土の中で考えていたのとちがっていたので、がっかりする気持ち。

じゅんび 4~5ページ

白いぼうし／図書館の達人になろう

かきトリ 新しい漢字

信(シン)9画 教科書22ページ／達(タツ)12画 23ページ／飛(ヒ・とぶ・とばす)9画 24ページ／席(セキ)10画 26ページ／建(ケン・たてる・たつ)9画 26ページ／菜(サイ・な)11画 27ページ／標(ヒョウ)15画 32ページ

例(レイ・たとえる)8画 33ページ／法(ホウ)8画 36ページ／類(ルイ・たぐい)18画 36ページ／機(キ)16画 36ページ／械(カイ)11画 36ページ／司(シ)5画 36ページ／典(テン)8画 36ページ

順(ジュン)12画 36ページ／録(ロク)16画 37ページ

1 □に読みがなを書きましょう。
① 古い建物。(たてもの)　② 友達と話す。(ともだち)
③ 司書の先生。(ししょ)　④ 文字を記す。(しる)

◆読み方が新しい字　◆特別な読み方の言葉

2 □に漢字を書きましょう。
① 交さ点の 信号(しんごう)。　② 車の 運転席(うんてんせき)。
③ 菜(な)の花がさく。　④ パンをやく 機械(きかい)。

白いぼうし

3 正しい意味に○をつけましょう。

① そでをたくし上げる。
ア( )短くおりたたんでぬいつける。

イ(○)手でまくって引き上げる。

② かたをすぼめる。
ア( )高くつき上げる。

イ(○)ちぢめて小さくする。

③ せかせかと歩く。
ア(○)落ち着きのない様子。

イ( )ゆったりとしている様子。

図書館の達人になろう

4 本をさがすにはどんな方法がありますか。□に当てはまる言葉を□からえらんで、記号を書きましょう。

・たなにしめされた本の分類番号や本の背(せ)にある(イ)のじょうほうを見る。
・(ウ)の先生にきく。
・百科事典や(ア)で調べてから本をさがす。

ア 図鑑(かん)　イ ラベル　ウ 司書

白いぼうし

3分でワンポイント
どんなふしぎな出来事が起こったかを読み取ろう。

★①~④の( )に合う言葉を□の中からえらんで、記号を書きましょう。

場面	起こった出来事
一しんしとの会話	・松井(まつい)さんは、いなかからとどいた夏みかんを車にのせてきた。
二白いぼうしともんしろちょう	・松井さんが車道のそばにおかれた①(ウ)をつまみ上げると、ちょうが飛び出した。 ・松井さんは、にがしたちょうの代わりに②(イ)をぼうしの中に入れた。
三女の子との出会い	・おかっぱの③(エ)が松井さんの車に乗っていた。
四ふしぎな出来事	・車から女の子がいなくなった。 ・まどの外に④(ア)がたくさんいて、「よかったね。」という小さな声が聞こえた。

ア ちょう　イ 夏みかん
ウ ぼうし　エ 女の子

2

(1)題名「春のうた」の後に「かえるは冬のあいだは……はじめての日のうた。」というせつめいがあります。
(2)春になってはじめて地上に出たかえるの気持ちを考えましょう。「まぶしい」「うれしい」とあるので、春が来たことをよろこんでいる気持ちが分かります。
(3)「つるつる」からは、光りながらおだやかに流れる水の様子がそうぞうできます。「そよそよ」からは、おだやかな風の様子がそうぞうできます。どちらも春らしさを感じさせます。
(4)①この詩は、(1)で見たせつめいから分かるように「かえる」がうたった「春のうた」であることから考えましょう。
②「うれしいな」というかえるの気持ちに合った読み方を考えます。
(5)かえるが、おだやかな水や風、いぬのふぐりの花や空にうかぶくもを見て、「ケルルン　クック。」とうたっていることから、うれしく楽しい気持ちでいることが分かります。

1

②「友達」は特別(とくべつ)な読み方の漢字です。「達」一字で「たち」とは読まないので、注意しましょう。③「司書」とは、図書館で本のかん理(り)や、利用者へのサービスをせん門に行う人のことです。④「記す」とは、書きつけることです。

3

②他に「口をすぼめる」などと使います。③他に「せかせかと動き回る」などと使います。

4

図書館の本は、内容(よう)ごとに分類されてたなにならんでいます。たなの番号や本のラベルを見て、自分のさがしたい内容に近い本をさがします。司書の先生は、本のかしかりだけでなく、本をさがすてつだいもしてくれます。また、知りたいことがあるときは、まず百科事典や図鑑(かん)でおよその内容をつかんでから、くわしい内容を調べると、調べやすいです。

3分でワンポイント

「白いぼうし」(あまん きみこ)の場面一は、初め~23ページ11行目、場面二は24ページ1行目~26ページ6行目、三は26ページ8行目~28ページ7行目、四は28ページ9行目~終わりまでです。

練習 6～7ページ

白いぼうし

文章を読んで、答えましょう。

アクセルをふもうとしたとき、松井さんは、はっとしました。「おや、車道のあんなすぐそばに、小さなぼうしが落ちているぞ。風がもうひとふきすれば、車がひいてしまうわい。」

緑がゆれているやなぎの下に、かわいい白いぼうしが、ちょこんとおいてあります。松井さんは車から出ました。

そして、ぼうしをつまみ上げたとたん、ふわっと何かが飛び出しました。

「あれっ。」

もんしろちょうです。あわててぼうしをふり回しました。そんな松井さんの目の前を、ちょうはひらひら高くまい上がると、なみ木の緑の向こうに見えなくなってしまいました。

「ははあ、わざわざここにおいたんだな。」ぼうしのうらに、赤いししゅう糸で、小さくぬい取りがしてあります。

「たけやまようちえん　たけの　たけお」

小さなぼうしをつかんで、ため息をついている松井さんの横を、太ったおまわりさんが、じろじろ見ながら通りすぎました。

「せっかくのえものがいなくなっていたら、この子は、どんなにがっかりするだろう。」

ちょっとの間、かたをすぼめてつっ立っていた松井さんは、何を思いついたのか、急いで車にもどりました。

運転席から取り出したのは、あの夏みかんです。まるで、あたたかい日の光をそのままそめつけたような、見事な色でした。すっぱい、いいにおいが、風であたりに広がりました。

松井さんは、その夏みかんに白いぼうしをかぶせると、飛ばないように、石でつばをおさえました。

あまん きみこ「白いぼうし」より

1 「車から出ました。」とありますが、松井さんは何をするために車から出たのですか。一つに○をつけましょう。

ア（　）白いぼうしに重しをのせるため。
イ（○）白いぼうしを安全な場所にうつすため。
ウ（　）白いぼうしの中のちょうをつかまえるため。

2 「あわててぼうしをふり回しました。」とありますが、なぜこのようにしたのですか。

飛び出した［もんしろちょう］を［例 つかまえよう］としたから。

3 「ははあ、わざわざここにおいたんだな。」とありますが、①何を、②何のためにおいたのですか。

①（白い）ぼうし
②（例 ちょうをつかまえておくため。）

ヒント この直前に起こったことから考えよう。

4 「ため息をついている」とありますが、松井さんはこのときどんな気持ちでしたか。一つに○をつけましょう。

ア（　）ちょうをにがしたことを、男の子はおこるだろうなあ。あやまるのは、めんどうくさいなあ。
イ（○）ちょうがいなくなって、男の子はがっかりするだろうなあ。すまないことをしたなあ。
ウ（　）にげてしまったちょうはどこに行ったのかなあ。どうしたらつかまえられるかなあ。

5 「運転席から取り出したのは、あの夏みかんです。」とありますが、なぜ松井さんは夏みかんを取り出したのですか。

ヒント 後の「　」にある、松井さんの心の声から読み取ろう。

にがしてしまった（もんしろ）ちょうの代わりに、（夏みかん）を（白い）ぼうしの下に入れるため。

6 松井さんはどんな人がらだといえますか。一つに○をつけましょう。

ア（　）あわてんぼうで、おっちょこちょいな人がら。
イ（　）せっかちで、おこりっぽい人がら。
ウ（○）親切で、やさしい人がら。

じゅんび 8～9ページ

漢字辞典を使おう／きせつの言葉1　春の楽しみ

かきトリ　新しい漢字

漢字	辞	成	訓	印	静	愛	昨	城	初	景	群
教科書ページ	38ページ	38ページ	38ページ	39ページ	41ページ	41ページ	41ページ	41ページ	41ページ	41ページ	41ページ
読み	ジ	セイ／なる・なす	クン	イン／しるし	セイ／しず・しずか・しずまる・しずめる	アイ	サク	ジョウ／しろ	ショ／はじめ・はじめて・はつ・うい・そめる	ケイ	グン／むれる・むれ・むら
画数	13画	6画	10画	6画	14画	13画	9画	9画	7画	12画	13画

「成」の書き順に注意。「二」ではなく「ノ」から書くよ。

1 　に読みがなを書きましょう。

① 漢字の画数。（かくすう）
② 部首を調べる。（ぶしゅ）
③ 東西南北の方角。（とうざいなんぼく）
④ お社の階だん。（やしろ）
⑤ 本を正す。（もと）
⑥ 青年と話す。（せいねん）
⑦ 初夏の緑。（しょか）
⑧ 絵画を見る。（かいが）
⑨ 立春の日。（りっしゅん）

●読みかたが新しい字

2 □に漢字を書きましょう。

① ［目印］（めじるし）をつける。
② 妹の［愛読書］（あいどくしょ）。
③ お［城］（しろ）の王様。
④ 町の［風景］（ふうけい）。

3 □に漢字と送りがなを書きましょう。

① ［静か］（しずか）な教室。
② 魚の［群れ］（むれ）。

漢字辞典を使おう

4 漢字辞典について、　に当てはまる言葉を　からえらんで、記号を書きましょう。

① 漢字辞典では、漢字が（オ）べつに（エ）され、画数の（キ）ものから、ならべられている。
② 漢字辞典では、漢字の全ての（ウ）、成り立ち、（イ）と例、その漢字を使った（ア）などを知ることができる。

ア 語句　イ 意味　ウ 読み方　エ 分類
オ 部首　カ 多い　キ 少ない

5 次の漢字の部首は何ですか。平がなで書きましょう。

① 間（もんがまえ）
② 問（くち）

6 次の漢字の総画数を、算用数字で書きましょう。

① 号［5］画
② 都［11］画

7 次の漢字辞典のさくいんは、どんなときに使いますか。――でむすびましょう。

① 部首さくいん ―― イ 漢字の読み方も部首も分からないとき。
② 音訓さくいん ―― ア 漢字の音か訓が分かっているとき。
③ 総画さくいん ―― ウ 漢字の部首が分かっているとき。

きせつの言葉1　春の楽しみ

8 春の行事を一つ書きましょう。

（例 ひな祭り）

---

1 松井さんは車道のそばに落ちているぼうしを見て「車がひいてしまう」と言っています。松井さんは、車にひかれない場所にぼうしをうつそうとしたのです。

2 松井さんがぼうしをつまみ上げると、ちょうが飛び出します。松井さんは、にげたちょうをつかまえようと思って、とっさにぼうしを虫取りあみのようにふったのです。

3 ぼうしの持ち主がちょうをつかまえたとき、虫かごなどを持っていなかったため、ちょうがにげないようにぼうしに入れたのだと考えられます。

②例2ちょうをにがさないため。

4 ぼうしの名前から、ようち園生の男の子がちょうをつかまえたのだと分かります。松井さんは「（ちょうがいなくなっていたら）この子は、どんなにがっかりするだろう。」とため息をついたのです。

5 ――線の後の松井さんの行動から読み取ります。「松井さんは、その夏みかんに白いぼうしをかぶせる」とあります。

6 松井さんの行動から考えます。ぼうしが車にひかれないように移動させようとしたこと、ちょうをにがした代わりに車にのせていた夏みかんを見知らぬ男の子にあげることにしたことなどから、松井さんのやさしさが読み取れます。

5 「間」と「問」は形がにていますが、部首がちがいます。その漢字の意味をよく表す部分が部首になることが多いので、「問う」は「口」が部首になっているのです。

6 ①の「ㄅ」の部分は一画で書きます。②の「おおざと」は三画で書きます。

7 漢字の読み方が分かっているときは「音訓さくいん」、部首が分かっているときは「部首さくいん」を使うほうが、早く辞典を引くことができます。全く知らない漢字に出会い、読み方も部首も分からないときは「総画さくいん」を使うことで、漢字の読み方や意味、部首などを知ることができます。

じゅんび　10~11ページ

聞き取りメモのくふう／コラム　話し方や聞き方からつたわること

新しい漢字

必 (ヒツ・かならず) 5画 教科書45ページ	要 (ヨウ・かなめ) 9画 45ページ	的 (テキ・まと) 8画 45ページ
必	要	的

1 □に読みがなを書きましょう。

① 記号を用いる。（もち）

2 □に漢字を書きましょう。

① 必要（ひつよう）な言葉。　② 目的（もくてき）に合わせる。

聞き取りメモのくふう

3 メモを取るときに大切なことを、次のようにまとめました。□に当てはまる言葉を□からえらんで、記号を書きましょう。

① メモを取る話題と（エ）をたしかめる。
② 必要なことを考え、（イ）を書く。
③ まとまりごとに（カ）言葉で書いたり、（オ）にしたりする。
④ 矢印や（キ）などを使って書く。
⑤ 後でしつもんやかくにんをしたいところには、（ウ）などをつける。
⑥ 話が終わったら、すぐにメモを読み返し、（ア）する。

ア 整理　イ 要点　ウ 印　エ 目的
オ かじょう書き　カ 短い　キ 記号

4 次の文章は、図書委員会の発表の一部です。これについて、後の問いに答えましょう。

図書委員会の仕事は、主に次の三つです。一つ目は本のかし出しと返きゃくです。二つ目は本だなの整理です。三つ目は本のしょうかいです。
図書委員会の活動は、月、火、木の週三回です。

① この発表を聞いてメモを取りました。メモの（　）に当てはまる言葉を書き入れましょう。

●図書委員会
仕事
・本のかし出しとへんきゃく
・（本だなの整理）
・（本のしょうかい）
※順番はちがっていてもよい。
活動
（月、火、？？）週3

② メモの活動の部分では、どんなくふうをしていますか。一つに○をつけましょう。

ア（　）数字も漢字で書くようにしている。
イ（　）見やすいように矢印を使っている。
ウ（○）かくにんしたいところに印をつけている。

コラム　話し方や聞き方からつたわること

5 次のようなとき、Aさんはどのような気持ちになると考えられますか。記号で答えましょう。

① Aさんがみんなの前で発表している間、ずっと下を向いている人を見たとき。（ウ）
② 話しているAさんの顔を見て、うなずきながら聞いてくれる人を見たとき。（イ）
③ Aさんが「てつだってほしい。」と言うと、間をおいて、「いいよ。」と返事をした人がいたとき。（ア）

ア 無理にてつだわせてしまうようで悪いなあ。
イ 自分の話をねっしんに聞いてくれている。
ウ 話の内容にきょう味がないのかもしれない。
エ こころよく引き受けてくれて、ほっとした。

6 男の子の返事のしかたで、女の子がうれしく感じるのはどちらですか。記号を書きましょう。

（イ）

じゅんび　12~13ページ

カンジーはかせの都道府県の旅 1 ／漢字の広場①

新しい漢字

府 (フ) 8画 教科書50ページ	茨 (いばら) 9画 51ページ	栃 (とち) 9画 51ページ	埼 (さい) 11画 51ページ	奈 (ナ) 8画 51ページ	潟 (かた) 15画 51ページ	富 (フ・とむ・とみ) 12画 51ページ
府	茨	栃	埼	奈	潟	富

井 (い) 4画 51ページ	梨 (なし) 11画 51ページ	量 (リョウ・はかる) 12画 51ページ	岐 (キ) ◆岐阜 7画 51ページ	阜 (フ) ◆岐阜 8画 51ページ	岡 (おか) 8画 51ページ
井	梨	量	岐	阜	岡

1 □に読みがなを書きましょう。

① 宮城（みやぎ）県の名物。
② 七夕（たなばた）のお祭り。
③ 山形（やまがた）県の山。
④ 茨城（いばらき）県の庭園。
⑤ 群馬（ぐんま）県産の野菜。
⑥ 人口（じんこう）が多い都市。
⑦ 神奈川（かながわ）県へ行く。
⑧ 新潟（にいがた）県の米。
⑨ 富山（とやま）県の海。
⑩ 岐阜（ぎふ）県の会社。

●読みかえの漢字　◆特別な読み方の言葉

2 □に漢字を書きましょう。

① 都道府県（とどうふけん）
② 野菜の生産量（りょう）。

カンジーはかせの都道府県の旅1

3 次の日本地図の①～⑤の県名を書きましょう。

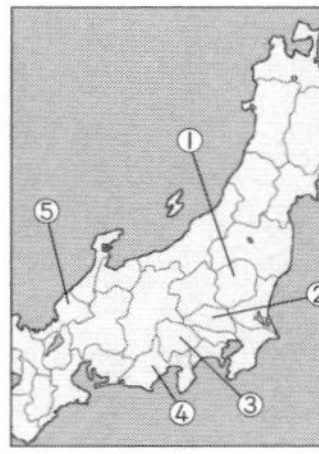

① 栃木（とちぎ）県
② 埼玉（さいたま）県
③ 山梨（やまなし）県
④ 静岡（しずおか）県
⑤ 福井（ふくい）県

漢字の広場①

4 □に三年生で習った漢字を書きましょう。

① 港（みなと）から船が出る。
② 鉄橋（てっきょう）をわたる。
③ 坂道（さかみち）をのぼる。
④ 羊（ひつじ）をかう。

5 絵の中の言葉を三つ以上使って、駅前の様子をしょうかいする文を書きましょう。

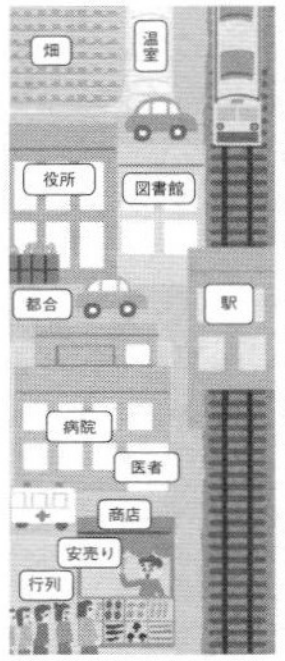

例
駅のそばの商店は、安売りの日には、いつも行列ができます。

---

1 ①は、送りがなにも注意しておぼえましょう。

4 ①発表の「一つ目は……。二つ目は……。三つ目は……。」という言葉に注目して、かじょう書きで書くと、後で見やすいメモになります。答えが平がなで書いてあっても正かいとします。
②「活動」の部分のメモに「？？」と、ぎ問を表す記号が書かれていて、丸でかこんであることから、この部分について後でかくにんしようとしたことが分かります。

5 聞き方、話し方によって、相手の受け止め方はかわります。①人の話を聞くとき「下を向いている」と、話にきょう味がないように見えてしまうかもしれません。③「間をおいて」返事をすると、返事にまよったかのように思われることがあります。

6 相手の顔を見ないで返事をすると、相手は話をしっかり聞いてくれていないと感じるかもしれません。相手の気持ちを考えた聞き方、話し方が大切です。

1 ①・④「城」という漢字に「ぎ」「き」という読み方はなく、「宮城」「茨城」は特別な読み方です。②「七夕」という漢字の組み合わせに「たなばた」という読みを当てた、特別な読み方です。⑦「神」という字に「か」という読み方はありません。⑨「富」は、送りがなをつけると「と(む)」と読みますが、「富」一字で「と」とは読まないので、注意しましょう。⑩「岐」一字で「ぎ」とは読まないので注意しましょう。

3 県名をおぼえるときは、その県がある場所もいっしょにおぼえるとよいですね。

5 三年生で習った漢字を使って、自由に文を作ってみましょう。
例2 役所のとなりには図書館があって、帰りによるのに都合がよい。
例3 駅のそばの病院には、親切なお医者さんがいます。

たしかめのテスト①

14～15ページ

白いぼうし ～ 漢字の広場①

おうちのかたへ

物語を読むときには、登場人物の会話や行動に注目しましょう。「うまくできるかな（→不安）」「力いっぱい拍手をした（→感動）」など、直接文章に書かれていない心情が、会話や行動から読み取れることがあるからです。

文章を読んで、答えましょう。　思考・判断・表現

車にもどると、おかっぱのかわいい女の子が、ちょこんと後ろのシートにすわっています。

「道にまよったの。行っても行っても、四角い建物ばかりだもん。」

つかれたような声でした。

「ええと、どちらまで。」

「え。――ええ、あの、あのね、菜の花横町ってあるかしら。」

「菜の花橋のことですね。」

エンジンをかけたとき、遠くから、元気そうな男の子の声が近づいてきました。

「あのぼうしの下さあ。お母ちゃん、本当だよ。本当のちょうちょが、いたんだもん。」

水色の新しい虫とりあみをかかえた男の子が、エプロンを着けたままのお母さんの手を、ぐいぐい引っぱってきます。

「ぼくが、あのぼうしを開けるよ。だから、お母ちゃんは、このあみでおさえてね。あれっ、石がのせてあらあ。」

客席の女の子が、後ろから乗り出して、せかせかと言いました。

「早く、おじちゃん。早く行ってちょうだい。」

松井（まつい）さんは、あわててアクセルをふみました。やなぎのなみ木が、みるみる後ろに流れていきます。

「お母さんが、虫とりあみをかまえて、あの子がぼうしをそうっと開けたとき――。」と、ハンドルを回しながら、松井さんは思います。「あの子は、どんなに目を丸くしただろう。」

すると、ぽかっと口をＯ（オー）の字に開けている男の子の顔が、見えてきます。「おどろいただろうな。まほうのみかんと思うかな。なにしろ、ちょうが化けたんだから――。」

「ふふふっ。」

ひとりでにわらいがこみ上げてきました。でも、次に、

「おや。」

松井さんはあわてました。バックミラーには、だれもうつっていません。ふり返っても、だれもいません。

あまん きみこ「白いぼうし」より

1 「お母ちゃん、本当だよ。本当のちょうちょが、いたんだもん。」という男の子の言葉から、どんなことがそうぞうできますか。一つに○をつけましょう。　15点

ア（　）男の子は、ちょうをつかまえるのが、とても上手なこと。

イ（○）男の子は、これまで本当のちょうをあまり見たことがないこと。

ウ（　）男の子は、前にちょうをつかまえようとして、しっぱいしていること。

2 「お母さんの手を、ぐいぐい引っぱってきます。」という表現（げん）から、男の子のどんな気持ちが分かりますか。　10点

ぼうしの下のちょうを、お母さんに（例 早く見せたい）という気持ち。

3 「早く、おじちゃん。早く行ってちょうだい。」と言ったとき、女の子はどんな様子でしたか。一つに○をつけましょう。　10点

ア（　）楽しそうにはしゃいだ様子。

イ（　）悲しくて、今にもなきだしそうな様子。

ウ（○）何かに追われているような、ひどくあわてた様子。

4 できたらスゴイ！　「やなぎのなみ木が、みるみる後ろに流れていきます。」という表現から、どんなことが分かりますか。　15点

（例 車が走り出したこと。）

5 よく出る　「ひとりでにわらいがこみ上げてきました。」とありますが、松井さんはなぜわらったのですか。　一つ5点（15点）

ぼうしを開けた男の子が、（もんしろ）ちょうの代わりに（夏）みかんがあるのを見て、（例 おどろいている）様子をそうぞうしたから。

6 よく出る　「松井さんはあわてました。」とありますが、なぜあわてたのですか。具体的に書きましょう。　15点

（例 後ろのシートにいた女の子が いなくなったから。）

7 考えを書こう　このあと、車に乗っていた女の子は、どうしたと思いますか。　20点

（例 なかまのちょうがいるところ）へ帰った。

1 「本当のちょうちょが、いた」という男の子の言葉に注目します。本当のちょうがいたと信じてもらえないかもしれないからこそ、「本当だよ」とねんをおしているのです。

2 手を「ぐいぐい」引っぱる行動から、急ぐ気持ちが分かります。

例2 見てほしい　例3 見せておどろかせたい

3 「早く」という言葉を二回も言っていることから考えます。

4 車のまどから見た風景です。車が前に進むと、近くのものは後ろへ動いて見えます。

例2 車のスピードが速いこと。

6 車にはおかっぱの女の子が乗っていたのに、――線の直後ではだれもいなくなっています。それで松井（まつい）さんはあわてたのです。

例2 バックミラーにだれもうつっていないから。　例3 ふり返っても、だれもいないから。

7 この女の子は、ぼうしの中のちょうがにげた後に車に乗ってきます。男の子のすがたが見えると、女の子はにげ出すように「早く行ってちょうだい」とせかします。そして、車を菜の花橋へと走らせていると、すがたを消してしまうのです。女の子はもんしろちょうだったかもしれないことをふまえて、どこへ帰ったのか書けていれば正（せい）かいです。

例2 自分のもといた場所　例3 菜の花橋　例4 野原

たしかめのテスト② 16~17ページ

白いぼうし ～ 漢字の広場①

1 読みがなを書きましょう。（一つ2点〔20点〕）

①（そくたつ）速達がとどく。 ②（な）漢字の成り立ち。
③（ほうほう）新しい方法。 ④（ぶんるい）本を分類する。
⑤（さくや）昨夜の雨。 ⑥（せいねん）やさしい青年。
⑦（りっしゅん）立春の日。 ⑧（たなばた）七夕の竹かざり。
⑨（いばらき）茨城県の名物。 ⑩（じんこう）東京都の人口。

2 □に漢字を、〔 〕に漢字と送りがなを書きましょう。（一つ2点〔20点〕）

① 目標（もくひょう）を立てる。 ② 記録（きろく）をつける。
③ 漢字辞典（じてん）を引く。 ④ 音訓（おんくん）さくいん
⑤ 五十音順（じゅん） ⑥ 例（れい）をあげる。
⑦ 目印（めじるし）をつける。 ⑧〔静か〕（しずか）な夜。
⑨ はとが〔飛び〕（とび）出す。 ⑩ 羊の〔群れ〕（むれ）。

3 本のラベルにある番号は、何を表していますか。一つに○をつけましょう。（6点）

ア（ ）本の発行年度
イ（○）本の分類
ウ（ ）本の作者の番号

4 次の部分は、主に何にかん係のある漢字を作っていますか。□からえらんで、記号を書きましょう。（一つ5点〔15点〕）

① 心（イ） ② 宀（ウ） ③ 雨（ア）

ア 雨や天気　イ 心のはたらき　ウ 家や建物

5 次の漢字を部首さくいんで調べます。□に部首を、（ ）に部首の画数を漢数字で書きましょう。（両方できて6点〔18点〕）

① 終　糸（六）画
② 階　阝（三）画
③ 開　門（八）画

6 思考・判断・表現　次の園芸委員会のせつめいのはじめの部分と、それを聞いて取ったメモを読んで、問いに答えましょう。

これから、園芸委員会の活動について話します。園芸委員会の仕事は、主に次の三つです。一つ目は、きせつごとのたねまきです。二つ目は、毎朝の水やりです。三つ目は、週一回の草むしりです。

園芸委員の楽しみは、野菜のしゅうかくです。もうすぐ夏野菜のしゅうかく時期をむかえます。……

えんげい委員会
㊔ □
㊫ やさいのしゅうかく（なつやさい）？

① □に入る――の部分を、かじょう書きで書きましょう。（15点）

例
・きせつごとのたねまき
・毎朝の水やり
・週一回の草むしり

② このメモでくふうしていることを、二つえらびましょう。（両方できて6点）

ア（ ）できるだけ漢字を使って書いている。

イ（○）短い言葉で、後で分かるように書いている。

ウ（ ）せつめいを聞いた感想も書きくわえている。

エ（○）後でしつもんできるように、印をつけている。

じゅんび 18~19ページ

[練習]思いやりのデザイン／アップとルーズで伝える／考えと例

かきトリ　新しい漢字

教科書53ページ	54ページ	54ページ	56ページ	56ページ
伝 デン つたわる・つたえる・つたう 6画	案 アン 10画	説 セツ とく 14画	試 シ こころみる 13画	選 セン えらぶ 15画

56ページ	59ページ	59ページ	60ページ	62ページ
観 カン 18画	旗 キ はた 14画	利 リ 7画	材 ザイ 7画	関 カン せき・かかわる 14画

●読み方が新しい字　◆特別な読み方の言葉

1 （ ）に読みがなを書きましょう。

①（けしき）町の景色。 ②（こうはん）試合の後半。

2 □に漢字を、〔 〕に漢字と送りがなを書きましょう。

① 説明図（せつめいず）を見る。 ② 関係（かんけい）がある。
③ 野球の選手（せんしゅ）。 ④ 旗（はた）をふる。
⑤ チームの勝利（しょうり）。 ⑥ 思いを〔伝える〕（つたえる）。

アップとルーズで伝える

3 （ ）に当てはまる言葉を、□から選んで書きましょう。

①（いよいよ）ぼくたちの出番だ。
② クラスの（ほぼ）全員がさんせいした。
③ 作文のテーマが（なかなか）決まらない。

なかなか　ほぼ　いよいよ

4 正しい意味に○をつけましょう。

① チャンスの場面でこうふんが高まる。
ア（○）気持ちが強くはげしくなること。

イ（ ）大きな声を出すこと。
② 雨がふっているのはせまいはんいだ。
ア（○）あるかぎられた広さ。

イ（ ）見わたすことのできる広さ。
③ クラスが一体となって合唱する。
ア（ ）同じ声を出すこと。

イ（○）一つにまとまっていること。
④ 発表をする人に視線が集まる。
ア（ ）多くの人の気持ち。

イ（○）見つめている目の方向。

考えと例

5 次の文章のア～エの文から、例をあげている文を全てさがし、記号を書きましょう。

アわたしは、物語を読むのがすきです。イ例えば、ファンタジーです。ウふしぎな世界へ行った気分になれます。エまた、なぞときのお話もすきです。

（イ　エ）
※順番はちがっていてもよい。

[練習]思いやりのデザイン／アップとルーズで伝える

3分でワンポイント　文章の組み立てをつかもう。

★ 次の①②は、ア「中」、イ「終わり」のどちらに当てはまりますか。
①「初め」と同じことを書いている。（イ）
② 二つの例を対比している。（ア）

	初め	中	終わり
思いやりのデザイン	インフォグラフィックスを作るとき、相手の立場で考えることが大切。	Aの案内図 まち全体を知りたい人に便利。 Bの案内図 目的が決まっている人に便利。	インフォグラフィックスは、見る人の立場に立って作る、思いやりのデザインである。
アップとルーズで伝える	・アップとルーズの選たくや、組み合わせが大切。 ・二つにはどんなちがいがあるか。	アップ 細かい部分は分かるが、多くは分からない。 ルーズ 広いはんいは分かるが、各選手の様子は分からない。	・二つには、伝えられることと伝えられないことがある。 ・二つを選んだり組み合わせたりすることで、伝えたいことを分かりやすくとどけられる。

2 3 ③「辞典」は「字典」でも正かいとします。
図書館の本は、さがしやすいように内容ごとに分類してならべられています。本の背のラベルにある番号は、本の分類を表しています。

5 ①「いとへん」の漢字です。
②「こざとへん」の漢字です。二画ではないので注意しましょう。
③「もんがまえ」の漢字です。「聞」「問」などは「もんがまえ」ではないので、注意が必要です。

6 ①かじょう書きとは、いくつかのこうもくに分けてならべて書くことです。

例2
・きせつ、たねまき
・あさ、水やり
・週一、草むしり

のように、自分に分かるように短くまとめても正かいとします。
②メモの「なつやさい」の部分をかこんで、「?」の印をつけています。聞きのがしたか、よく聞き取れなかったのかもしれません。後でかくにんできるように印をつけているのです。

1 ①「景色」は特別な読み方の漢字です。「景」一字で「け」とは読まないので、注意しましょう。

5 「例」をあげている文をさがします。アで「物語を読むのがすき」だと言っているので、どんな物語がすきなのかが説明されている文をさがします。イの「例えば」は例をあげるときに使う言葉です。

3分でワンポイント

どちらの文章も、「初め」と「終わり」で同じようなことをくり返し書いています。説明の文章では大事なことをくり返して書くことがあります。

「中」では、「思いやりのデザイン」（木村 博之）はAとBの案内図を、「アップとルーズで伝える」（中谷 日出）はアップとルーズをならべてくらべています。二つのものを対比すると、ちがいが分かりやすくなります。

説明文では、文章の組み立てに注意して読みましょう。

練習① 20~21ページ

[練習]思いやりのデザイン

文章を読んで、答えましょう。

① 学校の中に、トイレやひじょう口の場所を知らせる絵文字、校内の案内図、手のあらい方の説明図などがあるでしょう。それらのように、伝えたいことを、絵や図、文字を組み合わせて見える形にしたものを、インフォグラフィックスといいます。これは、インフォメーション（伝えたいこと）と、グラフィックス（形にすること）を合わせた言葉で、デザインの一つです。

② わたしには、インフォグラフィックスを作るときに大切にしていることがあります。それは、相手の立場から考えるということです。絵や図を使っていても、必ず分かりやすくなるとはかぎりません。まちの案内図を例に、考えてみましょう。

③ Aの案内図は、どこに、どんな建物があるかを、だれが見ても分かるように表しています。そのため、このまちに来た多くの人の役に立ちます。しかし、目的地が決まっている人にとっては、どうでしょうか。たくさんの道や目印があるため、どの道順で行けばよいのか、まよってしまうかもしれません。

④ いっぽう、Bの案内図は、目的地までの道順と目印になる建物だけを表しています。まよわず安心して目的地に向かえるように、歩くときに見える景色をさまざまにそうぞうしながら、見る人にとっていちばん分かりやすい道順にしぼってしめしています。しかし、まち全体の様子を知りたい人にとっては、十分なものではありません。

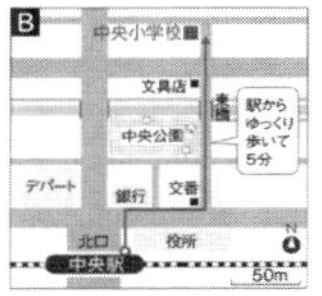

⑤ このように、インフォグラフィックスを作るときには、相手の目的に合わせて、どう見えると分かりやすいのかを考えながらデザインすることが大切です。つまり、インフォグラフィックスは、見る人の立場に立って作る、思いやりのデザインなのです。

木村 博之「思いやりのデザイン」より

令和5年検定済 光村図書 小国4上より

❶「それら」について、答えましょう。

① 何を指していますか。三字で三つ書きぬきましょう。

絵文字　案内図　説明図

※順番はちがっていてもよい。

② ①で答えたようなものを、何といいますか。

インフォグラフィックス

❷「まちの案内図を例に、考えてみましょう。」とありますが、どんなことについて考えるのですか。一つに○をつけましょう。

ア（　）まちのよいところを絵や図で伝えるにはどうすればよいのかということ。

イ（　）インフォグラフィックスは本当に必要なのかどうかということ。

ウ（○）絵や図を使っていても、必ず分かりやすくなるとはかぎらないということ。

ヒント AとBの案内図は、見る人によってはどうなのかな。

❸ A・Bの案内図について、答えましょう。

① Aの案内図は、どんな人の役に立ちますか。

（（この）まちに来た多くの人。）

② Bの案内図は、どんな人の役に立ちますか。一つに○をつけましょう。

ア（○）目的地が決まっている人。

イ（　）まち全体の様子を知りたい人。

ウ（　）建物を見て回りたい人。

❹ ①~⑤の段落について説明した文として、正しいもの全てに○をつけましょう。

ア（○）①の段落は、話題をしめしている。

イ（　）②の段落は、①の段落と反対のことをのべている。

ウ（○）③・④の段落は、二つの例を対比している。

エ（　）⑤の段落は、③・④の段落であげた例のすぐれている点をまとめている。

オ（○）⑤の段落は、②の段落と同じことをくり返して、筆者の考えをまとめている。

ヒント「いっぽう」や「このように」という言葉に着目しよう。

❶ ①「それら」とは「伝えたいことを、絵や図、文字を組み合わせて見える形にしたもの」です。これに当てはまるものを、前の部分からさがしましょう。

❷ 直前で「絵や図を使っていても……かぎりません。」と言っているので、本当にそうなのかを「まちの案内図を例に」考えようというわけです。

❸ ②Bの案内図は、「まよわず安心して目的地に向かえるように」考えて作った案内図です。ですから、「まち全体の様子を知りたい人」にはふべんな部分がありますが、目的地が決まっている人には役に立ちます。

❹ ①の段落は、この文章の中心の話題である「インフォグラフィックス」のしょうかいをしています。②の段落では「相手の立場から考える」ことが大切だという意見を書いています。③・④の段落ではA・Bの案内図を例にあげ、二つをくらべてちがいを説明しています。⑤の段落では「見る人の立場に立って作る」と、②と同じことをくり返してまとめています。

練習② 22~23ページ

アップとルーズで伝える

文章を読んで、答えましょう。

テレビでサッカーの試合を放送しています。今はハーフタイム。もうすぐ後半が始まろうとするところで、画面には会場全体がうつし出されています。両チームの選手たちは、コート全体に広がって、体を動かしています。観客席は、ほぼまんいんといっていいでしょう。おうえんするチームの、チームカラーの洋服などを身に着けた人たちでうまっています。会場全体が、静かに、こうふんをおさえて、開始を待ち受けている感じが伝わります。

…第一段落

いよいよ後半が始まります。画面は、コートの中央に立つ選手をうつし出しました。ホイッスルと同時にボールをける選手です。顔を上げて、ボールをける方向を見ているようです。

…第二段落

初めの画面のように、広いはんいをうつすとり方を「ルーズ」といいます。次の画面のように、ある部分を大きくうつすとり方を「アップ」といいます。何かを伝えるときには、このアップとルーズを選んだり、組み合わせたりすることが大切です。アップとルーズでは、どんなちがいがあるのでしょう。

…第三段落

中谷 日出「アップとルーズで伝える」より

❶ 第一・第二段落に書かれた画面について、答えましょう。

① それぞれの画面は、サッカーの試合のいつの様子をうつしていますか。文章から書きぬきましょう。

第一段落　ハーフタイム の様子。

第二段落　後半 の様子。

ヒント それぞれ字数がヒントになるよ。

② それぞれの画面は、どんなものをうつし出していますか。

第一段落（会場全体）

第二段落（コートの中央に立つ選手）

❷ 第一・第二段落では、どんな説明のくふうがされていますか。一つに○をつけましょう。

ア（○）二つの画面を対比して、ちがいが分かるように説明している。

イ（　）二つの画面をならべて、共通点が分かるように説明している。

ウ（　）それぞれの画面のよい点、悪い点が分かるように、例をあげて説明している。

❸「ルーズ」とは、どんなとり方ですか。

（広いはんいをうつすとり方。）

❹「アップ」とは、どんなとり方ですか。

（ある部分を大きくうつすとり方。）

❺ 第三段落は、第一・第二段落と、どんな関係がありますか。一つに○をつけましょう。

ア（　）第一・第二段落と反対の事がらを書いている。

イ（○）第一・第二段落の内容をまとめ、自分の考えと問いを書いている。

ウ（　）第一・第二段落の内容をまとめ、全く別の話題をしめしている。

❻ 筆者は、何かを伝えるときに大切なのは、どうすることだと言っていますか。それが書かれた部分を二十四字でさがし、初めと終わりの四字を書きましょう。

アップと ~ すること

ヒント「大切」という言葉に着目しよう。

❶ ①第一段落には「今はハーフタイム。」、第二段落には「後半が始まります。」とあります。

②第二段落は「ホイッスルと同時にボールをける選手」でも正かいとします。

❷ 第一段落の「会場全体」をうつした画面と、第二段落の「選手」一人をうつした画面をならべることで、二つのちがいが分かりやすいようにしています。

❸・❹ 第三段落に「……を『ルーズ』といいます。……を『アップ』といいます。」とならべて書かれています。

❺ 第一段落の「会場全体」をうつした画面が「ルーズ」、第二段落の「選手」一人をうつした画面が「アップ」です。第三段落では、この二つをまとめて説明し、「アップとルーズを……組み合わせたりすることが大切です。」と意見をのべ、さらに問いをつけくわえています。

❻ 文章のさい後のほうに「何かを伝えるときには……ことが大切です。」と書かれています。

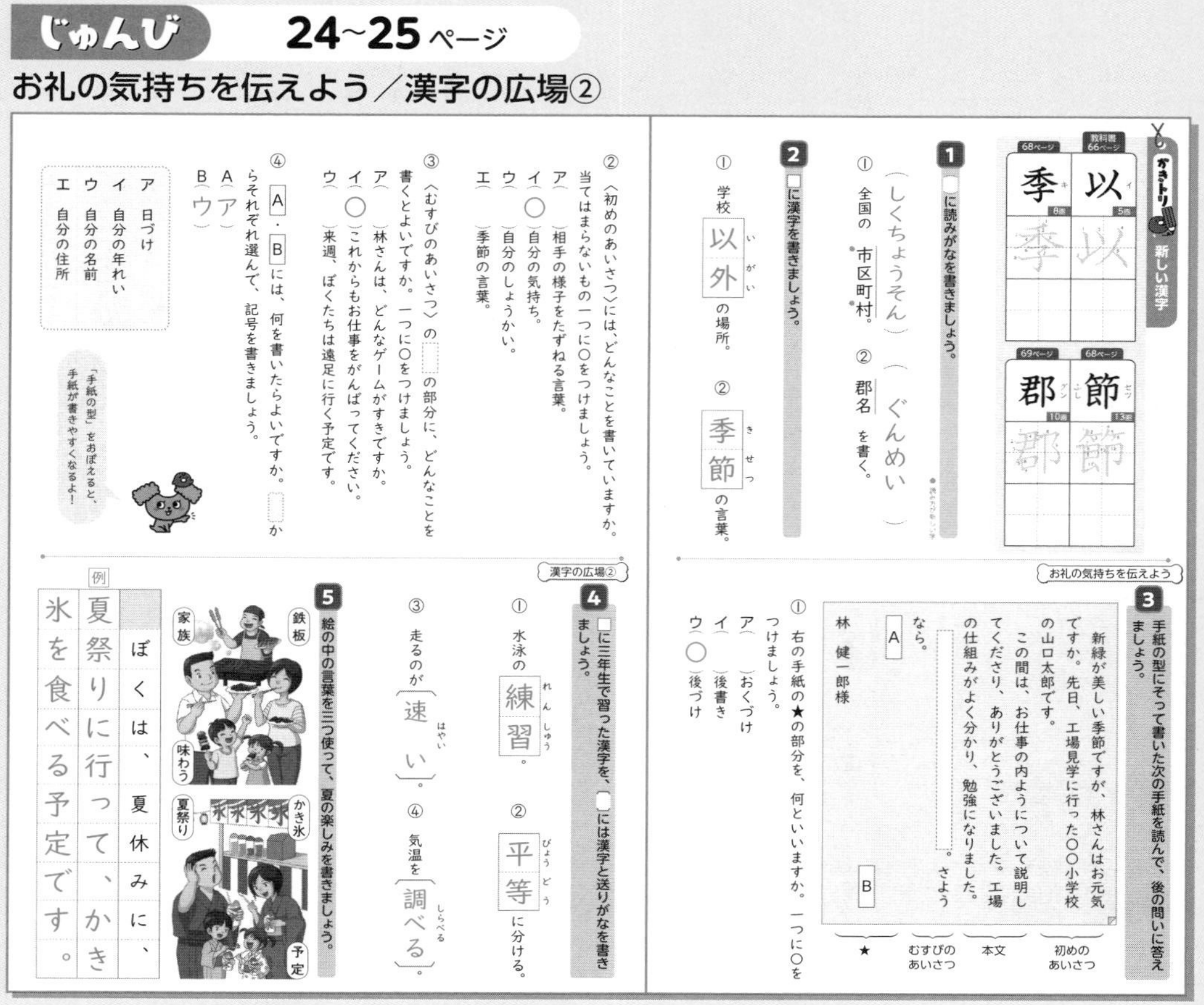

じゅんび 24〜25ページ

お礼の気持ちを伝えよう／漢字の広場②

かきトリ 新しい漢字

以（イ）5画 教科書66ページ
季（キ）8画 68ページ
節（セツ・ふし）13画 68ページ
郡（グン）10画 69ページ

1 □に読みがなを書きましょう。

① 全国の市区町村。（しくちょうそん）
② 郡名を書く。（ぐんめい）

2 □に漢字を書きましょう。

① 学校 以外（いがい）の場所。
② 季節（きせつ）の言葉。

お礼の気持ちを伝えよう

3 手紙の型にそって書いた次の手紙を読んで、後の問いに答えましょう。

> 新緑が美しい季節ですが、林さんはお元気ですか。先日、工場見学に行った〇〇小学校の山口太郎です。（初めのあいさつ）
> この間は、お仕事の内ようについて説明してくださり、ありがとうございました。工場の仕組みがよく分かり、勉強になりました。（本文）
> [　　　]。さようなら。（むすびのあいさつ）
> A　B　林　健一郎様（★）

① 右の手紙の★の部分を、何といいますか。一つに〇をつけましょう。
ア（　）おくづけ
イ（　）後書き
ウ（〇）後づけ

② 〈初めのあいさつ〉には、どんなことを書いていますか。当てはまらないもの一つに〇をつけましょう。
ア（　）相手の様子をたずねる言葉。
イ（〇）自分の気持ち。
ウ（　）自分のしょうかい。
エ（　）季節の言葉。

③ 〈むすびのあいさつ〉の[　]の部分に、どんなことを書くとよいですか。一つに〇をつけましょう。
ア（　）林さんは、どんなゲームがすきですか。
イ（〇）これからもお仕事をがんばってください。
ウ（　）来週、ぼくたちは遠足に行く予定です。

④ A・Bには、何を書いたらよいですか。[　]からそれぞれ選んで、記号を書きましょう。
A（ア）
B（ウ）

ア 日づけ
イ 自分の年れい
ウ 自分の名前
エ 自分の住所

「手紙の型」をおぼえると、手紙が書きやすくなるよ！

漢字の広場②

4 □に三年生で習った漢字を、□には漢字と送りがなを書きましょう。

① 水泳の 練習（れんしゅう）。
② 平等（びょうどう）に分ける。
③ 走るのが（速い）（はやい）。
④ 気温を（調べる）（しらべる）。

5 絵の中の言葉を三つ使って、夏の楽しみを書きましょう。

例 ぼくは、夏休みに、夏祭りに行って、かき氷を食べる予定です。

3

① 手紙の型は、次のとおりです。
1 〈初めのあいさつ〉
2 〈本文〉
3 〈むすびのあいさつ〉
4 〈後づけ〉
〈後づけ〉では手紙を書いた日づけ、自分の名前、相手の名前を書きます。

② 「新緑が美しい季節ですが」の部分が季節の言葉、「林さんはお元気ですか」が相手の様子をたずねる言葉、「先日……山口太郎です」が自分のしょうかいです。

③ 〈むすびのあいさつ〉では、わかれの言葉の前に「相手を気づかう言葉」を書きます。

④ 〈後づけ〉では、まず日づけを書き、自分の名前を下に、相手の名前を上に書きます。

5 三年生で習った漢字を使って、自由に文を作りましょう。

例2 鉄板りょう理を、家族で味わいました。

例3 家族で夏祭りに行き、かき氷を食べたいです。

[練習] 思いやりのデザイン 〜 漢字の広場②

おうちのかたへ

説明文を読むときには、文章の組み立てに注目しましょう。「アップとルーズで伝える」では、初め話題の説明・自分の考え、中二つの例の対比、終わり自分の考え・まとめ、という組み立てになっています。組み立てが分かると、文章の要点や、筆者の考えがつかみやすくなります。

文章を読んで、答えましょう。　思考・判断・表現

アップでとったゴール直後のシーンを見てみましょう。ゴールを決めた選手が両手を広げて走っています。ひたいにあせを光らせ、口を大きく開けて、全身でよろこびを表しながら走る選手の様子がよく伝わります。アップでとると、細かい部分の様子がよく分かります。しかし、このとき、ゴールを決められたチームの選手は、どんな様子でいるのでしょう。それぞれのおうえん席の様子はどうなのでしょう。走っている選手いがいの、うつされていない多くの部分のことは、アップでは分かりません。　……第一段落

試合終了直後のシーンを見てみましょう。勝ったチームのおうえん席です。あちこちでふられる旗、たれまく、立ち上がっている観客と、それに向かって手をあげる選手たち。選手とおうえんした人たちとが一体となって、勝利をよろこび合っています。ルーズでとると、広いはんいの様子がよく分かります。でも、各選手の顔つきや視線、それらから感じられる気持ちまでは、なかなか分かりません。　…第二段落

このように、アップとルーズには、それぞれ伝えられることと伝えられないことがあります。それで、テレビでは、ふつう、何台ものカメラを用意していろいろなうつし方をし、目的におうじてアップとルーズを切りかえながら放送をしています。　…第三段落

中谷 日出「アップとルーズで伝える」より

1 「アップでとったゴール直後のシーン」では、選手のどんな様子がよく伝わりますか。それが書かれた部分を四十字でさがし、初めと終わりの四字を書きましょう。　10点

ひたいに 〜 手の様子

2 「試合終了直後のシーン」について、答えましょう。

① どんなとり方でとっていますか。　10点

ルーズ

② どんな様子がよく分かりますか。　全部できて10点

立ち上がっている（観客）と（選手（たち））が一体となって、例（勝利をよろこび合う）様子。

できたらスゴイ！

3 「アップとルーズには、それぞれ伝えられることと伝えられないことがあります。」とありますが、どんなことが伝えられ、どんなことが伝えられないのですか。指示された字数で書きぬき、表を完成させましょう。　一つ10点（40点）

	アップ	ルーズ
伝えられること	①（五字）細かい部分の様子。	③（五字）広いはんいの様子。
伝えられないこと	②（十三字）うつされていない多くの部分。	④（二十四字）各選手の顔つきや視線、それらから感じられる気持ち。

よく出る

4 第三段落は、どのような役わりをしていますか。一つに○をつけましょう。　10点

ア（　）第一・第二段落と反対の事がらをのべている。
イ（○）第一・第二段落の内容をまとめている。
ウ（　）第一・第二段落の話題を、別の話題にかえている。

考えを書こう

5 運動会のつな引きで勝ったチームの様子を、選手たちの「アップ」でとった場合、どんなことが伝わると思いますか。　20点

（例 勝ってよろこんでいる選手たちの様子。）

1 後の文に「ひたいにあせを……走る選手の様子がよく伝わります」とあるので、この部分から字数に合う言葉を書きぬきます。

2 ①「勝ったチームのおうえん席」なので、広いはんいをうつすとり方です。後に「ルーズでとると、広いはんいの様子がよく分かります」とあるので、正かいは「ルーズ」です。

3 「アップ」で伝えられることと伝えられないことの説明は、第一段落に書かれています。「ルーズ」については、第二段落に書かれています。

4 第一段落で「アップ」、第二段落で「ルーズ」の説明をし、第三段落では「アップ」と「ルーズ」の両方について「伝えられることと伝えられないことがあります」とまとめています。

5 「アップ」だとどんなことが伝わるのか、第一段落に「ひたいに……全身でよろこびを表しながら走る選手の様子がよく伝わります」と説明されています。では、つな引きの選手の「アップ」では、どうなるかを考えて答えましょう。勝った選手の様子について書けていれば正かいです。
例2 飛び上がったりばんざいをしたりしてよろこぶ選手のすがた。
例3 選手たちのうれしそうな様子やよろこんでいる気持ち。

たしかめのテスト② 28～29ページ

[練習] 思いやりのデザイン ～ 漢字の広場②

1 読みがなを書きましょう。 一つ2点(20点)

① 美しい 景色。(けしき)
② 説明図 でしめす。(せつめいず)
③ 物語の 後半。(こうはん)
④ サッカー 選手(せんしゅ)
⑤ 旗 をかかげる。(はた)
⑥ 勝利 をいわう。(しょうり)
⑦ 大人 以外 の人。(いがい)
⑧ 寒い 季節。(きせつ)
⑨ 市区町村 の名前。(しくちょうそん)
⑩ 郡部 に住む。(ぐんぶ)

2 漢字を書きましょう。 一つ2点(8点)

① 町を 案内(あんない) する。
② テニスの 試合(しあい)。
③ 野球場の 観客(かんきゃく)。
④ テレビの 取材(しゅざい)。

3 ──線の漢字の読み方を、音はかたかなで、訓は平がなで書きましょう。 一つ2点(10点)

① 関
ア 関係 がある。(カンケイ)
イ 関 をこえる。(せき)
ウ 自分に 関 わる。(かか)

② 伝
ア 伝記 を読む。(デンキ)
イ 気持ちを 伝 える。(つた)

4 次の( )に当てはまる言葉を[ ]から選んで書きましょう。 一つ5点(15点)

① 妹は、運動がとくいです。(しかし)、鉄ぼうだけは苦手なようです。
② 妹は、運動がとくいです。(そのため)、運動会の日を楽しみにしています。
③ ぼくのすきな食べ物は、ケーキ、フルーツ、アイスクリームなどです。(つまり)、あまいものがすきなのです。

[つまり　そのため　しかし]

5 次の( )に当てはまる文を、「例えば」という言葉を使って書きましょう。 (12点)

わたしは、部屋でやる遊びや一人でやる遊びよりも、外でみんなと楽しめる遊びがすきです。( )

(例 例えば、ドッジボールやおにごっこなどです。)

6 思考・判断・表現

手紙の型にそって手紙を書くとき、次の①～④にはどんな事がらを書きますか。[ ]から選んで、記号を書きましょう。 一つ4点(20点)

① 初めのあいさつ (オ)
② 本文 (ウ)
③ むすびのあいさつ (エ)
④ 後づけ (ア)(イ) ※④順番はちがっていてもよい。

[ア 自分の名前　イ 相手の名前　ウ 伝えたいこと　エ 相手を気づかう言葉　オ 季節に関する言葉や、相手の様子をたずねる言葉]

7 手紙を送るとき、①～③はどこに書きますか。記号で答えましょう。 一つ5点(15点)

【おもて】【うら】

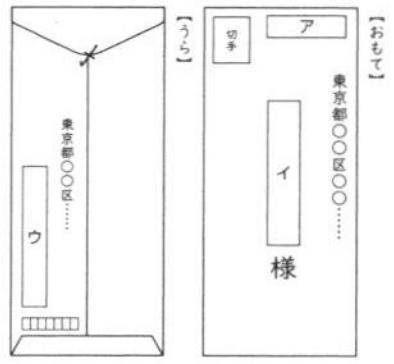

① ゆうびん番号 (ア)
② 自分の名前 (ウ)
③ 相手の名前 (イ)

3 ①「関」のように、音や訓が二つ以上ある漢字もあるので注意しましょう。

4 ①「しかし」の前と後に書かれている内容は、反対の関係や対比される関係になることが多いです。
②「そのため」は、前の内容が後の内容の理由になっていることを表します。このような言葉に注目すると、説明していることの関係が分かりやすくなります。

5 「例えば」は、例をあげるときの言葉です。「例えば」という言葉を使って、「外でみんなと楽しめる遊び」を書けていれば正かいです。
例2 例えば、サッカーです。
例3 例えば、大なわとびがすきです。

6 ①には、他に自分のしょうかいを書くとよいでしょう。③には、他にわかれの言葉を書くことが多いです。④には、他に手紙を書いた日づけも書きます。

7 ゆうびん番号を正しく書くと、都道府県名や市区町村名、郡名をはぶくことができます。

じゅんび 30～31ページ

一つの花／つなぎ言葉のはたらきを知ろう

かきトリ 新しい漢字

戦	争	給	飯	包	帯	泣
セン たたかう 13画 (教科書71ページ)	ソウ あらそう 6画 (71ページ)	キュウ 12画 (72ページ)	ハン めし 12画 (73ページ)	ホウ つつむ 5画 (76ページ)	タイ おびる・おび 10画 (76ページ)	なく 8画 (77ページ)

軍	兵	隊	輪	健	康	夫
グン 9画 (77ページ)	ヘイ・ヒョウ 7画 (78ページ)	タイ 12画 (78ページ)	リン わ 15画 (79ページ)	ケン 11画 (86ページ)	コウ 11画 (86ページ)	フ おっと 4画 (86ページ)

氏	祝	貨	児	器
シ 4画 (86ページ)	シュク いわう 9画 (86ページ)	カ 11画 (86ページ)	ジ 7画 (87ページ)	キ 15画 (87ページ)

官	良	徒	競
カン 8画 (87ページ)	リョウ よい 7画 (87ページ)	ト 10画 (87ページ)	キョウ・ケイ 20画 (87ページ)

1 [ ]に読みがなを書きましょう。

① 頭 巾をかぶる。(ず)
② 昨日 の出来事。(きのう)

●読み方が新しい字 ◆特別な読み方の言葉

2 □に漢字を書きましょう。

① 戦争(せんそう) に行く。
② 包帯(ほうたい) をまく。
③ 国民の 祝日(しゅくじつ)。
④ 児童館(じどうかん) へ通う。
⑤ 消化 器官(きかん)。
⑥ 徒競走(ときょうそう) に出る。

つなぎ言葉のはたらきを知ろう

3 □に当てはまるつなぎ言葉を[ ]から選んで、記号を書きましょう。

① この部屋はさびしげだ。(カ)、花をかざった。
② 十対二で試合に勝った。(ア)、大勝だ。
③ 必死に練習した。(イ)、選手に選ばれなかった。
④ 弟は野球がすきだ。(オ)サッカーもすきだ。
⑤ お昼はごはんにしますか。(エ)、パンにしますか。
⑥ 説明はここまでです。(ウ)、明日の予定を伝えます。

[ア つまり　イ しかし　ウ では　エ それとも　オ そして　カ だから]

一つの花

3分でワンポイント　「一つだけ」など、数や量を表す言葉に注目して読もう。

★①～④の( )に合う言葉を[ ]の中から選んで、記号を書きましょう。

場面	起こった出来事
1 ゆみ子の口ぐせ	お母さん「一つだけ」と食べ物をゆみ子に分ける。ゆみ子「(① イ)ちょうだい。」が口ぐせになる。
2 父と母の思い	お父さん「(② ウ)ちょうだい」と言うことを知らないゆみ子をかわいそうに思う。
3 お父さんが戦争に行く日	ゆみ子 おにぎりをねだって泣き出す。お父さん「一つだけの(③ エ)、大事にするんだよ」と一輪の(③)をわたした。
4 十年後	ゆみ子 お父さんをおぼえていないが、家はコスモスの花で(④ ア)包まれている。

[ア いっぱいに　イ 一つだけ　ウ みんな　エ お花]

2 ⑥「徒競走」のように、走って速さをきそうときは「競走」と書きます。友達とテストの点数できそい合う場合など、走ること以外で、きそうときは、「競争」と書きます。

3 ①は前の文が後ろの文の理由になっています。②は前の文の内容を言いかえて説明しています。③は前の文から予想されないことが後ろに来ています。④は前の文に後ろの文をつけくわえています。⑤は前と後ろのどちらかを選ぶという形です。⑥は後ろの文で話題をかえています。

3分でワンポイント

「一つだけ」という口ぐせは、戦争で食べ物などが十分にない時代だからこそ生まれた口ぐせです。だから、お父さんたちは「みんなちょうだい」と言わないゆみ子をかわいそうに思ったのです。おわかれのときに「一つだけ」のお花をわたしたお父さんはどんな気持ちだったのか、十年後、家がコスモスの花で「いっぱいに」なっているのはなぜか、などをそうぞうしながら、「一つの花」(今西祐行)を読んでみましょう。

練習① 32~33ページ

一つの花

文章を読んで、答えましょう。

「一つだけちょうだい。」
これが、ゆみ子のはっきりおぼえたさいしょの言葉でした。
まだ戦争のはげしかったころのことです。
そのころは、おまんじゅうだの、キャラメルだの、チョコレートだの、そんな物はどこへ行ってもありませんでした。おやつどころではありませんでした。食べる物といえば、お米の代わりに配給される、おいもや豆やかぼちゃしかありませんでした。
毎日、てきの飛行機が飛んできて、ばくだんを落としていきました。

町は、次々にやかれて、はいになっていきました。
ゆみ子は、いつもおなかをすかしていたのでしょうか。ご飯のときでも、おやつのときでも、もっともっとと言って、いくらでもほしがるのでした。
すると、ゆみ子のお母さんは、
「じゃあね、一つだけよ。」
と言って、自分の分から一つ、ゆみ子に分けてくれるのでした。
「一つだけ――。一つだけ――。」
と、これが、お母さんの口ぐせになってしまいました。ゆみ子は、知らず知らずのうちに、お母さんのこの口ぐせをおぼえてしまったのです。

今西 祐行「一つの花」より

❶ ゆみ子のはっきりおぼえたさいしょの言葉」は、何でしたか。九字で書きぬきましょう。（符号はふくまない。）

一つだけちょうだい

❷ 「そのころ」について、答えましょう。

① 「そのころ」とは、いつのことですか。

（まだ）戦争のはげしかったころ。

② 「そのころ」は、どんな食生活を送っていましたか。

（おやつ）などはなく、食べる物は（お米）の代わりに配給される、（おいもや豆やかぼちゃ）しかないという、まずしい食生活。

③ 「そのころ」の町は、どんな様子になっていましたか。

毎日、（てきの飛行機）が（ばくだん）を落とし、次々に（はい）になっていった。

❸ 「自分の分から一つ、ゆみ子に分けてくれるのでした。」とありますが、お母さんはどんな気持ちからそうしたのですか。一つに○をつけましょう。

ア（　）いくらでもほしがるゆみ子にこまりはて、しかたがないので一つあげて、あきらめさせようという気持ち。

イ（○）おなかをすかせたゆみ子がかわいそうで、自分の分をへらしてでも食べさせてあげたいという気持ち。

ウ（　）ゆみ子はあまえているだけなので、一つ分けてあげればきっと満足するだろうという気持ち。

ヒント 小さなゆみ子に十分に食べさせられない、お母さんの気持ちだよ。

❹ 「これが、お母さんの口ぐせになってしまいました。」から、どんなことが分かりますか。一つに○をつけましょう。

ア（○）戦争のために、食べ物が不足しているじょうたいがつづいていたということ。

イ（　）ゆみ子がますますわがままになって、何度言い聞かせても言うことを聞かなくなったということ。

ウ（　）お母さんが食べ物をおしむようになったということ。

ヒント 「これ」は、直前の「一つだけ――。」を指しているよ。

❶ 「これが……さいしょの言葉でした。」とあるので、「これ」の指す内容を前の部分から書きぬきましょう。

❷ ②「そのころ」で始まる段落から読み取りましょう。

③町は、「毎日、てきの飛行機が飛んできて、ばくだんを落として」いき、「次々にやかれて、はいになって」いくような様子でした。

❸ ゆみ子は、たくさん食べて成長しなくてはならない時期なのに、戦争で食べ物が十分にないのです。お母さんの食べる分も少なかったはずですが、お母さんはゆみ子をかわいそうに思って、自分の分を少しずつ分けてくれたのです。

❹ 食べ物が足りず、お母さんの食べる分も少ないので、たくさんあげることはできません。だから「一つだけ」と言いながらゆみ子に食べ物を分けていたのでしょう。でも、それが口ぐせになったということは、ゆみ子が食べ物をほしがるたびに「一つだけ」「一つだけ」と言いながら何度もあげていたのだと分かります。

練習② 34~35ページ

一つの花

文章を読んで、答えましょう。

それからまもなく、あまりじょうぶでないゆみ子のお父さんも、戦争に行かなければならない日がやって来ました。
お父さんが戦争に行く日、ゆみ子は、お母さんにおぶわれて、遠い汽車の駅まで送っていきました。頭には、お母さんの作ってくれた、わた入れの防空頭巾をかぶっていきました。
お母さんのかたにかかっているかばんには、包帯、お薬、配給のきっぷ、そして、大事なお米で作ったおにぎりが入っていました。
ゆみ子は、おにぎりが入っているのをちゃあんと知っていましたので、
「一つだけちょうだい、おじぎり、一つだけちょうだい。」
と言って、駅に着くまでにみんな食べてしまいました。お母さんは、戦争に行くお父さんに、ゆみ子の泣き顔を見せたくなかったのでしょうか。

駅には、他にも戦争に行く人があって、人ごみの中から、ときどきばんざいの声が起こりました。また、べつの方からは、たえずいさましい軍歌が聞こえてきました。
ゆみ子とお母さんの他に見送りのないお父さんは、プラットホームのはしの方で、ゆみ子をだいて、そんなばんざいや軍歌の声に合わせて、小さくばんざいをしていたり、歌を歌っていたりしていました。まるで、戦争になんか行く人ではないかのように。

今西 祐行「一つの花」より

❶ 「あまりじょうぶでないゆみ子のお父さんも、戦争に行かなければならない」とありますが、ここからどんなことが分かりますか。一つに○をつけましょう。

ア（　）家族を守るために、お父さんが進んで兵隊になったこと。

イ（○）兵隊の数が不足して、お父さんのようなじょうぶでない人も戦争にかりだされるようになったこと。

ウ（　）じょうぶでないお父さんにとって、兵隊になるのは長年のゆめだったこと。

ヒント 「行かなければならない」という表現に着目しよう。

❷ 「みんな食べてしまいました。」とありますが、お母さんは、なぜおにぎりをみんな食べさせたと考えられますか。そうしないと、ゆみ子が泣いてしまうかもしれず、

（例 戦争に行くお父さんにゆみ子の泣き顔を見せたくないから。）

❸ 駅にいた、戦争に行く他の人や見送りの人たちと、お父さんの様子は、どのようにちがっていましたか。

他の人たちの中からは、（ばんざいの声）が起こったり、（いさましい）軍歌）が聞こえたりしてきたが、お父さんは、（ゆみ子）をだいてあやしていた。

❹ ❸のときのお父さんの様子を、どのようにたとえていますか。文章から一文でさがし、初めの六字を書きましょう。

まるで、戦争

❺ お父さんは❸・❹のとき、どんな気持ちだったと考えられますか。一つに○をつけましょう。

ア（○）わかれがつらく、できることならゆみ子の成長を見守りつつ、家族でくらしたいという気持ち。

イ（　）家族の他に見送る人もいないのに、大声を出すのははずかしいという気持ち。

ウ（　）ゆみ子をだいているので、大きなばんざいも、大声で歌うこともできなくてざんねんだという気持ち。

ヒント もう会えないかもしれない、わかれの場面だよ。

❶ 戦争では、初めは体がじょうぶで、しっかり訓練された兵隊から戦いに行くのですが、戦争が長くつづくと兵隊が足りなくなり、体が弱い人も兵隊にならないといけなくなったのです。

❷ 戦争に行くお父さんがゆみ子と会えるのは、これでさい後になるかもしれません。おわかれのときにゆみ子が泣いていたら、お父さんが悲しむと思ったのです。

例2 ゆみ子が泣いていたら、お父さんが悲しむから。

例3 お父さんに、わらっているゆみ子を見せたかったから。

❸ さい後の二つの段落に、他の人とお父さんの様子が書かれています。

❹ 「まるで、戦争になんか行く人ではないかのように。」とあることに注目します。「まるで～よう」という言葉は、たとえを表す言葉です。

❺ お父さんは、ゆみ子をあやすばかりで、戦争へ行くことをよろこんでいる様子はありません。その様子から、ゆみ子やお母さんとのわかれをつらく思っていることがそうぞうできます。

じゅんび 36~37ページ

短歌・俳句に親しもう（一）／要約するとき

かきトリ 新しい漢字

教科書88ページ 芽 ガ め 8画

89ページ 梅 バイ うめ 10画

90ページ 約 ヤク 9画

1 □に読みがなを書きましょう。

① 奈良の都。（なら）
② 文章を要約する。（ようやく）

◆特別な読み方の言葉

2 □に漢字を書きましょう。

① わらびが［芽］を出す。
② ［梅］の花がさく。

3 正しい意味に〇をつけましょう。（短歌・俳句に親しもう（一））

① 若菜をつむ。
ア（　）夏のはじめのみずみずしい青葉。
イ（〇）春のはじめに芽を出した、食べられる草。

② いにしへの都。
ア（　）いつか。
イ（〇）昔。

4 要約するときには、どんなことに気をつければよいですか。□に当てはまる言葉を□から選んで書きましょう。（要約するとき）

① 要約する（目的）、まとめる分量をたしかめる。
② 意見文、物語など、元の文章の（しゅるい）に合わせてまとめる。
③ 自分の（感想）や意見と、要約の部分を（くべつ）する。

しゅるい　感想　目的　くべつ

5 短歌・俳句を読んで答えましょう。（短歌・俳句に親しもう（一））

A 石走る垂水の上のさわらびの 萌え出づる春になりにけるかも　志貴皇子

B いにしへの奈良の都の八重桜 今日九重に匂ひぬるかな　伊勢大輔

C 梅一輪一輪ほどの暖かさ　服部嵐雪

「短歌・俳句に親しもう（一）」より

(1) 次の説明は、ア短歌、イ俳句のどちらの説明ですか。記号で答えましょう。

① きほんは五・七・五・七・七の言葉でできている。（ア）
② きほんは五・七・五の言葉でできている。（イ）
③ 季語とよばれる、季節を表す言葉を入れる。（イ）

(2) Aの短歌は、どんな気持ちをよんだ歌ですか。一つに〇をつけましょう。

ア（　）冬が終わることをざんねんに思う気持ち。
イ（　）水のいきおいをおそれる気持ち。
ウ（〇）春のおとずれをよろこぶ気持ち。

(3) Bを、言葉の調子に気をつけて、五つの部分に分けて平がなで書きましょう。

（いにしえ［へ］の）（ならのみやこの）（やえざくら）（きょうここのえに）（におい［ひ］ぬるかな）

(4) Cから、季語（季節を表す言葉）をぬき出しましょう。

（梅）

(5) Cには、どんな気持ちが表れていますか。（　）に当てはまる言葉を書きましょう。

（梅）が一輪さいたのを見て、（春）へと季節がへんかしていくことを感じる気持ち。

じゅんび 38~39ページ

新聞を作ろう／コラム　アンケート調査のしかた

かきトリ 新しい漢字

教科書95ページ 付 フ つける・つく 5画

97ページ 清 セイ きよい・きよまる・きよめる 11画

1 □に読みがなを書きましょう。

① 新聞の工夫。（くふう）
② しつもんに回答する。（かいとう）

◆読み方が新しい字

2 □に漢字を、□に漢字と送りがなを書きましょう。

① 作文の［清書］。
② 新聞のわり（付け）。

3 新聞のとくちょうを図にしました。□①～③に当てはまる言葉を□から選んで書きましょう。（新聞を作ろう）

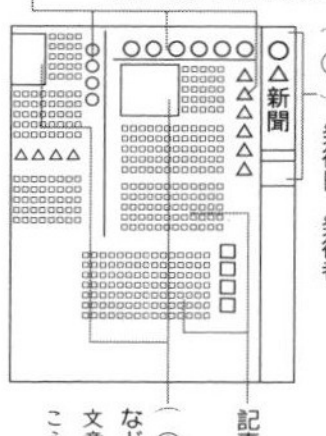

①（見出し）
②（新聞名）
③（写真）

写真　見出し　新聞名

新聞のどこに、どんなことが書かれているかをたしかめよう。

4 新聞はどんな手順で作りますか。手順どおりになるように、□に番号を書きましょう。

（4）記事の書き方を考えて、下書きをする。
（3）わり付けについて話し合って決める。
（1）どんな新聞を作るか、話し合って決める。
（5）新聞を仕上げる。
（2）取材をする。

5 取材をするときには、どんなことに気をつければよいですか。□に当てはまる言葉を□から選んで書きましょう。

① 調べたことは、あやまりがないように、（メモ）を取るなどして、正しく記録する。
② （写真）をとるときは、さつえいしてよいかを聞いてからとる。
③ （名前）や（数）のまちがいがないかをたしかめる。

※③順番はちがっていてもよい。

名前　メモ
写真　数

取材をしっかりして、よい新聞を作ろう。

6 アンケートを作るときには、どんなことに気をつければよいですか。当てはまるもの全てに〇をつけましょう。（コラム　アンケート調査のしかた）

ア（　）自由に答えてもらうために、答えは用意しない。
イ（〇）何について調べるのかを話し合う。
ウ（〇）だれに、どんなことをきくとよいかを考える。
エ（　）用意した答えから選ばせる場合は、数を決めない。
オ（〇）答える人にとって、答えやすい問いを作る。
カ（〇）回答をおおまかに予想し、回答のしかたを決める。

7 「放か後のすごし方」についてのアンケートで、次のようなけっかが出ました。グループに分けて、表に書きましょう。

宿題をする　六人
ゲームをする　六人
じゅくに行く　五人
公園に行く　四人

放か後のすごし方		人数
勉強をする	宿題をする	6
	② じゅくに行く	5
① 例 遊ぶ	③ ゲームをする	6
	公園に行く	4

2 ②「梅」の「毋」の部分を「母」と書かないように注意しましょう。

4 要約するときは、例などの細かい説明の部分をはぶいて、大事な内容だけをまとめます。

5 (2)雪どけ水が流れ、わらびが芽を出す春の歌です。「春になりにけるかも（春になったなあ）」という言葉から、春のおとずれをよろこぶ気持ちが感じられます。

(3)五・七・五・七・七は、文字の数ではなく、声に出して読んだときの音の数で数えます。五や七でくぎって読むと自然にリズムが感じられます。

「いにしへの」「におひぬるかな」と書いても正かいです。

(4)季語は、季節を感じる植物、動物、行事、天気などに注目してさがします。

(5)梅は、まだ雪がのこる寒い時期にさき始めます。梅が一輪さいたことにあたたかさを感じて、春が近づいてきていることを実感しているのです。

3 ①見出しは、大きな文字で、記事の内容を短い言葉で表し、読む人のきょう味をひきます。

②新聞名は、新聞の右上、または上のほうに書かれていることが多いです。

③記事の内容に合わせて、必要な写真や絵、図、表などを入れると、文字だけの記事よりも分かりやすくなります。

5 取材するときは「聞き取りメモのくふう」で勉強したことも思い出して、メモをとるとよいですね。写真をとるときは、新聞にのせることを伝えたうえで相手のきょかをとってからとりましょう。名前や数は、正かくさが大切です。記事にまちがいがないように注意しましょう。

6 アしつ問によっては、答えをいくつか用意して選んでもらうほうが答えやすい場合もあります。

エ答えをいくつか用意して「次から三つ選んでください」などと数を決めてもよいですし、「当てはまるものを全て選んでください」と数を決めずに聞いても問題ありません。場合におうじて、ふさわしいほうを選びます。

カンジーはかせの都道府県の旅2／季節の言葉2　夏の楽しみ

新しい漢字

滋　阪　徳　香　媛　佐　賀

崎　熊　鹿　沖　縄

1 □に読みがなを書きましょう。

① 大阪（おおさか）府のお城を見学する。

② 鳥取（とっとり）県の友達と徳島（とくしま）県に遊びに行く。

③ 愛媛（えひめ）県は、俳句がさかんだ。

④ 大分（おおいた）県から鹿児島（かごしま）県まで車で行く。

2 旅をした県の名物・名産品をあげました。□に県名の読みがなを、□に県名を漢字で書きましょう。

① 滋賀（しが）県の琵琶湖。

② 奈良（なら）県の大仏。

③ 香川（かがわ）県のうどん。

④ 高知（こうち）県のかつお。

⑤ 長崎（ながさき）県のちゃんぽん。

⑥ 佐賀（さが）県の有田焼。

⑦ 熊本（くまもと）県のトマト。

⑧ 沖縄（おきなわ）県のさんご。

3 あなたのちいきにある夏の行事を、一つ書きましょう。

（例 夏祭り）

4 次の俳句の季語を書きぬきましょう。

ものなくて軽き袂や衣更　高浜虚子

「季節の言葉2　夏の楽しみ」より

（衣更）

5 次の絵をさんこうに、絵の中の言葉を一つ以上使って、〈例〉にならって俳句を作りましょう。

〈例〉ささかざり　間でゆれる　ねがいごと

（例 ゆかた着て　いっしょにおどる　姉とぼく）

1 ①「阪」は「坂」と書きまちがえないように注意しましょう。①「大阪」、②「鳥取」、③「愛媛」、④「大分」「鹿児島」は特別な読み方です。

2 県名の漢字は、⑤「長崎」の「崎」、「埼玉」の「埼」など、形がにている漢字をいっしょにおぼえましょう。

3 あなたのちいきで夏に行う行事が書けていれば正かいです。

例2 きもだめし大会

例3 花火大会

4 「ころもがえ」は、季節に合わせて服を入れかえることです。ふだんの生活では、服を夏物から秋冬物にかえるときも「ころもがえ」と言いますが、俳句では冬～春の間に着ていた服を、夏物にかえることを言い、夏の季語になっています。

5 絵の中の言葉を一つ以上使って、五七五の俳句を作れていれば正かいです。

たしかめのテスト①

一つの花 ～ 季節の言葉2　夏の楽しみ

42～43ページ

おうちのかたへ

現代とはちがう時代が舞台になった物語を読むときには、その時代の様子を知っておくことが大切です。「一つの花」では、戦争中は食べ物が十分になかったこと、戦争へ行くと命を落とす場合も多かったことなどを知らないと、登場人物の気持ちを正しく読み取れなくなるからです。

文章を読んで、答えましょう。　思考・判断・表現

ところが、いよいよ汽車が入ってくるというときになって、またゆみ子の「一つだけちょうだい。」が始まったのです。

「みんなおやりよ、母さん。おにぎりを——。」

お父さんが言いました。

「ええ、もう食べちゃったんですの——。ゆみちゃん、いいわねえ。お父ちゃん、兵隊ちゃんになるんだって。ばんざあいって——。」

お母さんは、そう言ってゆみ子をあやしましたが、ゆみ子は、とうとう泣きだしてしまいました。

「一つだけ。一つだけ。」

と言って。

お母さんが、ゆみ子を一生けんめいあやしているうちに、お父さんが、ぷいといなくなってしまいました。

お父さんは、プラットホームのはしっぽの、ごみすて場のような所に、わすれられたようにさいていたコスモスの花を見つけたのです。あわてて帰ってきたお父さんの手には、一輪のコスモスの花がありました。

「ゆみ。さあ、一つだけあげよう。一つだけのお花、大事にするんだよう——。」

ゆみ子は、お父さんに花をもらうと、キャッキャッと足をばたつかせてよろこびました。

お父さんは、それを見てにっこりわらうと、何も言わずに、汽車に乗って行ってしまいました。ゆみ子のにぎっている、一つの花を見つめながら——。

今西祐行「一つの花」より

1 「みんなおやりよ、母さん。おにぎりを——。」とありますが、なぜお父さんはこのように言ったのですか。一つに○をつけましょう。　20点

ア（◯）「一つだけ」しか言えないゆみ子に「みんな」食べさせ、よろこぶすがたを見たかったから。

イ（　）「一つだけ」でなく「みんな」食べさせないと、ゆみ子が泣きだしてお母さんをこまらせるから。

ウ（　）「一つだけ」あげても、ゆみ子はまたすぐに「一つだけ」とおねだりするとあきらめていたから。

2 「ゆみちゃん、いいわねえ。……ばんざあいって——。」と言ったとき、お母さんはどんな気持ちでしたか。一つに○をつけましょう。　20点

ア（　）ゆみ子の「一つだけちょうだい。」が始まるとうるさいので、ゆみ子の気をまぎらわしたい。

イ（　）お父さんが兵隊になって戦争に行ってしまうことを、なんとかゆみ子に分からせたい。

ウ（◯）さい後のわかれかもしれないときに、お父さんにゆみ子の泣き顔を見せたくない。


できたらスゴイ！

3 「お父さんが、ぷいといなくなってしまいました。」とありますが、お父さんはどうするために、何をしていたのですか。二十五字以内で書きましょう。　20点

例 ゆみ子にあげるために、コスモスを取りに行っていた。

よく出る

4 「お父さんは、それを見てにっこりわらうと」とありますが、お父さんはなぜわらったのですか。　20点

ア（　）たった一輪のコスモスの花で、ゆみ子をうまくごまかせたことに、満足したから。

イ（◯）ゆみ子がコスモスの花をもらってよろこんだことに、安心したから。

ウ（　）ゆみ子をなだめなければならないお母さんの苦労をへらすことができて、うれしかったから。

考えを書こう

5 「ゆみ子のにぎっている、一つの花を見つめながら——。」とありますが、このときお父さんはどんなことをねがっていたと思いますか。　20点

（例 ゆみ子がぶじに大きくなって幸せになること。）

---

1 お父さんは、せめてゆみ子とのわかれのときくらいは、ゆみ子に思うぞん分食べさせてよろこばせてあげたいと思ったのでしょう。

2 「お母さんは……あやしましたが、ゆみ子は、とうとう泣きだしてしまいました。」に注目します。お母さんは、これまでどうにかゆみ子を泣かせないようにあやしていたのだと分かります。

3 直後の段落の内容を読み取ってまとめます。
例2 ゆみ子にわたすため、コスモスの花を取りに行った。
例3 ゆみ子を泣きやませるため、コスモスを取りに行った。

4 「それを見て」の「それ」とは、お花をもらったゆみ子が「キャッキャッと足をばたつかせてよろこ」んだ様子を指します。
ゆみ子とのわかれのときに、ゆみ子がわらってくれたことをうれしく思って、お父さんはにっこりしたのです。

5 お父さんは、汽車に乗って戦争に行くのです。戦争へ行けば、生きて帰ってこられないかもしれません。そのわかれの時に、ゆみ子を見つめながら旅立っていったことから、このときのお父さんは、ゆみ子のしょう来や、ゆみ子の幸せだけをねがっていたと考えられます。
例2 ゆみ子が元気に大きくなること。
例3 戦争が終わって、ゆみ子がたくさん物をもらえる時代が来ること。

たしかめのテスト② 44~45ページ

一つの花 ～ 季節の言葉2 夏の楽しみ

1 読みがなを書きましょう。 一つ2点(20点)

① 配給（はいきゅう）のお米。
② 軍歌（ぐんか）を歌う。
③ 一輪（いちりん）の花。
④ 社長の田中 氏（し）。
⑤ 百貨店（ひゃっかてん）の商品。
⑥ 大がたの 台風（たいふう）。
⑦ 奈良（なら）公園のしか。
⑧ 工夫（くふう）して作る。
⑨ 大分（おおいた）県の料理。
⑩ 七月 一日（ついたち）。

2 □に漢字を、（ ）に漢字と送りがなを書きましょう。 一つ2点(20点)

① ご［飯］（はん）を食べる。
② ［兵隊］（へいたい）になる。
③ ［健康］（けんこう）な体。
④ つまと［夫］（おっと）。
⑤ 人の消化［器官］（きかん）。
⑥ ［梅］（うめ）の花びら。
⑦ ［徳島］（とくしま）県の山。
⑧ ［熊本］（くまもと）県の名産。
⑨ 子どもが（泣く）（なく）。
⑩ 天気が（良い）（よい）。

3 思考・判断・表現

下の新聞の図を見て答えましょう。 一つ5点(10点)

四の二新聞	
四年生遠足へ！	クラスの花だんについて
遠足の写真	アンケート

① 「四年生遠足へ！」のように、記事の内容を短い言葉で表したものを何といいますか。（見出し）

② 記事の大きさと、新聞に入れる場所を決めることを何といいますか。（わり付け）

4 （ ）に当てはまるつなぎ言葉を［ ］から選んで、記号を書きましょう。（記号は一度しか使えません。） 一つ4点(24点)

① 話題のえいがを見た。（カ）、つまらなかった。
② 今日は野球をしますか。（ウ）、サッカーをしますか。
③ わたしは音楽がすきだ。（エ）、ピアノを習っている。
④ 兄は十四さいです。（イ）、中学生です。
⑤ 今日はよい天気ですね。（ア）、遠足はいつですか。
⑥ ぼくは肉料理がすきだ。（オ）、魚料理もすきだ。

［ア ところで イ つまり ウ それとも エ だから オ また カ しかし］

5 次の短歌と俳句を読んで、答えましょう。

A 君がため春の野に出でて若菜摘む我が衣手に雪は降りつつ　光孝天皇

B 夏河を越すうれしさよ手に草履　与謝 蕪村

C 雀の子そこのけそこのけ御馬が通る　小林 一茶

「短歌・俳句に親しもう（一）」より

① Aの短歌から、五・七・五・七・七の言葉の調子に合っていない部分を、平がなで書きぬきましょう。(5点)（はるののにいでて）

② Bの俳句から、季語（季節を表す言葉）を書きぬきましょう。(6点)（夏河）

③ Cの俳句に「雀の子そこのけ」とありますが、なぜその場をはなれたほうがよいのですか。(15点)
（例 馬が通るので、その場にいたらあぶないから。）

3 ①「見出し」は、多くは記事の前などに、大きく目立つ文字で書かれます。
②「わり付け」は、どの記事を大きくあつかうか、どんな写真や図を入れるかなどもふまえて考えます。

4 前の文と後ろの文がどんな関係でつながっているかを考えて、つなぐ言葉を選びましょう。

5 ①「春の野に出でて」の部分は五・七・五・七・七の最初の七の部分に当たりますが、声に出して読むと八音あります。
②夏の河を、草履を手に持ってはだしでこえると、水がつめたくてうれしさを感じているという俳句です。
③「そこのけ」とは、「そこをおどきなさい」という意味です。馬が通るところに雀の子がいるので、そのままそこにいたらあぶないと思い、「そこのけそこのけ」と言っているのです。
例2 馬が通るので、けがをするかもしれないから。
例3 馬に雀の子がふまれるといけないから。

じゅんび 46~47ページ

本のポップや帯を作ろう／神様の階段

かきトリ 新しい漢字

熱	働	栄	養	満
教科書108ページ	112ページ	113ページ	113ページ	114ページ
ネツ あつい 15画	ドウ はたらく 13画	エイ さかえる 9画	ヨウ やしなう 15画	マン みちる・みたす 12画

1 （ ）に読みがなを書きましょう。

① 田植えを 手伝（てつだ）う。
② 一年の 春夏秋冬（しゅんかしゅうとう）。

●読み方が新しい字 ◆特別な読み方の言葉

2 □に漢字を書きましょう。

① ［熱帯］（ねったい）の島。
② ［栄養］（えいよう）がある。

本のポップや帯を作ろう

3 （ ）に漢字と送りがなを書きましょう。

① 田んぼで（働く）（はたらく）。
② 水が（満ちる）（みちる）。

4 本を読むとき、どんなことを考えながら読むとよいですか。［ ］から選んで書きましょう。

① この先、何が起こるのかと（予想）する など、
（問い）をもちながら読む。
② 分からない言葉に気をつけ、前後の文章から考えたり、（国語辞典）で調べたりする。
③ 気になるところを読み返したり、むずかしいところは読む（速さ）をかえて読んだりする。

［国語辞典 問い 速さ 予想］

5 ポップの例を読んで、問題に答えましょう。

① あなたも 歩いてみよう 「神様の階段」

「神様の階段」　今森光彦

② 自分もインドネシアのバリ島を歩いているような気持ちになれる本。「神様の階段」とともに生きる人々のくらしが分かります。

(1) ①のような、人の心を引きつける短い文のことを何といいますか。一つに○をつけましょう。
ア（ ）タイトル
イ（ ）スローガン
ウ（○）キャッチコピー

(2) ②の部分には、どんな内容を書いていますか。一つに○をつけましょう。
ア（○）内容のかんたんなしょうかいや感想。
イ（ ）登場人物のしょうかいと筆者の説明。
ウ（ ）書かれている話のくわしいすじと結末。

神様の階段

6 正しい意味に○をつけましょう。

① 目の前にそびえる山。
ア（ ）大きく見える。
イ（○）ひときわ高く立つ。
② 草いきれと土のにおいがする。
ア（○）夏に草むらから立ちのぼる熱気。
イ（ ）かれはてた草むらのにおい。

7 （ ）に当てはまる言葉を［ ］から選んで書きましょう。

① あせをかきながら（もくもく）と働く。
② （みるみる）うちに土をたがやす。
③ 空の色が（こくこく）とかわる。
④ みかんが（たわわ）に実る。

［みるみる たわわ こくこく もくもく］

1 ②特別な理由がないかぎり、「はるなつあきふゆ」ではなく「しゅんかしゅうとう」と読みます。

3 ①「働く」は、送りがなに注意しておぼえましょう。

5 (1)ポップには、見た人が本を読んでみたいという気持ちになるような、人の気持ちを引きつける言葉を書きます。思いつかない場合は、本文の中から心にのこった文を引用してもよいでしょう。「タイトル」は題名のこと。「スローガン」は理想や目的を短く表した言葉のことです。
(2)ポップには、どんな内容の本なのかが分かる、かんたんな説明を書きます。自分の感想もそえると、さらに本のよさが伝わります。これから本を読む人にくわしい話のすじを教えると楽しみがへってしまうので、書くのはかんたんなしょうかいだけにしましょう。

7 ①「もくもくと」は、「だまって仕事をする様子」を表します。③「こくこくと」は、「時間がたつにつれてだんだんに」という意味です。

神様の階段

❶ 文章を読んで、答えましょう。

翌朝、夜明け前に目をさまして、田んぼに行ってみた。うす暗がりの中で、アグン山が、黒々としたすがたを見せている。やみの中から、音もなく、静かにうかび上がる風景。

やがて、山のいただきから光の帯があらわれ、雲が赤くなってきた。田んぼの一まい一まいに、もえる空がうつりこむ。

土手を上っていくと、風景がこくこくとかわる。あぜ道のしなやかな曲線が、息をのむほど美しい。朝一番の光が、かがみのような水面にはんしゃして、まぶしくかがやく。

カッカカッカッ。

気温が上がると、かえるの声が谷間中にひびきわたり始めた。満ち足りた気持ちでいっぱいになったぼくは、その声を聞きながら山を下ることにした。

たわわに実った田んぼの一角で、女の人が何かをかざっている。デウィ・スリという神様をおまねきするための場所、サンガパクワンを作っているのだという。

デウィ・スリは、ふだんは山に住んでいるが、いねが実ると、田んぼにまい下りてくるのだそうだ。そこで、人々は、デウィ・スリのために小さな家を作って、花やお米やおかしをささげ、しゅうかくまでの間、そこに住んでもらう。デウィ・スリがサンガパクワンに住み着くと、必ず豊作になるという。

真っ黄色にかがやくいねの海原を下っていると、花をのせたお皿を持った女の人たちとすれちがった。これは、チャナンサリという、神様のためのおそなえ物だ。人々にとって、田んぼは、神様の住むアグン山へつづく道。

山に向かって重なるたな田は、「神様の階段」。

青い海をのぞむしゃめんで、たくさんの人に出会った。横にならんで、かけ声をかけながら、けんめいにくわで土をほっている。だれもがみんな、あせだくだ。きいてみると、これから、ここにたな田を作るのだという。

バリ島の人たちにとって、お米を作ることは、神様が住むしんせいな森に近づくこと。人々は、森が、水を育み、自分たちを生かしてくれていることを知っている。土地に対するかんしゃの心が、美しい風景を守りつづけている。

今森 光彦「神様の階段」より

この本の終わりにある「夏のチャレンジテスト」をやってみよう！

❶ 「夜明け前」とありますが、太陽の光が見え始めた様子が書かれた一文をさがし、初めの五字を書きぬきましょう。

やがて、山

❷ 「人々は、デウィ・スリのために小さな家を作って……そこに住んでもらう。」について、答えましょう。

① デウィ・スリという神様は、ふだんはどこに住んでいるのですか。四字で書きぬきましょう。

アグン山

② デウィ・スリのための「小さな家」は、何とよばれていますか。

（**サンガパクワン**）

③ デウィ・スリに「小さな家」に「住んでもらう」のは、なぜですか。

（例（デウィ・スリが住み着くと、）必ず豊作になるから。）

ヒント デウィ・スリが住み着くと、どうなるのかな。

❸ 「お皿を持った女の人たち」とありますが、お皿の上にのっていたものは何ですか。十一字で書きぬきましょう。

神様のためのおそなえ物

❹ 「神様の階段」とは、何ですか。

神様の住む山へと（**階段**）のようにつづく、段々に重なっている（**たな田**）。

❺ 文章に書かれている内容に合っているもの一つに○をつけましょう。

ア（　）バリ島の人たちは、強い力をもつ神様をおそれ、いつもおそなえ物をしている。

イ（○）バリ島の人たちは、森や土地、神様へのかんしゃの心をもって、くらしている。

ウ（　）バリ島の人たちは、お米を自分たちのためではなく、神様にささげるために作っている。

ヒント さい後の段落に注目しよう。

忘れもの／ぼくは川

忘れもの

1 詩を読んで、答えましょう。

忘れもの　高田 敏子

入道雲にのって
夏休みはいってしまった
「サヨナラ」のかわりに
素晴らしい夕立をふりまいて

けさ　空はまっさお
木々の葉の一枚一枚が
あたらしい光とあいさつをかわしている

だがキミ！　夏休みよ
もう一度　もどってこないかな
忘れものをとりにさ

迷子のセミ
さびしそうな麦わら帽子
それから　ぼくの耳に
くっついて離れない波の音

(1) 「けさ」とは、いつですか。一つに○をつけましょう。

ア（　）夏休みが始まった日の朝。

イ（　）夏休みが終わる日の朝。

ウ（○）夏休みが終わって、秋の気配を感じる朝。

(2) 「忘れもの」をしたのはだれですか。

（**夏休み**）

(3) 「ぼくの耳に／くっついて離れない波の音」とありますが、「ぼく」は夏休みにどんな思い出があるのですか。

（例 海で遊んだ思い出。）

(4) この詩は、どんな気持ちを表現したものですか。一つに○をつけましょう。

ア（○）夏休みが終わってしまったことを、ざんねんに思う気持ち。

イ（　）忘れものを早くとりに来てほしいという気持ち。

ウ（　）学校が始まって、うれしく思う気持ち。

ぼくは川

2 詩を読んで、答えましょう。

ぼくは川　阪田 寛夫

じわじわひろがり
背をのばし
土と砂とをうるおして
くねって　うねって　ほとばしり
とまれと言っても　もうとまらない
ぼくは川

真っ赤な月にのたうったり
砂漠のなかに渇いたり
それでも雲の影うかべ
さかなのうろこを光らせて
あたらしい日へほとばしる
あたらしい日へほとばしる

(1) 「じわじわひろがり／背をのばし」は、川のどんな様子を表していますか。一つに○をつけましょう。

ア（　）川の表面が、ひどく波打っている様子。

イ（　）川のはげしい流れが、ゆったりとなっていく様子。

ウ（○）川の小さな流れが、大きくなっていく様子。

(2) 川にいきおいがあることは、どこから分かりますか。詩から二行でさがし、初めと終わりの四字を書きましょう。

くねって～**まらない**

(3) 「真っ赤な月に……うろこを光らせて」の四行は、川のどんな様子を表現していますか。一つに○をつけましょう。

ア（　）いろいろな所を流れて、やがて消えていく様子。

イ（○）どんな困難があっても、決して流れることをやめない様子。

ウ（　）いろいろな季節を楽しみながら、流れていく様子。

(4) この詩はどんなことを表現したものですか。一つに○をつけましょう。

ア（○）川に人間を重ね合わせ、未来に向かって力強く生きていこうとするすがたを表現している。

イ（　）川のように自由に旅をすることへのあこがれを表現している。

ウ（　）川と人間は、切っても切れない関係であることを表現している。

---

❶ 「山のいただきから光の帯があらわれ」の「光の帯」とは、山の向こうからさしてくる太陽の光のことです。

❷ ①「ふだんは山に住んでいる」「神様の住むアグン山」とあります。

②「神様をおまねきするための場所、サンガパクワン」に注目。「サンガパクワン」という「小さな家」を作って、神様を「おまねきする」のです。

③すぐ後に「デウィ・スリがサンガパクワンに住み着くと、必ず豊作になる」とあります。

❸ 例2 お米を豊作にしてほしいから。

「これは……神様のためのおそなえ物だ」の「これ」は、「花をのせたお皿」を指しています。

❹ 「たな田」とは、山のしゃめんにそって階段のように作った田んぼのことです。人々は、たな田は山に住む神様のところへつづく階段のようなものだと感じ、大切にしているのです。「たな田」は「田んぼ」でも正かいとします。

❺ さい後の段落から、バリ島の人々が、神様や自然を大切にしながらくらしていることが伝わってきます。

1 (1)「夏休みはいってしまった」とあるので、夏休みが終わった後です。「あたらしい光」とあるので、太陽の光も秋へとへんかしつつあるのです。

(2)「ぼく」は、「夏休み」に対して「忘れものをとりに」「もどってこないかな」とよびかけています。

(3)「耳」に「波の音」がのこっていることから、「ぼく」が海での思い出を忘れられずにいることが分かります。

例2 海に行った思い出。

2 (1)川は、森などにふった雨水が少しずつ集まってじわじわ広がって大きくなっていきます。

(3)「のたうったり」、「砂漠」で「渇」きそうになったりという困難にあっても「それでも」流れつづける川の様子がえがかれています。

(4)川がだんだん成長し、困難にあいながらも「あたらしい日」へ向かって流れるすがたに、人間が未来へ向かって力強く生きていくすがたが重なります。

じゅんび 52~53ページ

あなたなら、どう言う／パンフレットを読もう

かきトリ 新しい漢字

令	位	置
教科書121ページ	123ページ	123ページ
レイ 5画	イ くらい 7画	チ おく 13画

「置」の部首は「罒（あみがしら）」だよ。

1 □に読みがなを書きましょう。

① 友達のお姉さん。（ねえ）　② 作り方を説明する。（せつめい）

◆特別な読み方の言葉

2 □に漢字を書きましょう。

① 命令（めいれい）を聞く。　② 位置（いち）がかわる。

あなたなら、どう言う

3 正しい意味に○をつけましょう。

① 対話の練習をする。
（○）理かいし合うために向き合って話すこと。
（　）複数の人で気楽に楽しく話をすること。

② たがいになっとくして行動する。
（　）自分の思いどおりになり、満足すること。
（○）他人の考えを理かいして、みとめること。

4 次の場合、どんな書い方をしたら、たがいがなっとくして、したいことができますか。□からそれぞれ選びましょう。

・お姉さんが料理を始めようとしたら、弟が台所の大きなテーブルの上に写真を広げて、整理していた。

ア　料理を始めたいから、他の場所にうつってもらえる？
イ　料理のじゃまだから、どこか他でやってよ。
ウ　写真を整理していたんだ。せっかく広げたのに…。
エ　少し待って。すぐにまとめて、向こうに行くね。

① お姉さん（ア）　② 弟（エ）

パンフレットを読もう

5 パンフレットのとくちょうとして、当てはまるものには○、当てはまらないものには×をつけましょう。

①（○）場所や物などの説明をしたり、よさを伝えたりするためのものである。
②（×）ページが多くてかさばるが、必要なじょうほうがひと通りのっている。
③（○）分かりやすいように、絵や写真と短い文章で作られている。

6 パンフレットを読むときには、どんなことに気をつけて読めばよいですか。□から選んで書きましょう。

①（知りたい）ことに合わせて、パンフレットの（どこ）を読めばいいのかを考える。
② パンフレットが作られた（目的）や、（見てもらう）相手はだれかをおさえて読む。

見てもらう　知りたい　どこ　目的

7 パンフレットの例を読んで、問題に答えましょう。

文化祭へようこそ！

ア 体育館でのイベント
10:00　えんげき部「かぐやひめ」
○○○○　○○○
○○　○○○○○
12:00　合唱（しょう）部コンサート
14:30　ダンス部発表
○○○○○　○○○○

イ 各（かく）学年の出し物
一年生…○○○○　○○○
二年生…○○○○○
三年生…○○○○　○○

ウ ●こまったときは？
・トイレはどこですか
・荷物をあずけたい
・具合が悪い（保（ほ）健室）

(1) このパンフレットでは、どんな工夫がされていますか。当てはまるものには○、当てはまらないものには×をつけましょう。
①（○）必要におうじて図が入っている。
②（○）見出しが大きな文字で書かれている。
③（×）きれいなイラストが多数のっている。

(2) 体調が悪くなったときは、ア～ウのどこを読めばよいですか。記号で答えましょう。（ウ）

じゅんび 54~55ページ

どう直したらいいかな／いろいろな意味をもつ言葉

かきトリ 新しい漢字

漁	浴	欠	卒	単	結	果
教科書127ページ	127ページ	129ページ	129ページ	129ページ	129ページ	129ページ
ギョ・リョウ 14画	ヨク あびる・あびせる 10画	ケツ かける・かく 4画	ソツ 8画	タン 9画	ケツ むすぶ 12画	カ はたす・はてる・はて 8画

径	副	臣	街	灯
129ページ	129ページ	129ページ	129ページ	129ページ
ケイ 8画	フク 11画	シン・ジン 7画	ガイ まち 12画	トウ 6画

「副」と「福」の使い分けに注意！

1 □に読みがなを書きましょう。

① 海水浴場へ行く。（かいすいよくじょう）　② 兄の卒業式。（そつぎょうしき）
③ 人気作家の単行本。（たんこうぼん）　④ 副大臣になる。（ふくだいじん）

2 □に漢字を書きましょう。

① 漁業（ぎょぎょう）の町。　② 出欠（しゅっけつ）を取る。
③ 試合の結果（けっか）。　④ 直径（ちょっけい）三メートル
⑤ 大通りの街灯（がいとう）。

どう直したらいいかな

3 三年生に向けて書いた次の文章を読んで答えましょう。

ダンスクラブは、げんざい12名で毎週火曜日にダンスの練習をしています。春と秋の学芸（げい）会でのダンス発表が主な活動です。ダンス未経（みけいけん）験者も、上級生が親切に教えてくれるので、心配ありません。音楽に合わせて体を動かすのは、とても楽しいよ。ぜひダンスクラブを見学しに来てください。

(1) この文章を、内容（よう）のまとまりごとに三つの段（だん）落に分けるとき、二つ目の段落、三つ目の段落の初めの五字を書きましょう。
二つ目の段落……ダンス未経
三つ目の段落……ぜひダンス

(2) 「ダンス未経験者」を、三年生に分かるような、やさしい言い方に書き直しましょう。
（例 ダンスをやったことがない人）

(3) 「楽しいよ」を「です・ます」の形に直しましょう。
（楽しいですよ）

いろいろな意味をもつ言葉

4 □に入る言葉を平がなで書きましょう。

① 計画を□。ビルを□。はらを□。手がらを□。（たてる）
② かぎを□。めがねを□。電話を□。ブレーキを□。（かける）

5 絵をヒントにして、「つく」という言葉を使って、言葉遊びの詩を作りましょう。

例 暗いお部屋に　電気つく　例 青いトマトに　色がつく

① 時間どおりに（例 駅につく）

② 大事な書類に（例 はんこつく）

4
お姉さんにも弟にも、それぞれやりたいことや考えがあります。相手を気づかいながら対話し、たがいの考えが理かいできれば、なっとくできることもふえますね。

5
②パンフレットは、少ないページで、手軽に持ち運べるようにできています。

7
(1)①「トイレ」や「保（ほ）健室」などの場所をしめすための図が入っています。
②「体育館でのイベント」など、見出しは大きな文字で書かれているので、知りたい内容（よう）がどこに書いてあるか、すぐに分かります。
③パンフレットには、必要におうじてイラストを入れることもありますが、ここでは入っていません。
(2)パンフレットを読むときは、見出しを見て、自分の知りたいことがどこに書いてあるかをさがしましょう。「体調が悪くなったとき」は、ウの「こまったときは？」の部分を読むとよいと分かります。

1
③「単行本」とは、全集の中の一さつではなく、一さつだけでしゅっぱんされる本のこと。新聞などで連（れん）さいされていたものを一さつにまとめたものも「単行本」とよばれます。

3
(1)次の三つに分けると読みやすくなります。
・ダンスクラブの活動内容。
・ダンスクラブのよいところ。
・よびかけ。
(2)文章を書いた後は、読む人にとって分かりやすいかをたしかめましょう。相手にとってむずかしい言葉はかんたんな言葉に直します。
例2 ダンスが初めての人
(3)一つの文章の中では、「です・ます」と「だ・である」のどちらかにそろえましょう。

4
それぞれどのように意味がちがうか、考えてみましょう。

5
「つく」という言葉を使って、イラストに合う言葉が書けていれば正（せい）かいです。
①例2 目的地につく
②例2 いんかんをつく・はんをつく

じゅんび 56~57ページ

ローマ字を使いこなそう／漢字の広場③

かきトリ 新しい漢字

教科書131ページ	131ページ	130ページ	130ページ	130ページ	130ページ
英 エイ 8画	参 サン まいる 8画	唱 ショウ となえる 11画	塩 エン しお 13画	治 ジ・チ おさめる・おさまる なおる・なおす 8画	刷 サツ する 8画

1 □に読みがなを書きましょう。

① 学習の 参考（さんこう）にする。 ② 市の 治水（ちすい）事業。

2 □に漢字を書きましょう。

① 英語（えいご）の発音。 ② 合唱（がっしょう）団に入る。 ③ 塩気（しおけ）が強い。 ④ 写真の 印刷（いんさつ）。

ローマ字を使いこなそう

3 次のものについて、ローマ字で書くことが多いものは○を、ローマ字では書かないものは×を書きましょう。

①（×）外国人用の地図で、「トイレ」や「レストラン」の場所をしめすとき。
②（○）電車の中の案内で、外国人向けに次に止まる駅の名前をしめすとき。
③（○）外国人と話をして、自分の名前を紙に書いて教えるとき。

4 次のローマ字は何と読みますか。平がなで答えましょう。

① shi（し） ② ja（じゃ） ③ chi（ち） ④ fu（ふ）

5 次の言葉を、ローマ字の二つの書き方で書きましょう。

① 中学生 tyûgakusei / chûgakusei

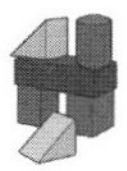

② つみき tumiki / tsumiki

6 次の場合に当てはまるのは、どちらですか。□から選んで記号で答えましょう。

① 英語が分かる人に、日本語の「花」という言葉の意味を伝えたい場合。（イ）
② 日本語が読めない人に、「花」という字の読み方を教えたい場合。（ア）

ア hana
イ flower

漢字の広場③

7 □の言葉四つと、〈　〉のつなぎ言葉一つを使い、絵を参考にして、「うらしまたろう」の初めの場面を二文で書きましょう。

悪い　助ける　着く
お礼　海岸　急ぐ
〈しかし　そこで　つまり〉

ある日のこと、カメが、

例 海岸で悪い子どもにいじめられていました。そこで、たろうは急いでカメを助けました。

たしかめのテスト 58~59ページ

忘れもの ～ 漢字の広場③

1 読みがなを書きましょう。 一つ2点（20点）

① 真っ赤（まっか）な花。 ② お姉（ねえ）さんと妹。 ③ 位置（いち）を調べる。 ④ 漁業（ぎょぎょう）がさかんな島。 ⑤ 出欠（しゅっけつ）をかくにんする。 ⑥ テストの 結果（けっか）。 ⑦ 街灯（がいとう）の明かり。 ⑧ 絵を 印刷（いんさつ）する。 ⑨ 参考（さんこう）にした本。 ⑩ 塩気（しおけ）があるスープ。

2 漢字を書きましょう。 一つ2点（20点）

① 社長の 命令（めいれい）。 ② 理由（りゆう）を知る。 ③ 海水浴（かいすいよく）。 ④ 姉の 卒業式（そつぎょうしき）。 ⑤ 円の 直径（ちょっけい）。 ⑥ 単行本（たんこうぼん）。 ⑦ 副大臣（ふくだいじん）の話。 ⑧ 英語（えいご）を学ぶ。 ⑨ 治水（ちすい）工事。 ⑩ 言葉の 説明（せつめい）。

3 正しい意味に○をつけましょう。 一つ4点（12点）

① 夏の空の入道雲。
ア（　）空一面にうすく広がる雲。
イ（○）むくむくとわき上がったような形の雲。

② ほとばしる川の水。
ア（○）いきおいよく飛び出たり流れ出たりする。
イ（　）たいへんな速さで走りすぎる。

③ 台風の日、波がのたうつ。
ア（　）のんびりとおだやかに動く。
イ（○）苦しんで体をはげしく動かす。

4 パンフレットで「町の名産品」をしょうかいします。文字を大きくしたほうがよいものに○をつけましょう。 8点

ア 町の名産品
イ ・りんご
ウ ・もも
エ ・ジャム

ア（○）町の名産品
イ（　）りんご
ウ（　）もも
エ（　）ジャム

5 □に入る言葉を平がなで書きましょう。 一つ10点（20点）

① 写真に□　部屋を□　においが□　目に□（うつる）
② うでを□　天ぷらを□　旗を□　温度を□（あげる）

6 次の言葉を、ローマ字の二つの書き方で書きましょう。 一つ5点（20点）

① 漢字 kanzi / kanji
② 三輪車 sanrinsya / sanrinsha

---

3 ①「トイレ」「レストラン」などをそのままローマ字に直しても元の外国語と同じになるわけではないので、外国人が見ても意味が通じません。
②・③駅の名前、人の名前などの読み方をローマ字で書けば、外国の人も読むことができます。

4 ①は「し（si）」、②は「じゃ（zya）」③は「ち（ti）」、④は「ふ（hu）」の別の書き方です。教科書143ページの表で［　］でしめされている書き方は、英語の発音を参考にして作られたローマ字です。

5 ①「ちゅ」には「tyu」と「chu」、②「つ」には「tu」と「tsu」の二つの書き方があります。

6 イ「flower」は「花」という意味の英語です。ア「hana」は日本語の「はな」をローマ字にしたものです。日本語をそのままローマ字にすれば、外国の人にローマ字で日本語の読み方を伝えることができます。

1 ②「お姉さん」は特別（とくべつ）な読み方です。

3 ①夏の晴れた日によく見られる雲です。かみなり雲ともよばれ、はげしい雨をふらせることもあります。
②「ほとばしるじょう熱」などと使うこともあります。
③「兄は足をひどくぶつけて、のたうち回った」などと使います。「波がのたうつ」は、波を人間のように見立てて表現（げん）しています。

4 パンフレットなどでは、見出し（そこに何が書いてあるかを短い言葉で表したもの）に当たる部分は、読む人に分かりやすいように、大きな文字で書きます。パンフレットを読むときには、見出しを見て、自分が知りたい内容（よう）がどこに書いてあるかをさがしましょう。

6 ①「じ」には「zi」と「ji」の二つの書き方があります。②「しゃ」には「sya」と「sha」の二つの書き方があります。ローマ字を使って書く必要があるとき、どちらを使っても問題ありませんが、どちらの書き方も読めるようにしておきましょう。

じゅんび　60~61 ページ

ごんぎつね／コラム　言葉を分類しよう

がきトリ 新しい漢字

変（ヘン／かわる・かえる）9画　教科書13ページ
末（マツ／すえ）5画　13ページ
種（シュ／たね）14画　14ページ
続（ゾク／つづく・つづける）13画　15ページ
折（セツ／おる・おり・おれる）7画　21ページ
積（セキ／つむ・つもる）16画　23ページ
松（ショウ／まつ）8画　25ページ
不（フ・ブ）4画　26ページ
議（ギ）20画　26ページ
差（サ／さす）10画　27ページ
念（ネン）8画　27ページ
固（コ／かためる・かたまる・かたい）8画　30ページ
便（ベン・ビン／たより）9画　35ページ
博（ハク）12画　35ページ
浅（あさい）9画　35ページ

1 □に読みがなを書きましょう。

① 百姓家（や）のうらの道。② 小川（おがわ）が流れる。

2 □に漢字を、□に漢字と送りがなを書きましょう。

① 菜種（なたね）油　② 不思議（ふしぎ）な話。
③ 念（ねん）仏を唱える。　④ 科学博物館（はくぶつかん）
⑤ 浅い（あさい）海。　⑥ 雨がふり続く（つづく）。

3 ごんぎつね　正しい意味に○をつけましょう。

① かぜをひいてとこにつく。
ア（○）病気になってねこむ。
イ（　）つかれて休む。

② 作品をこわしたつぐないをする。
ア（○）そんをさせた相手にうめ合わせをすること。
イ（　）こわれたところを直すこと。

4 コラム　言葉を分類しよう　□の言葉を、①「物や事を表す言葉」、②「動きを表す言葉」、③「様子を表す言葉」に分けましょう。

① 物や事を表す言葉（運動会　きつね　二百）
② 動きを表す言葉（遊ぶ　泳ぐ）
③ 様子を表す言葉（暑い　赤い　きれいだ　※それぞれ順番はちがっていてもよい。）

暑い　遊ぶ　運動会　きつね
泳ぐ　赤い　きれいだ　二百

ごんぎつね

3分でワンポイント　出来事と、ごんと兵十（ひょうじゅう）の気持ちの変化を読み取ろう。

★①～③の（　）に合う言葉を□の中から選んで、記号を書きましょう。

場面	ごんと兵十の関わり
1	ごん　①（ウ）がすき。兵十の魚をにがす。 兵十　「ぬすっとぎつねめ。」とおこる。
2	兵十　おっかあが死ぬ。 ごん　自分のいたずらを②（ア）する。
5～3	ごん　③（イ）のため、兵十の家にくりや松たけを置いていく。 兵十　ごんの（③）に気づかない。
6	ごん 兵十　兵十にじゅうでうたれる。くりや松たけをくれたのはごんだったと気づく。

ア　こうかい　イ　つぐない　ウ　いたずら

1 ①「家」を「や」と読む言葉には、「大家（おおや）」「家主（やぬし）」などがあります。

2 ①「菜種」とは、菜の花の種のこと。

4 ①の「物や事を表す言葉」には、「二人」「一つ」など数字を表す言葉、「ごん」「兵十（ひょうじゅう）」など人や物の名前を表す言葉もふくまれます。

②「動きを表す言葉」は、他にも「動く」「歌う」など、たくさんあります。「動きを表す言葉」の言葉の最後の音をのばして読むと、「ウ」の音になります。（「動く」の最後の音「く」を「くー」とのばして読むと、「くう」と「ウ」の音になります。）

③「様子を表す言葉」は、最後の音が「い」または「だ」になります。

3分でワンポイント

「ごんぎつね」（新美南吉（にいみなんきち））で、ごんは、さいしょは軽い気持ちで「いたずら」をしますが、兵十のおっかあの死を知って「こうかい」し、その後「つぐない」をしようとします。兵十は、じゅうでごんをうったあとで、ごんの気持ちに気づき、こうかいします。

練習①　62~63 ページ

ごんぎつね

文章を読んで、答えましょう。

　これは、わたしが小さいときに、村の茂平（もへい）というおじいさんから聞いたお話です。

　昔は、わたしたちの村の近くの中山（なかやま）という所に、小さなお城があって、中山様というおとの様がおられたそうです。

　その中山から少しはなれた山の中に、「ごんぎつね」というきつねがいました。ごんは、ひとりぼっちの小ぎつねで、しだのいっぱいしげった森の中に、あなをほって住んでいました。そして、夜でも昼でも、あたりの村へ出てきて、いたずらばかりしました。畑へ入っていもをほりちらしたり、菜種がらのほしてあるのへ火を付けたり、百姓（しょう）家のうら手につるしてあるとんがらし（とうがらし）をむしり取っていったり、いろんなことをしました。

　ある秋のことでした。二、三日雨がふり続いたその間、ごんは、外へも出られなくて、あなの中にしゃがんでいました。

　雨があがると、ごんは、ほっとしてあなからはい出ました。空はからっと晴れていて、もずの声がキンキンひびいていました。

　ごんは、村の小川のつつみまで出てきました。あたりのすすきのほには、まだ雨のしずくが光っていました。川は、いつもは水が少ないのですが、三日もの雨で、水がどっとましていました。ただのときは水につかることのない、川べりのすすきやはぎのかぶが、黄色くにごった水に横だおしになって、もまれています。ごんは、川下の方へと、ぬかるみ道を歩いていきました。

　ふと見ると、川の中に人がいて、何かやっています。ごんは、見つからないように、そうっと草の深い所へ歩きよって、そこからじっとのぞいてみました。

　「兵十（ひょうじゅう）だな。」と、ごんは思いました。兵十は、ぼろぼろの黒い着物をまくし上げて、こしのところまで水にひたりながら、魚をとるはりきりというあみをゆすぶっていました。はちまきをした顔の横っちょうに、円いはぎの葉が一まい、大きなほくろみたいにへばりついていました。

新美 南吉「ごんぎつね」より

1 「ごんぎつね」とは、どんなきつねですか。

森の中の（あな）に住んでいて、村へ出てきては（いたずら）ばかりする、（ひとりぼっち）の小ぎつね。

2 「雨があがると」について、答えましょう。

① 雨があがったときのごんの気持ちが表れている言葉を、文章から五字で書きぬきましょう。

ほっとして

② 雨があがった様子がよく分かる表現（げん）を文章から一文でさがし、初めの六字を書きましょう。

空はからっと

3 「川は、いつもは水が少ないのですが、三日もの雨で、水がどっとましていました。」とありますが、川の水がふえたことが分かる景色をえがいた一文を文章からさがし、初めの五字を書きましょう。

ただのとき

ヒント　「ただのとき」とは、「いつも」と同じ意味だよ。

4 ごんが「見つからないように」したのは、なぜですか。一つに○をつけましょう。

ア（○）チャンスがあれば、いたずらをしようと思っていたから。
イ（　）見つかれば火縄じゅうでうたれてしまうから。
ウ（　）兵十の仕事をこっそり手伝おうと思ったから。

5 「兵十だな。」とありますが、兵十は何をしていましたか。

川の中 に入り、魚をとる はりきり を ゆすぶって いた。

6 兵十が魚とりにけんめいになっていることは、どんなところから分かりますか。

例 顔に円いはぎの葉が一まい、へばりついているところ。

ヒント　兵十はけんめいなばかりに、気づいていないことがあるよ。

1 三つ目の段落（だん）に、ごんぎつねについてしょうかいされています。

2 ②雨の間は、もずなどの鳥は木（こ）かげなどにかくれています。雨があがったので、もずが出てきて鳴いているのです。

3 「ただのとき（＝いつも）」は水につからない「すすきやはぎ」が水の中に「横だおし」になっている景色から、川の水がふえていることが分かります。

4 人に見つかってしまうと、追いはらわれたり、いたずらができなくなったりしてしまいます。

6 最後の一文に「はちまきをした顔の……へばりついていました。」とあります。兵十が、顔に葉がへばりついていることに気づかないほど、魚とりにむちゅうになっていることが分かります。

例2 顔の横っちょうに、円いはぎの葉が一まい、大きなほくろみたいにへばりついているところ。
例3 顔に葉がへばりついているところ。
例4 顔にはぎの葉がついているのに、気づかないところ。

じゅんび 66~67ページ

漢字を正しく使おう／季節の言葉３　秋の楽しみ

かきトリ 新しい漢字

倉	札	孫	功
教科書36ページ	36ページ	36ページ	36ページ
ソウ くら 10画	サツ ふだ 5画	ソン まご 10画	コウ 5画

加	牧	借
36ページ	36ページ	37ページ
カ くわえる・くわわる 5画	ボク 8画	シャク かりる 10画

1 □に読みがなを書きましょう。

① 学校の・読本。（とくほん）
② ・明後日の予定。（みょうごにち）

● 読み方が新しい字

2 □に漢字を書きましょう。

① 会社の［倉庫］（そうこ）。
② ［名札］（なふだ）を付ける。
③ ［孫］（まご）と遊ぶ。
④ 実験は［成功］（せいこう）だ。
⑤ 行事に［参加］（さんか）する。
⑥ ［牧場］（ぼくじょう）の牛。
⑦ ［英語］（えいご）を学ぶ。
⑧ ［説明］（せつめい）を聞く。

3 □に漢字と送りがなを書きましょう。

① 本を〔借りる〕（かりる）。
② 漢字を〔用いる〕（もちいる）。

漢字を正しく使おう

4 かなで書くと同じになる言葉に気をつけて、□に漢字を書きましょう。

① かわる　A 色が［変］わる。　B 母と電話を［代］わる。
② なおす　A けがを［治］す。　B まちがいを［直］す。
③ じてん　A 国語［辞典］　B 百科［事典］
④ きかん　A 消化［器官］　B じょう気［機関］車　C 夏季休業［期間］

5 言葉や文の意味に合わせて、□に送りがなを書きましょう。

・A つみきを積〔む〕。　B 雪が積〔もる〕。

季節の言葉3 秋の楽しみ

6 いくつもの読み方をもつ漢字に気をつけて、正しい読みがなを書きましょう。

① 米作（べいさく）がさかんなちいきでとれたお米（こめ）。
② げんかんの戸（と）を開けて、戸外（こがい）に出た。
③ 八月の半（なか）ば、夏休みの宿題が半分（はんぶん）終わった。

7 あなたのすきな秋の行事を一つ書きましょう。

（例 運動会）

練習② 64~65ページ

ごんぎつね

● 文章を読んで、答えましょう。

兵十（ひょうじゅう）は、今までおっかあと二人きりで、まずしいくらしをしていたもので、おっかあが死んでしまっては、もうひとりぼっちでした。「おれと同じ、ひとりぼっちの兵十か。」こちらの物置の後ろから見ていたごんは、そう思いました。

ごんは、物置のそばをはなれて、向こうへ行きかけますと、どこかで、いわしを売る声がします。

「いわしの安売りだあい。生きのいい、いわしだあい。」

ごんは、そのいせいのいい声のする方へ走っていきました。と、弥助（やすけ）のおかみさんが、うら戸口から、

「いわしをおくれ。」

と言いました。いわし売りは、いわしのかごを積んだ車を道ばたに置いて、ぴかぴか光るいわしを両手でつかんで、弥助のうちの中へ持って入りました。ごんは、そのすき間に、かごの中から五、六ぴきのいわしをつかみ出して、もと来た方へかけだしました。そして、兵十のうちのうら口から、うちの中へいわしを投げこんで、あなへ向かってかけもどりました。とちゅうの坂の上でふり返ってみますと、兵十がまだ、井戸のところで麦をといでいるのが小さく見えました。

ごんは、うなぎのつぐないに、まず一つ、いいことをしたと思いました。

次の日には、ごんは山でくりをどっさり拾って、それをかかえて兵十のうちへ行きました。

うら口からのぞいてみますと、兵十は、昼飯を食べかけて、茶わんを持ったまま、ぼんやりと考えこんでいました。変なことには、兵十のほっぺたに、かすりきずがついています。どうしたんだろうと、ごんが思っていますと、兵十がひとり言を言いました。

「いったい、だれが、いわしなんかを、おれのうちへ放りこんでいったんだろう。おかげでおれは、ぬすびとと思われて、いわし屋のやつにひどいめにあわされた。」

と、ぶつぶつ言っています。

ごんは、これはしまったと思いました。「かわいそうに兵十は、いわし屋にぶんなぐられて、あんなきずまでつけられたのか。」

新美 南吉「ごんぎつね」より

❶「おれと同じ、ひとりぼっちの兵十か。」というところから、ごんの兵十に対するどんな思いが分かりますか。一つに○をつけましょう。

ア（○）ひとりぼっちになって、兵十も自分と同じようにさびしいだろうなと同情（じょう）する気持ち。
イ（　）ひとりぼっちになった兵十は、これから自分と遊んでくれるにちがいないと期待する気持ち。
ウ（　）ひとりぼっちになった兵十は、これからどうやってくらしていくのだろうと心配する気持ち。

❷「まず一つ、いいことをした」について、答えましょう。

①「まず一つ」という言葉から、ごんのどんな気持ちが分かりますか。一つに○をつけましょう。

ア（○）これからもつぐないを続けようという気持ち。
イ（　）これからはいたずらをやめようという気持ち。
ウ（　）これで兵十にゆるしてほしいという気持ち。

ヒント「まず」は、さいしょに、という意味だよ。

②「いいことをした」とありますが、「いいこと」とはどんなことですか。二十字以内で書きましょう。

例 いわしをぬすんで、兵十にあげたこと。

ヒント 一つ前の段落（だん）で、ごんがしたことは何かな。

❸「兵十のほっぺたに、かすりきずがついています。」とありますが、なぜ、かすりきずがついたのですか。

ごんがうなぎの（つぐない）にしたことのせいで、兵十が（ぬすびと）と思われて、いわし屋に（ひどいめ）にあわされたから。

❹ 兵十のかすりきずのわけを知ったごんは、どんな気持ちになりましたか。一つに○をつけましょう。

ア（○）兵十に悪いことをしてしまったと、すまなく思う気持ち。
イ（　）兵十にしたいことを、台なしにしたいわし屋におこる気持ち。
ウ（　）自分がいわし屋になぐられなくてよかったという気持ち。

❶ ごんは、兵十（ひょうじゅう）も「おれと同じ、ひとりぼっち」だと感じています。「ひとりぼっち」という言葉からは、一人でいるのはさみしいという気持ちが感じられます。

❷ ①「まず一つ」の「まず」は「さいしょに」という意味なので、ごんはこの後も二つ目、三つ目の「いいこと」をしようと思っていることが分かります。

②一つ前の段落（だん）の内容（よう）を読み取ってまとめます。「いわしを兵十にあげた」ことが書けていれば正（せい）かいです。

例2 いわしを、兵十のうちへ投げこんだこと。

❸ すぐ後の兵十のひとり言の内容を読み取ります。

・ごんがいわしを兵十のうちに投げた。
←
・いわし屋は、兵十のうちにぬすまれたいわしがあるのを見つけて、兵十が「ぬすびと」だと思った。
←
・いわし屋が兵十を「ひどいめ」にあわせた（ほおにかすりきずができた）。

❹ ごんは「これはしまった」「かわいそうに」と思っています。自分では、いいことをしたつもりでしたが、いわしをぬすんだせいで兵十が「かわいそう」なめにあい、「しまった」と思っているのです。

❸ ②「用いる」は、使用するという意味です。送りがなにも注意しましょう。

❹ ①「変わる」は変化する場合、「代わる」は、その役わりを他のものがする場合に使います。

③「辞典」は、言葉の意味などを説明した本、「事典」は、物事の内容を説明した本です。

❺「積む」は、だれか（何か）がそれを積み重ねること、「積もる」は、それがひとりでに積み重なっていくことです。

❻ 漢字には、いくつもの読み方をもつものがあります。①「米」を「べい」と読む言葉には、「日米（にちべい）」などがあります。②「戸」を「こ」と読む言葉には「一戸建て（いっこだ）」などがあります。

❼ あなたの知っている秋の行事が書けていれば、正かいです。

例2 もみじがり　例3 秋祭り

じゅんび 68~69ページ

クラスみんなで決めるには

かきトリ 新しい漢字

教科書43ページ 挙 キョ あげる・あがる 10画

44ページ 協 キョウ 8画

45ページ 極 キョク 12画

46ページ 求 キュウ もとめる 7画

1 □に漢字を書きましょう。

① 家族で［協力（きょうりょく）］する。 ② ［積極的（せっきょくてき）］な発言。

2 □に漢字と送りがなを書きましょう。

① 手を［挙げる（あげる）］。 ② 意見を［求める（もとめる）］。

3 話し合いのしかたをまとめました。□に当てはまる言葉を□から選んで、記号を書きましょう。

▼役わりを決め、目的と（①）をたしかめる。

（②）（司会・記録係・時間係）
多くの参加者が発言できるようにする。
意見を整理しながら進行する。

（③）議題について、理由とともに提案する。

（④）進行にそって、自分の立場や考えを発言する。

▼話し合いの（⑤）をする。

（②）前もって（⑥）を立てる。

（③）目的や（①）におうじて考えをまとめておく。

▼（⑥）にしたがって話し合う。

ア 提案者	イ 司会グループ	ウ 参加者
エ じゅんび	オ 進行計画	カ 議題

①（カ） ②（イ） ③（ア） ④（ウ）
⑤（エ） ⑥（オ）

4 次の話し合いを読んで、問題に答えましょう。

司会 ①今日は、学芸会で行う出し物について話し合います。②初めに提案者五人に意見を出してもらいます。その後、提案についての意見を聞きます。では、Aさんから提案をおねがいします。

提案者A はい。ぼくは、みんなで合唱するのがよいと思います。音楽のじゅ業でもやったことがあるので、うまくできると思います。

司会 次に、Bさんお願いします。

提案者B わたしも、Aさんと同じく合唱がいいと思いました。人気の歌手グループの歌を歌いたいです。

司会 Cさんはいかがですか。

提案者C クラスで大きな絵をかいて体育館にかざるのがよいと思います。みんなで協力して一つのものを作るのは、よいけいけんになると思います。

…

司会 ③全部で四つの案が出ました。これらについて意見がある人はいますか。――④意見が出ないようなので、はんで相談する時間を二分間取ります。――では、Dさん、お願いします。

参加者D □。

(1) ――①~④の司会の発言は、どんな役わりをしていますか。□から選んで記号を書きましょう。

①（ウ） ②（ア） ③（エ） ④（イ）

ア どのように話し合いを進めるかを説明している。
イ 意見が出ないときに、相談する時間を取っている。
ウ 初めに議題をたしかめている。
エ それまでの話の流れをまとめている。

(2) 提案者A~Cで、理由とともに案を言っているのは、だれですか。全てさがして、記号で答えましょう。

（A（さん） C（さん））
※順番はちがっていてもよい。

(3) 参加者Dの立場から発言するとして、意見の言い方としてよいもの一つに○をつけましょう。

ア（ ）ぼくは、なんとなくCさんにさんせいです。
イ（ ）どうして学芸会で出し物をするのですか。
ウ（○）ぼくは、Cさんの意見にさんせいです。体育館を使う人もよろこんでくれると思います。
エ（ ）合唱なんかうまくできる気がしないなあ。

2 ①「よく見えるようにしめす」場合は、「上げる」ではなく「挙げる」を使います。他に「例を挙げる」などと使います。

3 話し合いの流れと、「司会グループ」「提案者」「参加者」の役わりをつかんでおきましょう。

話し合いは、まず目的と議題をたしかめ、進行計画を立てる、自分の考えをまとめておく、などのじゅんびをしてから行います。

4 (2)提案者Aは「音楽のじゅ業でも……うまくできる」、提案者Cは「みんなで協力して……よいけいけんになる」と、それぞれ自分の案がよいと思う理由を説明しています。提案者Bは、なぜ合唱がよいのかを説明していません。

(3)アは、提案者Cにさんせいする理由を言っていません。イは、議題からずれた話をしています。ウは、理由をそえて、自分の意見を言えています。エは、反対（またはさんせい）意見を言いたいのか、しつもんをしたいのか、はっきりしません。

たしかめのテスト①

70〜71ページ

ごんぎつね 〜 クラスみんなで決めるには

おうちのかたへ

物語で、登場人物の場面ごとの気持ちが読み取れるようになったら、次は、人物の気持ちの変化や人物どうしの関係の変化を読み取る力をつけていきましょう。人物の気持ちの変化、関係の変化は、物語の展開に大きな影響を与え、物語の主題につながっていきます。

文章を読んで、答えましょう。　思考・判断・表現

その明くる日も、ごんは、くりを持って、兵十（ひょうじゅう）のうちへ出かけました。兵十は、物置で縄をなっていました。それで、ごんは、うちのうら口から、こっそり中へ入りました。

そのとき兵十は、ふと顔を上げました。と、きつねがうちの中へ入ったではありませんか。こないだ、うなぎをぬすみやがったあのごんぎつねめが、またいたずらをしに来たな。

「ようし。」

兵十は立ち上がって、なやにかけてある火縄じゅうを取って、火薬をつめました。そして、足音をしのばせて近よって、今、戸口を出ようとするごんを、ドンとうちました。

ごんは、ばたりとたおれました。兵十はかけよってきました。うちの中を見ると、土間にくりが固めて置いてあるのが、目につきました。

「おや。」

と、兵十はびっくりして、ごんに目を落としました。

「ごん、おまい（おまえ）だったのか、いつも、くりをくれたのは。」

ごんは、ぐったりと目をつぶったまま、うなずきました。

兵十は、火縄じゅうをばたりと取り落としました。青いけむりが、まだつつ口から細く出ていました。

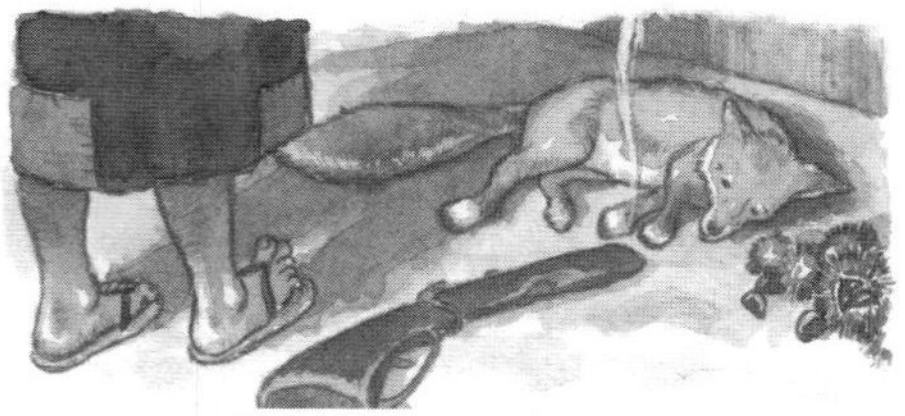

新美 南吉「ごんぎつね」より

1　「その明くる日も」の「も」から、どんなことが分かりますか。　10点

（例 前の日にも、ごんがくりを兵十のうちに持っていったこと。）

できたらスゴイ!

2　兵十がごんをよく思っていないことが分かる言葉を、文章から十九字で書きぬきましょう。　15点

うなぎをぬすみやがったあのごんぎつねめ

3　「ようし。」とありますが、このときの兵十はどんな気持ちでしたか。一つに○をつけましょう。　15点

ア（　）ごんのいたずらを、この目でたしかめてやろう。
イ（○）いたずらばかりするごんを、やっつけてやろう。
ウ（　）いたずらをしに来たごんを、びっくりさせてやろう。

4　「おや。」について、答えましょう。　10点

①　兵十は何を見て、このように言ったのですか。

（例 うちの中に置いてあるくり。）

②　兵十はこのとき、どんなことに気づきましたか。　15点

（例 いつも、くりをくれたのがごんだったこと。）

よく出る

5　「ぐったりと目をつぶったまま、うなずきました。」とありますが、このときのごんはどんな気持ちでしたか。一つに○をつけましょう。　15点

ア（　）うなぎをぬすんだつぐないの気持ちは、兵十には分かってもらえないだろう。
イ（○）うなぎをぬすんだつぐないの気持ちを、やっと兵十に分かってもらえた。
ウ（　）うなぎをぬすんだことぐらいで自分をうつなんて、兵十はひどすぎるよ。

考えを書こう

6　「兵十は、火縄じゅうをばたりと取り落としました。」とありますが、このときの兵十はどんな気持ちだったと思いますか。兵十になったつもりで書きましょう。　20点

（例 おれにいつもくりをくれたごんをうつなんて、何ということをしてしまったのか。）

1　「明くる日も」の「も」は前に同じことがあった場合に使う言葉です。
例2 前にもごんがくりを兵十（ひょうじゅう）にあげたこと。

2　「ぬすみやがった」「ごんぎつねめ」という言葉づかいから、兵十のごんに対するいかりの気持ちが伝わってきます。

3　「ようし」は、これから何かをしようというときに使う言葉です。何をしようとしたのか、すぐ後の兵十の行動を読み取ります。

4　①すぐ前の「……が、目につきました」に注目。
例2 固めて置いてあるくり。
②すぐ後の兵十の言葉から、このとき気づいたことが分かります。
例2 いつも、ごんがくりをくれていたこと。

5　ごんは、「ごん、おまいだったのか、いつも、くりをくれたのは。」という兵十の言葉を聞いて、やっと自分のつぐないの気持ちが伝わったと思ったのです。

6　兵十は、ごんをにくらしく思ってじゅうでうってしまいます。しかし、ごんがくりをくれたことに気づいた後、兵十のごんへの気持ちは変化しています。「火縄じゅうをばたりと取り落とし」たところから、兵十のこうかいの気持ちが読み取れます。くりをくれたごんをうったことをこうかいする気持ちが書けていれば正（せい）かいです。
例2 ごんはおれにくりをくれたのに、知らずにうってしまい、ごめん。

たしかめのテスト② 72~73ページ

ごんぎつね ～ クラスみんなで決めるには

1 読みがなを書きましょう。 一つ2点（20点）

①（や）百姓家のそば。 ②（おがわ）小川の流れ。
③（つ）荷物を積む。 ④（ふしぎ）不思議な出来事。
⑤（さ）明かりが差す。 ⑥（はくぶつかん）博物館へ行く。
⑦（べいさく）米作を行う。 ⑧（こがい）戸外に出る。
⑨（こ）木かげにすわる。 ⑩（なか）五月の半ば。

2 □に漢字を、（ ）に漢字と送りがなを書きましょう。 一つ2点（20点）

① 気温の［変化］。 ② 物語の［結末］。
③［松］たけを拾う。 ④［便］せんに書く。
⑤［倉庫］のかぎ。 ⑥ 式に［参加］する。
⑦［協力］し合う。 ⑧［積極的］なしせい。
⑨ 花をふみ（折る）。 ⑩ 土を（固める）。

3 （ ）に当てはまる言葉を□から選んで、記号を書きましょう。 一つ2点（10点）

① 空が（オ）晴れあがる。
② あせが（ア）ふき出す。
③ 友達の後ろに（イ）近づく。
④ 集合時間に（エ）間に合った。
⑤ よばれた気がして（ウ）ふりかえる。

ア どっと　イ そうっと　ウ ひょいと　エ やっと　オ からっと

4 かなで書くと同じになる言葉に気をつけて、□に漢字を書きましょう。 一つ5点（20点）

① たつ　A 席を［立］つ。　B ビルが［建］つ。
② かんしん　A 見事なうで前に［感心］する。　B 弟は、音楽に［関心］がある。

5 次の文は、何についての説明ですか。□から選んで書きましょう。 一つ5点（15点）

① 紅葉を見に山などに出かけること。（もみじがり）
② すすきやだんごなどをかざって、昔のこよみの八月十五日の月を見ること。（お月見）
③ 三さい、五さい、七さいに、無事な成長を祝って神社にお参りすること。（七五三）

七五三　お月見　もみじがり

6 思考・判断・表現
次は、ア司会、イ記録係、ウ参加者の、だれの役わりですか。記号を書きましょう。 一つ3点（15点）

①（ア）ところどころで、それまでに出た意見を整理する。
②（イ）話し合いの進行の様子を、見やすく黒板に書く。
③（ア）できるだけ多くの意見が出るように工夫する。
④（ウ）自分の立場をはっきりさせ、理由とともに話す。
⑤（イ）いくつもの意見が出たときは、表などを使って分かりやすく書く。

じゅんび 74~75ページ

未来につなぐ工芸品／工芸品のみりょくを伝えよう

かきトリ 新しい漢字

未	芸	各	料	然
ミ	ゲイ	カク	リョウ	ゼン・ネン
5画	7画	6画	10画	12画
教科書47ページ	47ページ	48ページ	50ページ	52ページ

「未」と「末」は、横ぼうの長さで全くべつの漢字になるので注意しよう！

1 ＿に読みがなを書きましょう。

①（しぜん）自然の素材。 ②（つた）事実を伝える。

● 読み方が新しい字

未来につなぐ工芸品

2 □に漢字を書きましょう。

①［未来］の世界。 ② すぐれた［工芸品］。
③ 日本［各地］の寺。 ④［材料］を集める。

3 正しい意味に〇をつけましょう。

① 伝統的な方法で作る。
　ア（ ）機械や電気を使わない様子。
　イ（〇）古くから受けつがれている様子。
② かんきょうへの負荷。
　ア（〇）相手に負わせる重荷。
　イ（ ）重荷を下ろすこと。
③ 使いごこちがよい道具。
　ア（ ）使う人の気持ち。
　イ（〇）使ったときの感じ。

4 次の文章から、「中心となる文」を一つ選んで、記号で答えましょう。

ア みなさんは、短歌を知っていますか。イ 現代でも、たくさんの歌人（短歌を作る人）が活やくしています。ウ 今日は、短歌のみりょくをみなさんにしょうかいします。

（ウ）

工芸品のみりょくを伝えよう

5 リーフレットを作るときに大切なことをまとめました。□に入る言葉を□から選んで書きましょう。

・調べたことを整理して、文章の（組み立て）を考えて書く。
・どんなところが（みりょく）なのか、読む人に分かるように書く。
・そのよさを（具体例）を挙げながら書く。
・文章ではそうぞうしにくいものなどは、（写真や絵）を使って説明する。

具体例　写真や絵　みりょく　組み立て

未来につなぐ工芸品

3分でワンポイント

中心となる語や文を整理しよう。

★①～④の（ ）に合う言葉を□の中から選んで、記号を書きましょう。

まとまり	筆者の考え・伝えたいこと
初め	・わたしは、（① ウ）を未来の日本にのこしていきたい。
中	理由1 工芸品が、日本の（② エ）やげいじゅつを未来につないでくれること。（具体例＝奈良墨） 理由2 工芸品が、（③ イ）を未来につないでくれること。（具体例＝南部鉄器）
終わり	・工芸品をのこすことは、日本の文化やげいじゅつ、かんきょうを（④ ア）につないでいくことになる。

ア 未来　イ かんきょう　ウ 工芸品　エ 文化

4
①「立つ」は、たてにまっすぐになること、です。「立つ」は他に「柱が立つ」「波が立つ」などと使います。「建つ」は他に「家が建つ」「どうぞうが建つ」などと使います。
②「感心」は、りっぱだと感じること、「関心」はきょう味をもつことです。

5
どれも秋の行事です。「お月見」は九月ごろ、「七五三」は十一月の行事であることも、あわせておぼえておきましょう。

6
司会は、話し合いがうまく進むように調整することが主な仕事です。記録係は、話し合いで出た意見や決まったことを黒板などに書き、内容の整理を助けることが仕事です。参加者は、自分の意見を話したり、他の人の意見を聞いたりしてけつろんを出す、話し合いの主役です。それぞれの役わりをしっかりふまえて話し合いに参加することが大切です。

2
①「未」を「末」と書かないように注意しましょう。
③「各地」とは、それぞれのちいきという意味です。

4
「中心となる文」とは、筆者の考えがもっともよく表れている文、筆者の伝えたいことが書かれた文のことです。この文章は「短歌のみりょくをしょうかい」するために書いた文章だと思われるので、ウが「中心となる文」です。アはよびかけの文、イは短歌（歌人）の説明で、筆者がもっとも伝えたいことではありません。

5
「みりょく」を伝えるために「具体例」を挙げたり、「写真や絵」を使ったりして説明することが大切です。

3分でワンポイント
「未来につなぐ工芸品」（大牧圭吾）での筆者の考え、伝えたいことをまとめましょう。それぞれの段落から、中心となる語や文をさがして整理していくと、文章のおおよその要約ができます。文章を要約したものは、筆者の考え、伝えたいことをまとめた内容になるはずです。

練習 76~77ページ

未来につなぐ工芸品

❶ 文章を読んで、答えましょう。（写真はしょうりゃく）

職人は、使う人のことを大切に思い、ていねいに工芸品を作っています。わたしは、そんな職人と、職人たちが生み出す工芸品が大すきで、工芸品のよさを伝える仕事をしています。日本人の生活の変化などから、昔にくらべて工芸品を使う人がへり、職人の数も少なくなっていますが、わたしは、工芸品を未来の日本にのこしていきたいと考えています。それには、二つの理由があります。

一つ目の理由は、工芸品が、過去、げんざいと続いてきた日本の文化やげいじゅつを、未来につないでくれることです。例えば、奈良県に、「奈良墨」という工芸品があります。

奈良墨は、千年以上も前から、文字や絵をかくための道具として使われてきました。木や紙にかかれた墨は、今も消えることなくのこっていて、当時の文化をわたしたちに伝えてくれています。そして、げんざいも、書家や画家、墨で文字や絵をかくことを楽しむ人たちの中に、色合いが美しく、かきごこちのよい奈良墨を使っている人が多くいます。そうしてかかれたものは、未来に、今を伝えてくれることでしょう。茶道で使う茶わん、落語家のせんす、祭りのときのちょうちんや和だいこなども同じです。職人が作るさまざまな工芸品があるからこそ、日本の文化やげいじゅつを未来にのこせるのです。

二つ目の理由は、工芸品には、材料や作り方の面で、かんきょうへの負荷が少ないというとくちょうがあります。また、長く使えるように作られているので、ごみをへらすことにもなります。岩手県の「南部鉄器」を例に見てみましょう。ある工房では、火山岩のすなとねん土をまぜて型を作り、そこに木炭の火でとかした鉄を流しこんで（写真①）、鉄びんやふうりんなどを作ります。さびをふせぐために木炭で熱し（写真②）、仕上げにうるしをぬって色をつけるのですが、そのときに使うはけ（写真③）も、「クゴ」という植物でできています。南部鉄器は、鉄、木炭、すな、ねん土、うるし、クゴなど、自然にある素材で、電気や化学薬品を使わなくても作ることができるのです。さびにくく、じょうぶなので、五十年、百年と使い続けることができます。材料や作り方、そして長く使えるという点で、かんきょうにやさしいといえます。

大牧 圭吾「未来につなぐ工芸品」より

❶ 「わたしは、そんな職人と、職人たちが生み出す工芸品が大すき」とありますが、どんな職人がすきなのですか。

（例 使う人のことを大切に思い、ていねいに工芸品を作っている職人。）

ヒント 「そんな」の指す内容を、前からさがそう。

❷ 「工芸品を未来の日本にのこしていきたい」とありますが、その理由を次のようにまとめたとき、（　）に当てはまる言葉を文章から書きぬきましょう。

一つ目…工芸品は、日本の（文化やげいじゅつ）を未来につないでくれるから。

二つ目…工芸品は、（かんきょう）を未来につないでくれるから。

❸ 「茶道で使う茶わん、落語家のせんす、祭りのときのちょうちんや和だいこなども同じ」とありますが、どんな点が同じなのですか。一つに○をつけましょう。

ヒント 「一つ目の理由は」「二つ目の理由は」に注目。

ア（○）使うことでその時の文化を未来に伝えられる点。
イ（　）かかれた絵や文字が消えることなくのこる点。
ウ（　）色合いが美しく、かきごこちがよい点。

❹ 「工芸品には、材料や作り方の面で、かんきょうへの負荷が少ないというとくちょうがあります。」とありますが、その例として、何を挙げていますか。

（南部鉄器）

❺ 筆者の考えとして、正しいもの一つに○をつけましょう。

ア（　）工芸品を未来にのこすため、工芸品を作る職人の数をふやしたい。
イ（○）日本の文化や、かんきょうを未来につないでくれる工芸品をのこしたい。
ウ（　）工芸品を未来の日本にのこすには、工芸品を使う人をふやすことが大切だ。

❻ この文章は三つの段落でできていますが、どのような文章の組み立てになっていますか。一つに○をつけましょう。

ア（　）筆者の考え↓理由↓筆者の考え
イ（○）筆者の考え↓理由↓理由
ウ（　）理由↓筆者の考え↓例
エ（　）筆者の考え↓例↓例

❶ すぐ前に「職人は……」と筆者の考える「職人」の説明があるので、この内容をまとめます。

❷ 二つ目の段落に「一つ目の理由は……」、その次の段落に「二つ目の理由は……」と順に書かれています。

❸ 茶わんやせんすなどが「奈良墨」と「同じ」であると言っています。「奈良墨」は「当時の文化をわたしたちに伝えてくれ」るもの、「未来に、今を伝えてくれる」ものです。

❹ あとに、「『南部鉄器』を例に見てみましょう。」とあることに注目。「南部鉄器」は、「自然にある素材で……作ることができる」ので、「かんきょうへの負荷が少ない」といえます。

❺ 問い❷で見たように、筆者は「工芸品を未来の日本にのこしていきたい」と言い、二つの理由を書いています。この内容にあったイが正かいです。

❻ 一つ目の段落で「工芸品を未来の日本にのこしていきたい」という考えを言い、二つ目の段落で一つ目の理由、その次の段落で二つ目の理由を書くという組み立てになっています。

じゅんび 78~79ページ

慣用句／短歌・俳句に親しもう（二）／漢字の広場④

かきトリ 新しい漢字

教科書61ページ	61ページ	61ページ	61ページ	63ページ
仲（なか）6画	労（ロウ）7画	焼（やく・やける）12画	冷（レイ・つめたい・ひえる・ひや・さめる）7画	照（ショウ・てる・てらす・てれる）13画

1 □に読みがなを書きましょう。

① 金色（こんじき）の鳥。　② 実を結（むす）ぶ。

●読み方が新しい字

2 □に漢字を、（　）に漢字と送りがなを書きましょう。

① 仲（なか）がよい。　② 労（ろう）をねぎらう。　③ 世話を（焼く）。　④ 月が（照らす）。

慣用句

3 □に□の言葉を入れて、動物の名前を使った慣用句を完成させましょう。

①（馬）が合う　②（おうむ）返し　③（ねこ）をかぶる　④（すずめ）のなみだ　⑤（虫）の知らせ

おうむ　すずめ　馬　虫　ねこ

4 次の慣用句の意味を、□から選んで記号を書きましょう。

① 頭を冷やす（ア）　② うり二つ（ウ）　③ エンジンがかかる（イ）

ア こうふんした気持ちをおさえて、冷静にする。
イ やる気が出て、調子よく進む。
ウ 顔かたちがそっくりである。

短歌・俳句に親しもう（二）

5 次の短歌を読んで問題に答えましょう。

金色のちひさき鳥のかたちして銀杏ちるなり夕日の岡に　与謝野 晶子

「短歌・俳句に親しもう（二）」より

① 「銀杏」が、何の形に見えたのですか。短歌の中から書きぬきましょう。

（金色のちひさき鳥）

② 「夕日の岡に」という言葉は、ふつうの文と言葉の順じょがちがっています。ふつうの文にするなら、「夕日の岡に」という言葉をア～ウのどこに入れるとよいですか。（ウ）

6 次の俳句を読んで問題に答えましょう。

柿くへば鐘が鳴るなり法隆寺　正岡 子規

「短歌・俳句に親しもう（二）」より

① 季節を表す言葉（季語）を俳句の中からぬき出しましょう。（柿）

② 「鐘」は、どこから聞こえてくる「鐘」なのですか。俳句の中からぬき出しましょう。（法隆寺）

漢字の広場④

7 □の言葉を二つ使い、絵を参考にして、教室で、だれが、どんなことをしているのかを書きましょう。

指名　起立　面積　倍　問題　横

教室で、

例 ぼくが、先生に指名されて問題をといている。

2 ②「労」という漢字を使う言葉には、「労力」「苦労」などがあります。

3 ①「馬が合う」は気が合うという意味、②「おうむ返し」は相手が言ったとおりに言い返すこと、③「ねこをかぶる」は本当のすがたをかくして、おとなしそうに見せること、④「すずめのなみだ」はとても少ないことのたとえ、⑤「虫の知らせ」は悪い予感がすることです。

5 ①「銀杏」の葉を、「金色のちひさき鳥」にたとえています。
②ふつうの文では「金色のちひさき鳥のかたちして夕日の岡に銀杏ちるなり」となります。

6 ①季節を感じさせる植物、食べ物、天候、行事などをさがしましょう。

7 □の言葉を二つ使い、だれがどんなことをしているかを書けていれば正かいです。

例2 先生が、面積の問題の説明をしている。

たしかめのテスト①

80〜81ページ

未来につなぐ工芸品 〜 漢字の広場④

おうちのかたへ

説明文では、中心となる語や文をつかむことで、文章を要約し、筆者の考えをとらえることができます。「中心となる語」は、くり返し出てくる語や重要な語に注目しましょう。「中心となる文」は、具体例や細かい説明をのぞいて、筆者の考えが書かれた文をさがします。

文章を読んで、答えましょう。（写真はしょうりゃく） 思考・判断・表現

　職人は、使う人のことを大切に思い、ていねいに工芸品を作っています。わたしは、そんな職人と、職人たちが生み出す工芸品が大すきで、工芸品のよさを伝える仕事をしています。日本人の生活の変化などから、昔にくらべて工芸品を使う人がへり、職人の数も少なくなっていますが、わたしは、工芸品を未来の日本にのこしていきたいと考えています。それには、二つの理由があります。

　一つ目の理由は、工芸品が、過去、げんざいと続いてきた日本の文化やげいじゅつを、未来につないでくれることです。例えば、奈良県に、「奈良墨」という工芸品があります。奈良墨は、千年以上も前から、文字や絵をかくための道具として使われてきました。木や紙にかかれた墨は、今も消えることなくのこっていて、当時の文化をわたしたちに伝えてくれています。そして、げんざいも、書家や画家、墨で文字や絵をかくことを楽しむ人たちの中に、色合いが美しく、かきごこちのよい奈良墨を使っている人が多くいます。そうしてかかれたものは、未来に、今を伝えてくれることでしょう。茶道で使う茶わん、落語家のせんす、祭りのときのちょうちんや和だいこなども同じです。職人が作るさまざまな工芸品があるからこそ、日本の文化やげいじゅつを未来にのこせるのです。

　二つ目の理由は、かんきょうを未来につないでくれることです。工芸品には、材料や作り方の面で、かんきょうへの負荷が少ないというとくちょうがあります。また、長く使えるように作られているので、ごみをへらすことにもなります。岩手県の「南部鉄器」を例に見てみましょう。ある工房では、火山岩のすなとねん土をまぜて型を作り、そこに木炭の火でとかした鉄を流しこんで（写真①）、鉄びんやふうりんなどを作ります。さびをふせぐために木炭で熱し（写真②）、仕上げにうるしをぬって色をつけるのですが、そのときに使うはけ（写真③）も、「クゴ」という植物でできています。南部鉄器は、鉄、木炭、すな、ねん土、うるし、クゴなど、自然にある素材で、電気や化学薬品を使わなくても作ることができるのです。さびにくく、じょうぶなので、五十年、百年と使い続けることができます。材料や作り方、そして長く使えるという点で、かんきょうにやさしいといえます。

大牧 圭吾「未来につなぐ工芸品」より

よく出る

❶ 「昔」とありますが、昔とくらべて、へっているものを二つ書きましょう。 一つ10点（20点）

（工芸品を使う人）

（職人（の数））

※順番はちがっていてもよい。

よく出る

❷ 「工芸品を未来の日本にのこしていきたい」と筆者が考える理由を二つ書きましょう。 一つ10点（20点）

（例 工芸品が、日本の文化やげいじゅつを未来につないでくれること。）

（例 （工芸品が）かんきょうを未来につないでくれること。）

※順番はちがっていてもよい。

❸ 「工芸品があるからこそ、日本の文化やげいじゅつを未来にのこせる」とありますが、工芸品の「奈良墨」はなぜ「日本の文化やげいじゅつを未来にのこせる」のですか。一つに〇をつけましょう。 15点

ア（　）奈良墨は色合いが美しく、かきごこちがよいため、使っている人が多くいるから。

イ（〇）かかれたものは消えることなくのこるので、当時の文化を伝えられるから。

ウ（　）奈良墨をこのむ人は、茶わんやせんすなどの他の工芸品もこのむことが多いから。

できたらスゴイ！

❹ 工芸品についてA「材料や作り方の面で、かんきょうへの負荷が少ない」、B「長く使えるように作られているので、ごみをへらすことにもなります。」とありますが、A・Bは「南部鉄器」ではどうなのですか。それを説明した文を、それぞれ一文でさがし、初めの五字を書きましょう。 一つ15点（30点）

A 南部鉄器は

B さびにくく

考えを書こう

❺ 筆者が、この文章で伝えようとしているのはどんなことですか。（　）に合う言葉を考えて書きましょう。 15点

（例 工芸品を未来の日本にのこしていくこと）が大切だ。

❶ 「工芸品を使う人がへり」、「職人の数も少なくなって」とあります。

❷ 「一つ目の理由は……」「二つ目の理由は……」と順に書かれています。

❸ 「奈良墨」が、どのようにして「日本の文化やげいじゅつ」を「未来にのこ」しているのかを読み取ります。「かかれた墨は……当時の文化をわたしたちに伝えてくれています」という内容に合うのはイです。

❹ 筆者は、工芸品は「かんきょうへの負荷が少ない」「長く使える（ごみをへらす）」と言い、その例として「南部鉄器」を挙げています。「南部鉄器」は「自然にある素材で……作ることができる」ので、「かんきょうへの負荷が少ない」と言えます。また「さびにくく……百年と使い続けることができ」るので、「長く使える（ごみをへらす）」と言えます。

❺ この文章は、初めに筆者の伝えたいことを言い、後で一つ目の理由、二つ目の理由を言うという組み立てになっています。初めの段落から、筆者が伝えたいことをとらえましょう。筆者の伝えたいことは、「〜しよう」「〜するべきだ」「〜（て）いきたい」「〜大切だ」などの文末で書かれることが多いです。ここでは第一段落の「工芸品を未来の日本にのこしていきたい」に注目し、これを（　）に合うようにまとめます。

たしかめのテスト② 82~83ページ

未来につなぐ工芸品 ～ 漢字の広場④

1 読みがなを書きましょう。 一つ2点(8点)

① 未来（みらい）にのこす。 ② 自然（しぜん）の風景。
③ 労（ろう）をおしむ。 ④ 金色（こんじき）の仏像。

2 漢字を書きましょう。 一つ2点(8点)

① 工芸品（こうげいひん）を使う。 ② 世界各地（かくち）の湖。
③ 材料（ざいりょう）をそろえる。 ④ 仲（なか）が悪い。

3 漢字と送りがなを書きましょう。 一つ3点(12点)

① パンを焼く（やく）。 ② 体を冷やす（ひやす）。
③ 月明かりが照らす（てらす）。 ④ 晴天が続く（つづく）。

4 □に三年生で習った漢字を書きましょう。 一つ3点(12点)

① ギリシャ神話（しんわ） ② 童話（どうわ）を読む。
③ 校庭（こうてい）に集まる。 ④ 昔（むかし）の思い出。

5 慣用句の意味を□から選んで、記号を書きましょう。 一つ4点(20点)

① 心がおどる（エ） ② 世話を焼く（オ）
③ 水に流す（イ） ④ 実を結ぶ（ウ）
⑤ 借りてきたねこ（ア）

ア とてもおとなしい様子。
イ 今までのことはなかったことにして、こだわらないようにする。
ウ よい結果となってあらわれる。
エ わくわくする。
オ 進んで人のめんどうをみる。

6 思考・判断・表現 次の慣用句を使って、短い文を作りましょう。 一つ10点(20点)

① 頭をひねる
（例 むずかしい問題に頭をひねる。）

② うり二つ
（例 あの親子はうり二つだ。）

7 次の短歌と俳句を読んで問題に答えましょう。

A 晴れし空仰げばいつも
口笛を吹きたくなりて
吹きてあそびき
石川 啄木

B 柿くへば鐘が鳴るなり法隆寺
正岡 子規

C 秋空につぶてのごとき一羽かな
杉田 久女

「短歌・俳句に親しもう（二）」より

① Aの短歌に「口笛を吹きたくなり」とありますが、どんなときに口笛を吹きたくなるのですか。 10点
（例 晴れた空をあおいだとき。）

② Bの俳句は、いつの季節をよんだものですか。春、夏、秋、冬の中から答えましょう。 5点
（秋）

③ Cの俳句では、秋空を飛ぶ「一羽」の鳥が、何のように見えたのですか。俳句の中から書きぬきましょう。 5点
（つぶて）

じゅんび 84~85ページ

友情のかべ新聞

かきトリ 新しい漢字

好	最	省	課	無	側	改	周
教科書65ページ	66ページ	68ページ	69ページ	69ページ	70ページ	73ページ	78ページ
コウ このむ・すく	サイ もっとも	セイ・ショウ はぶく	カ	ム・ブ ない	ソク がわ（かわ）	カイ あらためる あらたまる	シュウ まわり
6画	12画	9画	15画	12画	11画	7画	8画

1 □に読みがなを書きましょう。

① 正反対（せいはんたい）のせいかく。 ② 正直（しょうじき）に話す。

●読み方が新しい字

2 □に漢字を書きましょう。

① 最高（さいこう）の結果。 ② 深く反省（はんせい）する。
③ 放課後（ほうかご） ④ 無理（むり）をする。
⑤ 新聞の右側（みぎがわ） ⑥ 校庭を一周（いっしゅう）する。
⑦ 学校の給食（きゅうしょく）。 ⑧ 不満（ふまん）げな顔。

3 □に漢字と送りがなを書きましょう。

① 読書が好き（すき）。 ② 考えを改める（あらためる）。

4 正しい意味に○をつけましょう。

① たいこう心をもやす。
ア（ ）相手をきらい、にくむ気持ち。
イ（○）相手に負けたくないとはり合う気持ち。
② かくしごとを知られて、うなだれる。
ア（○）悲しみやはずかしさで、うつむく。
イ（ ）反省して、あやまる。
③ 二人がもみ合う。
ア（ ）言い合って争う。
イ（○）つかみ合って争う。
④ 後ろめたさで元気がなくなる。
ア（ ）この先どうなるのか、不安に思うこと。
イ（○）自分に悪いところがあり、気がひけること。

5 □に当てはまる言葉を□から選んで書きましょう。

① しかられて（顔）をこわばらせる。
② どうしてだろうと（首）をひねる。
③ おたがいに（目）をはなせない。

首 顔 目

3分でワンポイント 場面と場面を結び付けながら読んでみよう。

★①～⑤の（ ）に合う言葉を□の中から選んで、記号を書きましょう。

始まり	二人の様子	ぼくのすいり	終わり
・仲が悪い東君と西君は、協力して①（オ）を作ることになった。	1かべ新聞が②（ア）にはられた。 2二人はいっしょにすごすようになった。 3なぜか③（ウ）を使わなかった。	1二人はけいじ板をよごし、かべ新聞でかくした。 2相手が先生に言いつけないか不安で、おたがいから④（イ）をはなせなくなった。 3後ろめたさで、油性ペンもさわりたくなかった。 ↓いっしょにいるうちに相手のことが分かった。	・二人は本当に⑤（エ）がよくなった。

ア けいじ板 イ 目 ウ 油性ペン
エ 仲 オ かべ新聞

---

5 **1** ④は「きんいろ」も正かいとします。

③【慣用句を使った例文】
「先週のけんかは水に流して、またいっしょに楽しく遊ぼう。」
④「長年の研究が実を結んだ。」
⑤「妹は、先生の前では借りてきたねこのように静かにしていた。」

6 ①「頭をひねる」は、「あれこれ考える」という意味。
例2 何を書こうかと頭をひねる。
②「うり二つ」は「顔かたちがそっくりである」という意味。
例2 わたしの兄と弟は、うり二つだとよく言われる。

7 ①「晴れし空仰げば」いつも口笛を吹きたくなると言っています。「仰げば」とは「見上げると」という意味です。
例2 晴れた空を見上げたとき。
②「柿」は秋によくとれるくだものです。
③「～のごとき」とは、「～のような」という意味で、たとえを表します。「つぶて」とは、投げた小石のことです。秋空を飛ぶ一羽の鳥が、投げられた小石のように見えたと言っています。

1 ②「直」を「じき」と読む言葉には、他に「直伝」などがあります。

3 ②「改める」は、送りがなに注意しておぼえましょう。

5 ②「首をひねる」は分からなかったり疑問に思ったりして考えこむという意味。
③「目をはなす」は、注意して見ていたものから目をそらすという意味。「目をはなせない」だと、見ていたものから目をそらすことができないという意味になります。

3分でワンポイント

「友情のかべ新聞」(はやみね かおる)は、
・東君と西君がかべ新聞を作ってから、二人の様子がいつもとちがう。
↓
・二人がかべ新聞を作ったときに何が起きたのかを「ぼく」がすいりする。
という流れになっています。

二つの場面を結び付け、二人の様子が「ぼく」のすいりとどうつながっているのかを読み取りましょう。

練習① 86~87ページ

友情のかべ新聞

文章を読んで、答えましょう。

今日、月曜日。東君と西君は、中井先生にしかられている。学芸会のじゅんびで言い争ったあげく、そのはずみで花びんをわってしまったからだ。先週も、犬とねこのどっちがいいかで大さわぎしたばかりなので、いつも以上にしかられている。

われた花びんを前に、顔をこわばらせて立っている二人。

「西君が当たって、花びんが落ちたんです。」

「それは、東君がおしたからです。」

二人の言い分に、

「東君も西君も、相手のせいにばかりして、少しも反省していないな。」

と、きびしい顔をする先生。そして、ため息をついた。

「君たちは、本当に仲が悪いな。」

先生は、とても悲しそうだ。しばらく考えてから、指を一本のばした。

「放課後、東君と西君とで協力して、かべ新聞を作りなさい。これは、君たちが仲よくなるために、先生が考えた作戦だ。」

「ええっ。」

不満げな声を上げる二人。

そして、同時に言った。

「協力なんて、無理です。」

おどろく先生。

「こういうときは、気が合うんだね。」

「あの二人が、協力ねえ。」

「無理だよ。」

「ぜったい、けんかするね。」

みんな、そんなうわさをした。

なのに、火曜日の朝、教室に入ったぼくらは、びっくりした。真新しい紙に書かれたかべ新聞のどうどうとしたすがたが、目に飛びこんできたからだ。

はやみね かおる「友情のかべ新聞」より

❶ 「いつも以上にしかられている。」とありますが、なぜですか。（　）に当てはまる言葉を文章から書きぬきましょう。

先週、犬とねこの話で（大さわぎ）したばかりなのに、また言い争ったあげく、（花びん）をわってしまったから。

❷ 「きびしい顔をする先生。」とありますが、このときの先生は、なぜおこっているのですか。（　）に当てはまる言葉を書きましょう。

花びんをわったことも悪いが、それ以上に、

（例 相手のせいにばかりして、少しも反省していない(のがよくない)から。）

❸ 「放課後、東君と西君とで協力して、かべ新聞を作りなさい。」とありますが、先生が二人に「かべ新聞」作りを命じたのは、何のためですか。

ヒント すぐ前の先生の言葉に注目しよう。

（例 東君と西君に、仲よくなってもらうため。）

❹ 「おどろく先生。」とありますが、先生はどんなことにおどろいたのですか。一つに○をつけましょう。

ア（　）二人のためになるよい提案をしたつもりだったのに、二人が不満げだったから。

イ（　）仲が悪いとはいえ、協力することさえもできないことが意外だったから。

ウ（○）仲の悪い二人が、心が通じ合っているかのように、同じ言葉を同時に言ったから。

ヒント すぐ後の先生の言葉から読み取ろう。

❺ 「あの二人が、協力ねえ。」とありますが、この言葉を言った人はどんな気持ちだったのですか。一つに○をつけましょう。

ア（○）二人は仲が悪いのだから、協力して何かをするなんて無理だろう。

イ（　）先生の言うとおり、協力して物を作ることで二人は仲よくなれるかもしれない。

ウ（　）いつも言い争っている二人が、意外にもうまく協力できそうでおどろいた。

❶ 前の「〜ので」に注目して理由をつかみます。二人が続けて問題を起こしたので「いつも以上に」しかられたのです。

❷ 二人は「西君が当たって」「東君がおした」と相手の悪いところばかりを言っています。その様子を見た先生は、「相手のせいにばかりして、少しも反省していない」と思ったのです。

❸ すぐ後で「これは、君たちが仲よくなるために、先生が考えた作戦だ。」とあります。「これ」とは、二人でかべ新聞を作ることを指しています。

❹ 先生は、すぐ後で「こういうときは、気が合うんだね。」と言っています。先生は、二人が「気が合う」様子を見せたことにおどろいたのです。

❺ 「あの二人が、協力ねえ。」という言葉は、いったいどうなるのか、疑問に感じている言葉です。「無理だよ。」「けんかするね。」と言っている人たちと同じように、うまくいかないのではないかと感じていたと思われます。

練習② 88~89ページ

友情のかべ新聞

文章を読んで、答えましょう。

そんな中、ぼくは思い切って、教室のすみで、二人に分かったことを伝えた。

すると二人は、うなだれて、それでもどこかほっとした顔で言った。

「金曜日に相談して、あやまりに行こうって決めたんだ。」

それで、今から職員室に行くところなんだ。

そうか、よかった。

そのとき、教室の後ろの方で、だれかが「たいくつだなあ。」と、大きくうでを広げて、のびをした。その手が、近くにいた女の子をおした。女の子はふらつき、かべ新聞に手をつく。

ビリリリリ。

はでな音を立てて、やぶれるかべ新聞。

そして、やぶれたかべ新聞の向こうから、緑のシートの上を走る青い線があらわれた。

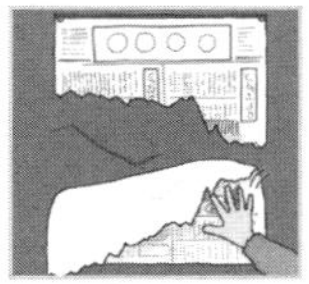

「つまり、東君と西君は、青の油性ペンで、けいじ板をよごしてしまったんだね。」

中井先生にきかれ、二人はうなずく。

ここからは、ぼくのすいりだ。

記事を書き終わり、青が好きな東君が、青い油性ペンで新聞をふち取ろうとする。それを、赤が好きな西君がいやがって、止めようとする。

もみ合う二人。手に持っていた油性ペンがけいじ板に当たって、シートにインクが付く。インクは、ぞうきんでふくだけでは落ちない。

最近の二人はしかられ続けている。それなのに、けいじ板をよごしたのが知られたら、またどれだけしかられることか。

「正直にあやまろう。」

どちらかがそう言っても、相手はさんせいしない。相手の意見に反対するのが、くせになっているからだ。どっちが悪いか言い争っているとき、見回りの先生の足音が聞こえたりしたら——。

二人は、とっさにかべ新聞でよごれをかくしてしまった。あせっていたから、ほんの少しだけ、新聞のはしからインクが見えてしまっていることに気づかなかった。

はやみね かおる「友情のかべ新聞」より

❶ 「二人は、うなだれて、それでもどこかほっとした顔で言った。」について答えましょう。

(1) なぜ「うなだれて」いたのですか。一つに○をつけましょう。

ア（○）かくしごとが知られてしまったから。

イ（　）「ぼく」にひどくおこられたから。

ウ（　）けんかしてつかれ切っていたから。

(2) なぜ「ほっとした顔」だったのですか。一つに○をつけましょう。

ア（　）「ぼく」がゆるしてくれたから。

イ（　）まだ先生には知られていなかったから。

ウ（○）もうかくしごとをしなくてよいから。

❷ 「あやまりに行こうって決めたんだ。」とありますが、どんなことをあやまりに行くのですか。

（例 油性ペンで、けいじ板をよごしてしまったこと。）

ヒント 先生の言葉から、何をあやまるのかを読み取ろう。

❸ 「やぶれたかべ新聞の向こうから、緑のシートの上を走る青い線があらわれた。」について答えましょう。

(1) 「青い線」は、どのようにして付いたのですか。それが書かれた文をさがし、初めの五字を書きぬきましょう。

手に持って

(2) 二人が「青い線」の上にかべ新聞をはったのは、何のためですか。

（例 青い線のよごれをかくすため。）

❹ 「つまり、東君と西君は、青の油性ペンで、けいじ板をよごしてしまったんだね。」の前は一行空いています。これはどんなことを表していますか。一つに○をつけましょう。

ア（　）ここから過去の話にもどること。

イ（○）ここで時間がしばらくたったこと。

ウ（　）ここから「ぼく」の空想が始まること。

❺ 「ぼくは思い切って、……分かったことを伝えた。」とありますが、「ぼく」が考えた内容が書かれているのは、どこからですか。初めの五字を書きぬきましょう。

記事を書き

ヒント 「分かったこと」＝「ぼく」がすいりしたこと。

❶ (1)「ぼく」が「分かったこと」を伝えると「うなだれ」たことに注目。

(2)かくしごとをしているときは、心が晴れないものです。「ぼく」に知られてしまい、かくしごとができなくなり、かえって気持ちが楽になったのです。

❷ 後で先生が「青の油性ペンで、けいじ板をよごしてしまったんだね。」と言っています。この前の場面で、二人は先生にそのことを話したのだと考えられます。

❸ 二人がかべ新聞を作ったときに何が起こったのか、「ぼくのすいり」から読み取ります。新聞を書いた後、二人がもみ合って、ペンでけいじ板をよごしてしまい、けいじ板のよごれをかくすために新聞を上にはったわけです。

❹ かべ新聞がやぶれ、下から青い線があらわれた場面と、後の先生が二人に話を聞く場面では話がつながっていないので、この空いている一行のところで時間がしばらくたっていて、さまざまなことが起こったのだとそうぞうできます。おそらくクラスが大さわぎになった後、先生がやってきてくわしい話を二人に聞いたのでしょう。

じゅんび　90~91ページ

もしものときにそなえよう／季節の言葉４　冬の楽しみ

かきトリ　新しい漢字

教科書84ページ

害（ガイ）10画

1 □に読みがなを書きましょう。

①豪（ごう）雨（う）にみまわれる。②元（がん）旦（たん）の行事。

●読みかたが新しい字

②「元旦」は、「一月一日」の意味でも使うけれど、本来は「一月一日の朝」のことだよ。

2 □に漢字を書きましょう。

①災（さい）害（がい）にそなえる。②必要（ひつよう）な物。

もしものときにそなえよう

3 考えを伝える文章の書き方をまとめました。□に当てはまる言葉を□から選んで、記号を書きましょう。

▼（①）を決めて調べる。
・さまざまな本や（②）を活用して調べる。
・分かったことは（③）に書き、内容ごとに分類するなどして（④）する。

▼文章の組み立てをたしかめる。
「初め」「中」「（⑤）」の組み立てで書くとよい。

▼文章を書く。
・自分の考えに合う（⑥）や例を挙げて書く。

①（オ）②（カ）③（イ）
④（ア）⑤（ウ）⑥（エ）

ア　整理　イ　カード　ウ　終わり
エ　理由　オ　テーマ　カ　インターネット

4 次の文章を読んで、答えましょう。

初め
　ぼくは、台風が近づいたら、ひなんのじゅんびをしておくべきだと考える。

中
　なぜなら、一つには風雨が強くなってからでは、ひなんに間に合わなくなるおそれがあるからだ。もう一つには地区の資料に、……（中略）

終わり
　これらの理由から、台風が近づいてきたら、ひなんの指示が出るまで待っているのではなく、早めにひなんのじゅんびを始めることが大切だと考えます。

(1)「初め」「中」「終わり」には、それぞれどんな内容が書かれていますか。□から選んで、記号を書きましょう。

初め（イ）　中（ア）　終わり（ウ）

ア　自分の考えに合う理由を書いている。
イ　自分の考えを書いている。
ウ　もう一度、自分の考えを書いている。

(2) 文章を書くときは、「です・ます」と、「だ・である」のどちらかでそろえることが大切です。上の文章の——線の部分は、どのように直せばよいですか。書きましょう。

（考える）

(3) この文章の後に書き足す内容として正しいものに、○をつけましょう。

ア（○）引用したり参考にしたりした本の説明。
イ（　）この文章を読んでくれた人の感想。
ウ（　）見た目が美しくなるようなイラスト。

季節の言葉４　冬の楽しみ

5 □の行事を、十二月の行事、一月の行事、二月の行事に分けて、記号で答えましょう。

ア　節分　イ　七草がゆ　ウ　大みそか
エ　冬至　オ　お正月

・十二月の行事……（ウ　エ）
・一月の行事……（イ　オ）
・二月の行事……（ア）

※十二月と一月の行事は、それぞれ順番はちがっていてもよい。

1
①「雨」を「う」と読む言葉には、他に「雨天（うてん）」「さんせい雨（う）」などがあります。
②「元」を「がん」と読む言葉には、他に「元日（がんじつ）」などがあります。

4
(1)自分の考えを書くときは、「〜と考える」「〜べきだ」「〜大切だ」「〜したい」などの文末が多く使われます。この文章では、「初め」と「終わり」に考えが書かれていると分かります。また、「なぜなら」は理由を表す言葉なので、「中」には理由が書かれていることが分かります。
(2)文章を書くときは、文末を「です・ます」または「だ・である」でそろえます。ここでは「考えます」を他の文に合わせて、「だ・である」にそろえましょう。
(3)本で調べたことをもとに考えを書いた場合は、最後に、引用したり参考にしたりした本の説明をそえます。

5
節分は二月三日ごろ、七草がゆは一月七日、大みそかは十二月三十一日、冬至（じ）は十二月二十二日ごろの行事です。

たしかめのテスト①

友情のかべ新聞 ～ 季節の言葉4 冬の楽しみ

92～93ページ

おうちのかたへ

この物語は、場面と場面を照らし合わせて、東君と西君の様子と「ぼく」のすいりが、どうつながっているのかを読み取ることが大切です。二人の少し不思議な行動が、実はどんな意味をもっていたのかが後になって分かるところにおもしろさの一つがあります。

文章を読んで、答えましょう。　思考・判断・表現

そして、よごれをかくした二人には、新しく心配なことができた。

相手が、先生に言ってしまうのではないかと思ったのだ。それも、「自分は悪くありません。全部、相手が悪いんです。」というように。

だから、おたがいから目をはなせなくなり、いつもいっしょにいるようになった。

その間、二人は油性ペンをさわりたくなかった。また、後ろめたさでしょくよくがなくなり、プリンを取り合わなかった。

その後――。

いっしょにいるうちに、相手がどんなやつか分かってきた。不思議なことに、二人でいるのが楽しくなってきた。無理に仲よくなろうとしたんじゃない。相手のことを知るうちに、「なんだ、そんなにいやなやつじゃないじゃないか。」そう思えてきたのだ。

そして、それで十分だった。

先生が、二人にきく。

「どうしてけいじ板がよごれたのかな。」

東君が答える。

「悪いのは、ぼくです。ぼくの持っていた油性ペンが当たったんです。」

西君も答える。

「悪いのは、ぼくです。ぼくが東君をおしたから、油性ペンが当たったんです。」

聞いていた先生は、

「君たちは、本当に仲が――。」

そこまで言って、うれしそうにほほえんだ。

放課後、二人は、けいじ板のよごれを落とす先生を手伝った。

そして、きれいになったけいじ板の上に、セロハンテープで直したかべ新聞をはった。青と赤の二重のふち取りが、ぐるっと一周しているかべ新聞だ。

そんな二人を見て、中井先生が、とくいそうに言った。

「先生の作戦は、大成功だな。」

はやみね かおる「友情のかべ新聞」より

1 「新しく心配なことができた。」とありますが、

① どんなことが「心配」だったのですか。　20点

（例 相手が、先生に「全部、相手が悪い」と言ってしまうこと。）

② 「心配なこと」ができて、二人はどんな行動を取るようになりましたか。　一つ5点(10点)

いつも（いっしょ）にいて、おたがいから（目）をはなさないようになった。

よく出る

2 「相手がどんなやつか分かってきた。」とありますが、どんなやつだと思うようになったのですか。一つに○をつけましょう。　10点

ア（　）相手は、自分とよくにているやつだ。
イ（○）相手は、自分が思っていたよりいいやつだ。
ウ（　）相手は、先生につげ口するようなやつだ。

3 「それで十分だった。」とありますが、何のために「十分」だったのですか。一つに○をつけましょう。　10点

ア（　）二人が相手のことをよく知るため。
イ（　）二人がいっしょに行動するため。
ウ（○）二人の間に友情が生まれるため。

4 「悪いのは、ぼくです。ぼくの持っていた油性ペンが当たったんです。」とありますが、ここにはどんな気持ちが表れていますか。一つに○をつけましょう。　15点

ア（　）自分がこのように言えば、西君も自分のことをかばってくれるだろう。
イ（○）自分が悪かったのだから、友達である西君をしからないでほしい。
ウ（　）二人とも悪かったのだから、二人で平等に先生からしかられるのがよい。

できたらスゴイ！

5 この物語の題名は「友情のかべ新聞」ですが、青が好きな東君と赤が好きな西君の「友情」がかべ新聞に表れていることが分かる一文をさがし、初めの五字を書きぬきなさい。　15点

（青と赤の二）

考えを書こう

6 「君たちは、本当に仲が――。」とありますが、この後に言葉を続けるとしたら、どんな言葉が入ると思われますか。　20点

（例 よくなったんだね。）

1 ①すぐ後の「相手が、先生に……というように。」に注目します。
例2 相手が、先生につげ口するかもしれないこと。

2 「そんなにいやなやつじゃないじゃないか。」に注目。

3 「無理に仲よくなろうとしたんじゃない。」に注目。「そんなにいやなやつじゃない」と思えてきただけで、仲よくなるには「十分だった」と言っているのです。

4 けいじ板は二人でよごしたのだから、二人に問題があったと思われますが、東君は「悪いのは、ぼくです。」と自分のことだけを言っています。西君は悪くないと言っているのです。

5 二人の好きな色が両方入った「青と赤の二重のふち取り」から、二人の友情が感じられます。

6 4で見たように、東君はけいじ板をよごしたことについて、自分だけが悪いと先生に言いました。その後、西君も自分が悪いのだと言っています。二人は、自分が反省すると同時に、おたがいに相手のことを気づかい、かばい合っているのです。その様子を見た先生は、二人が本当に仲がよくなったと感じたと思われます。
例2 いいんだね。

たしかめのテスト② 94~95ページ
友情のかべ新聞 ～ 季節の言葉4　冬の楽しみ

1 読みがなを書きましょう。 一つ2点(20点)

① 正反対（せいはんたい）の向き。 ② 最高（さいこう）の気分。
③ 放課後（ほうかご）の予定。 ④ 正直（しょうじき）な人。
⑤ 豪雨（う）にあう。 ⑥ 元旦（がん）の日の出。
⑦ 学芸会（がくげいかい）のじゅんび。 ⑧ 協力（きょうりょく）して作る。
⑨ 不思議（ふしぎ）なこと。 ⑩ 実験に成功（せいこう）する。

2 漢字を書きましょう。 一つ2点(12点)

① （反省）の気持ち。 ② （無理）を言う。
③ 道の（右側）。 ④ （一周）回る。
⑤ 災（害）をふせぐ。 ⑥ （作戦）を練る。

3 漢字と送りがなを書きましょう。 一つ2点(4点)

① 犬が（好き）だ。 ② 心を（改める）。

4 □に漢字を入れて、上の言葉と反対の意味をもつ言葉を作りましょう。 一つ6点(24点)

① 安心 ⇔ 不安
② 最後 ⇔ 最初
③ 海外 ⇔ 国内
④ げんいん ⇔ 結果

5 思考・判断・表現 ［　］のような考えを伝えたいとき、どんな例を挙げたらよいですか。一つに○をつけましょう。 8点

［自分の考え　災害にそなえ、ひなんするときの道順をたしかめておくことが大切だ。］

ア（○）ひなんしようとしたとき、ひなん所までの道にまよってこまった人の例。
イ（　）道順をたしかめておかなかったが、無事にひなん所に行けた人の例。
ウ（　）災害が起こったとき、ひじょう用の食べ物がなかったためにこまった人の例。

6 思考・判断・表現 ［　］の言葉を、①「理由を挙げるときの言葉」、②「例を挙げるときの言葉」に分け、記号で答えましょう。 一つ4点(8点)

［ア 例を挙げると、――。 イ ――ためである。 ウ ――が当たる。 エ 例えば、――。 オ なぜなら、――。 カ その理由の一つは、――だ。］

① イ　オ　カ ② ア　ウ　エ ※順番はちがっていてもよい。

7 次の文は、何の行事を説明したものですか。［　］から選んで書きましょう。 一つ6点(24点)

① 十二月十三日。正月に向けたじゅんびを始める日。（正月事始め）
② 十二月二十二日ごろ。一年で最も昼の時間が短い日。（冬至）
③ 一月七日。春の七種の青菜を入れたかゆを食べる。（七草がゆ）
④ 二月三日ごろ。その日に豆をまき、わざわいや病気をはらう。（節分）

［正月事始め　七草がゆ　節分　冬至］

じゅんび 96~97ページ
自分だけの詩集を作ろう／言葉から連想を広げて

ガッチリ 新しい漢字

共（とも）6画 教科書93ページ
連（れん）10画 94ページ

1 □に読みがなを書きましょう。

① 順番（じゅんばん）にならべる。 ② 関（かか）わりが深い。

2 □に漢字を書きましょう。

① 二人の（共通点）。 ② （連想）ゲーム。

3 自分だけの詩集を作ろう　次の詩を読んで、問題に答えましょう。

月　こやま峰子

雲のうんだ　たまご

(1) この詩では、「月」を何にたとえていますか。（たまご）

(2) この詩にえがかれている「月」は、次のうち、どれですか。一つに○をつけましょう。

ア（　）

イ（　）

ウ（○）

4 次の詩を読んで、問題に答えましょう。

上弦の月　堀田美幸

すっかり明けきった
青空に
うすく浮かんだ
半分だけのお月さま
もう半分を
さがしてる

(1) この詩は、一日のうちのいつごろの時間をよんだ詩ですか。一つに○をつけましょう。

ア（○）朝 イ（　）昼すぎ ウ（　）夜

(2) 「半分だけのお月さま」は、どんなことをしているようだと作者はそうぞうしているのですか。
自分の体が半分になってしまったので、
（例 もう半分をさがしている。）

5 言葉から連想を広げて　詩を作るときの手順を次のようにまとめました。□に当てはまる言葉を［　］から選んで書きましょう。

① 連想を広げる
・色、形、（大きさ）などを言葉にする。
・におい、（味）、さわった感じなどを思い出したりそうぞうしたりして言葉にする。
・何か他のものに（たとえる）。
・自分がその物になりきって、考える。

② 表現のしかたを考える
・言葉を組み合わせたり、（順序）を変えたりする。

［順序　大きさ　味　たとえる］

6 あなたが、身の回りの物の中から一つを選んで、詩を書くとしたら、何を選びますか。

（例 えんぴつ）

---

5 自分の考えに合った例を挙げることが大切です。ア→ひなん所に行くときにまよった人がいるという例があれば、読み手は「ひなんするときの道順」をたしかめたほうがよいと感じます。これが正かいです。イ→道順をたしかめなくても、ひなん所に行けるのであれば、読み手は、前もって道順をたしかめる必要はないと感じてしまいます。ウ→「ひじょう用の食べ物」とひなんの道順は、ちがう話題です。

6 「なぜなら」「ため」などは、理由を表すときの言葉です。また「例えば」は例を挙げるときの言葉です。このような言葉を知っていると、文章を読むときだけでなく、文章を書くときにも役立ちます。ウ「――が当たる。」は、「ぼくは、夏野菜が好きだ。トマト、きゅうりなどがそれに当たる。」などの形で、例を挙げるときに使うことができます。

3 (1)「月」という題名で、「月」を短いひと言で表現した詩です。「月」は、「雲のうんだ　たまご」のようだとたとえています。

(2)「雲のうんだ　たまご」という言葉から、雲のそばに、たまごがころがるように月がうかんでいる情景が思いうかびます。たまごにたとえられているので、その月のすがたは丸い形です。

4 「上弦の月」とは、西の空にうかぶときの半月の形を弓に見立てた場合に、弓の弦の部分が上にくる月のことです。

(1)「(夜が)明けきった」という言葉から、朝の情景だと分かります。

(2)「半分だけのお月さま」とは、半月のことです。体が半分しかないので、「もう半分」を「さがしてる」のですね。答えの文末は「～こと。」「～ている。」「～ようだ。」のどれであっても正かいです。

5 詩は、自由に連想を広げて書けばよいですが、連想につまったら、ここにまとめてあるようなことをヒントにするとよいでしょう。

じゅんび 98~99ページ

熟語の意味／漢字の広場⑤

かきトリ 新しい漢字（教科書97ページ）

願　望　失　辺　低　敗　老

底　票　陸　管　衣

「底」は、下の横ぼうをわすれずに書こう！

1 □に読みがなを書きましょう。

① 木刀（ぼくとう）を手に持つ。　② 竹林（ちくりん）を歩く。

③ 母からの伝言（でんごん）。　④ 車で右折（うせつ）する。

2 □に漢字を書きましょう。

① 願望（がんぼう）がかなう。　② 駅の周辺（しゅうへん）。

③ 勝敗（しょうはい）が決まる。　④ すぎの老木（ろうぼく）。

⑤ 開票（かいひょう）結果　⑥ 太い血管（けっかん）。

熟語の意味

3 熟語の意味を書きましょう。

（訓を手がかりにして）

① 新年（新しい年）

② 無力（力がない）

③ 親友（親しい友）

④ 最強（最も強い）

（漢字の組み合わせを手がかりにして）

⑤ 飲食（飲む・食べる）

⑥ 強弱（強い・弱い）

⑦ 海底（海の底）

⑧ 乗車（車に乗る）

漢字の意味から、熟語の意味をそうぞうできるね。

漢字の広場⑤

4 次の熟語は、どのような漢字の組み合わせでできたものですか。□から選んで、記号で答えましょう。

① 読書（エ）　② 道路（ア）

③ 問答（イ）　④ 赤飯（ウ）

⑤ 習字（エ）　⑥ 右手（ウ）

ア にた意味をもつ漢字の組み合わせ

イ 反対の意味をもつ漢字の組み合わせ

ウ 上の漢字が、下の漢字を修飾する関係にある組み合わせ

エ 「——を」「——に」に当たる意味の漢字が下に来る組み合わせ

5 □の言葉を三つ使って、どこで、どんな人が、どんなことをしているのかを書きましょう。

写真　二階　勉強　漢字　洋服　整理

例 二階で、両親が洋服の整理をしています。

じゅんび 100~101ページ

風船でうちゅうへ／つながりに気をつけよう

かきトリ 新しい漢字（教科書101ページ〜116ページ）

完　験　別　残　希　努　束

巣　産　候　察　特　兆　億

鏡

1 □に読みがなを書きましょう。

① 野鳥（やちょう）の観察。　② 自（みずか）ら光る星。

2 □に漢字を書きましょう。

① 理科の実験（じっけん）。　② 残念（ざんねん）な結果。

③ 努力（どりょく）の成果。　④ 約束（やくそく）を守る。

⑤ 天候（てんこう）が悪い。　⑥ 三千億（おく）円

風船でうちゅうへ

3 正しい意味に○をつけましょう。

① そうちを回収する。

ア（　）あちらこちらを回ってたくさん集めること。

イ（○）手元からはなれた物を取りもどすこと。

② 実験が順調に進む。

ア（　）予想どおりの結果が出ること。

イ（○）物事が調子よくゆくこと。

③ 試行錯誤を重ねる。

ア（○）何度も失敗しながら、かい決法を見つけること。

イ（　）あれこれをやってみてもうまくいかないこと。

つながりに気をつけよう

4 次の文を、①・②の意味になるように、読点を一つ打って書きましょう。

わたしは必死で走る弟を追いかけました。

① 「必死」なのは「わたし」。

（わたしは必死で、走る弟を追いかけました。）

② 「必死」なのは「弟」。

（わたしは、必死で走る弟を追いかけました。）

風船でうちゅうへ

3分でワンポイント

内容のまとまりごとに整理しよう。

★①〜④の（　）に合う言葉を□の中から選んで、記号を書きましょう。

初め	中（きっかけ）	中（実験）	中（成功）	終わり
カメラを付けた風船でうちゅうをさつえいできる。	アメリカの大学生のニュースを目にして、うちゅうをさつえいする①（イ）を始める。	一号機…ゆれたえいぞうしかとれなかった。 二号機…風に流されて消えた。 三号機…えいぞうの②（ア）が小さくなった。 四号機…太平洋沖合いに落ちる。飛ぶ方向や速さを予測する方法を考える。 五号機〜…風船の③（エ）が課題になる。	さまざまな④（ウ）を重ね、十六号機であざやかな景色をさつえいできた。	今、風船で人を運ぶ研究をしている。わたしはたくさん失敗しながら乗りこえていく。

ア ゆれ　イ ちょうせん　ウ 試行錯誤　エ 数

---

1 ①「木刀」は木の刀のこと。④「右折」は右に折れる（曲がる）こと。

3 ①・③・④・⑦は、「上の漢字が、下の漢字を修飾する関係にある組み合わせ」です。②の「無力」は、打ち消しの意味をもつ漢字が、下の漢字の意味を打ち消しています。ほかに「無色」「無人」「無名」などの熟語があります。⑤は「にた意味をもつ漢字の組み合わせ」、⑥は「反対の意味をもつ漢字の組み合わせ」、⑧は「『——を』『——に』に当たる意味の漢字が下に来る組み合わせ」です。

4 ①は「書を読む」という意味の熟語。②の「道」「路」はどちらも「みち」という意味です。③は「問う」「答える」という反対の意味の漢字を組み合わせています。④は訓で読むと「赤い飯」です。⑤は「字を習う」という意味の熟語。⑥は「右の手」と読めます。

5 三つの言葉を使って文が作れていれば正かいです。

例2 二階で、妹が漢字の勉強をしている。

1 ②「自ら」は、送りがなをまちがえやすいので、注意しましょう。

2 ⑤の「候」は「イ（にんべん）」の右のたてぼうをわすれずに書きましょう。

4 元の文では、「わたし」が「必死で弟を追いかけた」という意味と、「必死で走る弟」を「わたし」が追いかけたという意味の、どちらを伝えたいのかが分かりにくくなっています。

①「必死で」の後に読点（、）を打つと、「必死で」という修飾語が「走る」に係るのではないことが分かるので、「わたしは必死で追いかけた」というつながりがはっきりします。

②「わたしは」の後に読点を打つと、「必死で走る弟」がひとまとまりの言葉であることが分かります。

3分でワンポイント

「風船でうちゅうへ」（岩谷圭介）は、文章中の一行空いている部分で、「初め」「中」「終わり」に分けます。「中」は、自分のきょうみにそって、別のまとめ方もできるでしょう。

練習① 102〜103ページ

風船でうちゅうへ

文章を読んで、答えましょう。

二か月後の十月、一号機が完成しました。カメラをはっぽうスチロールでおおったそうちに、二十五個の風船を付けたものです（図②）。うちゅうをさつえいするための最初の実験として、百メートルほどの高さまで飛ばしてみることにしました。カメラは、小さくて軽い、動画がとれるものにし、一号機がどこかへ行ってしまわないように、ひもを付けて、地上とつなぐことにしました。

通っていた北海道大学の、広い農地から打ち上げた一号機は、百メートルほどの高さまでふんわりと上がり、空にただよいました。

しかし、回収したカメラにうつっていたのは、ぐわんぐわんとゆれたえいぞうで、ポコポコという音も聞こえました。わたしは、風船どうしがぶつかり、そのゆれが、カメラに伝わってしまったのではないかと考えました。物事には、やってみて初めて分かることがあります。一号機の失敗は、次に進むためのヒントをくれました。

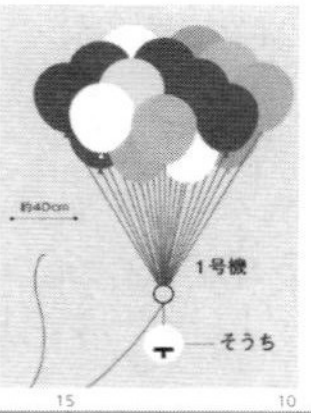

図②

二号機は、少し大きな風船を一個だけ付けて、打ち上げました（図③）。これでうまくいくと思いましたが、今度は、別の失敗をしました。二号機を飛ばしてすぐに、二号機と地上とをつないだひもがぴんとはったかと思うと、不意に力がぬけたのです。風が強い日だったので、二号機はあっというまに風に流されて、空のかなたへ消えました。そうちと風船をつなぐ金具に結んでいたひもが、ほどけてしまったのです。げんいんは、ひもの結び方がゆるかったことと、風の弱い日まで実験を待てなかったことでした。カメラを回収できなかったので、風船を一個にしたことがよかったのかどうかも分かりません。回収することの大切さを感じた失敗でした。

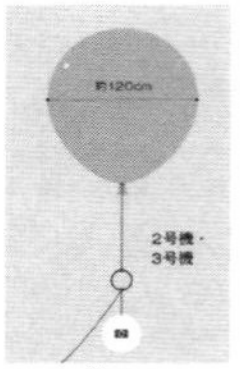

図③

岩谷　圭介「風船でうちゅうへ」より

令和5年検定済 光村図書 小国4下より

❶ 「ひもを付けて、地上とつなぐ」とありますが、何のためにそうするのですか。

（例 一号機がどこかへ行くのをふせぐため。）

ヒント 「〜ため。」という形で答えよう。

❷ 「一号機の失敗は、次に進むためのヒントをくれました。」について、答えましょう。

(1) 「一号機の失敗」とはどんなことですか。一つに○をつけましょう。

ア（　）カメラを目標の高さまで飛ばせなかった。

イ（　）カメラでうちゅうの写真がとれなかった。

ウ（○）カメラで思うようなえいぞうをとれなかった。

ヒント カメラを回収して、どんなことが分かったのかな。

(2) 「失敗」のげんいんは、どんなことでしたか。

風船どうしがぶつかったときの（ゆれ）がカメラに伝わったこと。

(3) その「失敗」を「ヒント」にして、二号機では何をどのように変えましたか。

（例 風船を少し大きくして、一個だけにした。）

❸ 「今度は、別の失敗をしました。」について、答えましょう。

(1) 「失敗」をしたげんいんは、どんなことですか。文章中から二つ書きぬきましょう。

（ひもの結び方がゆるかったこと）

（風の弱い日まで実験を待てなかったこと）

(2) (1)の「失敗」を受けて、三号機ではどのように変えたらよいでしょうか。考えて書きましょう。

（例 ひもをしっかり結び、風の弱い日に実験をする（ように変える）。）

❹ 文章の内容に合っているもの一つに○をつけましょう。

ア（　）筆者は失敗をヒントにそうちを改良しているが、かえって悪い結果になっている。

イ（○）筆者は失敗から教訓をえて、少しずつ目標に近づいていっている。

ウ（　）筆者は失敗しても気にとめず、新しい別のアイディアを次々に出している。

練習② 104〜105ページ

風船でうちゅうへ

文章を読んで、答えましょう。

こうしてできた四号機は、初めはほぼ予想どおりに飛びましたが、とちゅうから想定外の方向に飛んでいき、最終的には、太平洋沖合いに落ちてしまいました（図⑤）。GPS端末もこわれ、四号機がどこにあるのかも分かりません。自分には無理なちょうせんだったのかもしれないと、暗い気持ちになりました。

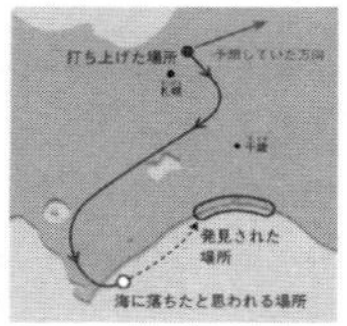

図⑤

しかし、十日後、四号機が見つかります。念のため、そうちにれんらく先を書いておいたことが役立ちました（図⑥）。運よく岸に流れ着いたそうちを拾ってくれた方が、れんらくをくれたのです。わたしは、「もう少しがんばってみたらいいんじゃないか。」と言われたような気がしました。

四号機の失敗を受けて、わたしは、風船が飛ぶ方向や速さを正しく予測する方法を考える必要があると感じました。そこで、気象庁に相談に行くと、気象台で、さまざまな高さの気温や風速、風向を調べていることを教えてくれました。今後は、このデータをもとに、どのように飛ぶかを予測し、打ち上げ場所を選ぶことにしました。

また、四号機のえいぞうから、意外な発見もありました。四号機では風船を三つにしたにもかかわらず、えいぞうがあまりぶれていないのです。三号機までと四号機とのちがいを考えたとき、えいぞうがぶれるげんいんは、地上とつなぐひもにあることに気づきました。風に流される風船をひもがおさえるために、風船どうしがぶつかっていたのです。ひもがなければ、風船は一つでなくてもよいのです。

※図⑥は省略しています。

岩谷　圭介「風船でうちゅうへ」より

令和5年検定済 光村図書 小国4下より

❶ 「四号機」はどのように移動しましたか。（　）に当てはまる言葉を書きましょう。

・初め……ほぼ（予想どおり）に飛んだ。

・とちゅう……（想定外）の方向へ進んだ。

・最終的に……（太平洋）の沖合いに落ちた。

❷ 「十日後、……見つかります。」について、答えましょう。

(1) 四号機が見つかるまでの間、筆者はどんな気持ちでいたのですか。

（例 自分には無理なちょうせんだったのかもしれないという暗い気持ち。）

ヒント ——線部の前に筆者の気持ちが書かれているよ。

(2) 四号機が見つかったとき、筆者はどんな気持ちになりましたか。一つに○をつけましょう。

ア（　）自分には無理だとあきらめる気持ち。

イ（○）もう少しがんばれとはげまされたような気持ち。

ウ（　）がんばりが足りないとしかられたような気持ち。

❸ 「四号機の失敗」を受けて、筆者は何を考えることにしましたか。文章中から二十字で書きぬきましょう。

風船が飛ぶ方向や速さを正しく予測する方法

❹ 「このデータ」とは、何ですか。

気象台が調べている、（さまざまな高さの気温や風速、風向）のデータ。

❺ 「意外な発見」とありますが、それはどんなことですか。一つに○をつけましょう。

ア（○）地上とつなぐひもがなければ、風船の数がふえてもカメラのえいぞうはぶれないということ。

イ（　）つなぐ風船を三つにすれば、カメラのえいぞうのぶれをふせぐことができるということ。

ウ（　）地上とつなぐひもがない場合、風船の数をふやしたほうがよいえいぞうがとれるということ。

ヒント えいぞうがぶれるげんいんを読み取ろう。

練習①

❶ すぐ前の「一号機がどこかへ行ってしまわないように」という内容を「〜ため。」という形でまとめます。

❷ (1)回収したカメラにうつっていたのは「ゆれたえいぞう」だったのでウが正かい。最初の実験では百メートル飛ばすのが目標で、うちゅうまで飛ばす予定ではなかったのでイは×。一号機は目標の百メートルまで上がっているのでアも×です。

(3)一号機の失敗からヒントをもらって、二号機では「少し大きな風船を一個だけ」付けたのです。

例2 少し大きな風船を一個だけ付けた。

❸ (1)「げんいんは……ことと、……ことでした。」という文に注目しましょう。

(2)失敗のげんいんが分かっているので、それを変えます。「ひもがゆるまないようにする」「風の弱い日まで待つ」という内容が書けていれば正かいです。

❹ 筆者は、一号機での失敗を二号機に生かしています。二号機での失敗のげんいんもつかんでいます。

練習②

❶ 四号機の動きは「初めは……」「とちゅうから……」「最終的には……」と順に説明されています。

❷ (1)前に筆者の気持ちが書かれていますが、本文そのまま「自分には……しれないと、暗い気持ち。」と書くと、文の組み立てがおかしくなるので注意しましょう。

(2)自分には無理だったのかもしれないと落ちこんでいたところで四号機が見つかったので、はげまされたような気持ちになったのです。筆者の気持ちの大きな変化をおさえましょう。

❸ 二号機、三号機のときと同じように、筆者は四号機の失敗も教訓にして、次へつなげていこうとしています。

❹ 指示語の指す内容は、まずは、前の部分からさがしましょう。

❺ 筆者は、えいぞうがぶれるげんいんは風船の数が多いことだと思っていました。でも、風船が三つだった四号機のえいぞうがぶれていないことから、ぶれのげんいんは「地上とつなぐひも」だと分かったのです。

心が動いたことを言葉に／調べて話そう、生活調査隊

心が動いたことを言葉に

1 詩を書くときの手順を次のようにまとめました。□に当てはまる言葉を□から選んで書きましょう。

① 詩に書きたいことをくわしく書き出す。

② 詩の（組み立て）を考える。

・知っている詩を参考に、（行数）、連の数などを考える。

③ 言葉を選ぶ。

・いちばん（伝えたい）ことを中心に、（連想）を広げ、言葉を書き出す。

・伝えたいことに合う言葉になっているか見直し、言葉を組み合わせたり、言葉の順序を工夫したりする。

行数　伝えたい　組み立て　連想

調べて話そう、生活調査隊

2 グループで調べたことを発表します。正しい手順となるように、□に番号を書きましょう。

（5）資料を見せながら、発表する。

（2）アンケートを取る。

（4）発表の組み立てを考え、資料を作る。

（1）調べたいことを出し合って、その中から選ぶ。

（3）アンケート結果を整理し、分かることを考える。

3 「初め」「中」「終わり」の組み立てで発表します。それぞれの部分では、どんなことを話せばよいですか。□から全て選んで、記号を書きましょう。

① 初め（イ　オ）

② 中（ア　エ）

③ 終わり（ウ）

※①②は、順番はちがっていてもよい。

ア　調べた内容。

イ　話題。

ウ　考えたことや伝えたいこと。

エ　調べて分かったこと。

オ　調べたきっかけや目的。

4 調べたことを発表した例を読んで、問題に答えましょう。

1　わたしたちは「読書の時間はへっているか、ふえているか」について調査しました。

2　①最近、みなさんは本を読んでいますか。最近、塾に通うようになって読書する時間がないと言う友達がいました。学級文庫の本も借りる人がへっているようにア思います。わたしたちは、みんなの読書の時間がへっているのではないかと感じ、アンケートを取ってみました。

3　②こちらの表を見てください。これが調査結果です。いちばん多かったのは「読書の時間がへった」で十六人、次が「前と変わらない」で十人、「前よりふえた」が三人、「その他」が三人です。わたしたちのクラスでは、前より読書時間が□人が多いことがイ分かりました。

4　次に「へった」と答えた人に、その理由を聞いた結果がこちらの表です。「塾に行くから」と「パソコンやスマートフォンにふれることがふえたから」がそれぞれ六人で最も多く、他に「読みたい本が見つからないから」が三人、「その他」が一人という結果でした。塾で読書の時間がないことは予想どおりでしたが、電子機器の利用が思った以上に読書にえいきょうをウあたえていました。

このように、……

(1) ——線①・②では、どんな工夫をして伝えていますか。□からそれぞれ選んで、記号で答えましょう。

ア　調査結果を資料にして、見せている。

イ　きれいな写真を用意して、場をもり上げている。

ウ　大事なことを伝えるために声を大きくしている。

エ　よびかけによって、聞き手を引きつけている。

①（エ）　②（ア）

(2) ——ア~ウを、「調べて分かったこと」を表しているものと、「考えたこと」を表しているものに分けましょう。

・調べて分かったこと……（イ　ウ）※順番はちがっていてもよい。

・考えたこと……（ア）

(3) 文章中の□に当てはまる言葉を書きましょう。

（例 へった）

(4) 次の内容が書かれた段落は、1~4段落のどれですか。それぞれ数字で答えましょう。

・調べたきっかけ……（2）段落

・調査結果……（3）・（4）段落　※順番はちがってもよい。

・何を調査したか（話題）……（1）段落

1 詩には、行数、連の数、字数などにしばられず自由に書く詩もあれば、行数、字数などを決めて書く詩もあります。今までに学んだ詩などを参考に組み立てを考えましょう。

3 初めに、話題は何か、調べたきっかけや目的は何かを説明してから、調べた内容や、調べて分かったことを話すと、聞く人に分かりやすくなります。最後には、調査して考えたことや、伝えたいことを話してまとめるとよいでしょう。

4 (1)①よびかけの言葉があると、聞き手の注意を引くことができます。②目で見て分かりやすい資料があると、耳で話を聞くだけのときよりも分かりやすくなります。

(2)「調べて分かったこと」と「考えたこと」を分けて話すには、文末の言葉を使い分けることが大切です。

(3)前の部分に調査の結果が書かれています。いちばん多かったのは「読書の時間がへった」人でした。

(4)この発表の例では、「初め」「中」「終わり」の組み立てのうち、「初め」と「中」がしめされています。1・2段落が「初め」、3・4段落が「中」ということをふまえて考えましょう。

たしかめのテスト①

風船でうちゅうへ
～調べて話そう、生活調査隊

108～109ページ

おうちのかたへ

文章は好き勝手に読んでいいものではありませんが、文章を正しく読んだうえで、自分のきょうみにそって何を強く受け取るかは自由です。「風船でうちゅうへ」は、筆者の研究成果の報告としても読めますが、筆者が夢に挑戦し、成功するまでの記録としても読むことができます。

文章を読んで、答えましょう。　思考・判断・表現

いっぽう、風船の数は、別の点で重要でした。それは、風船が上がる速度です。速度がおそいと、風船が風に流されて、打ち上げ場所から遠くはなれたり、十分な高さに上がる前に、カメラの電池が切れたりします。五号機からは、これが課題の一つになりました。わたしは、風船が多いほうが速く上がると思っていました。しかし、やってみると、風船の数が多いほどおそくなります。風船が多いと、外の空気におされる面積が大きくなり、上がるのをじゃまされて、速度がおそくなってしまうのです。最終的には、ゆれではなく、上がる速度の問題から、一つのとても大きな風船を使うとよいというけつろんにたどり着きました。

この後も、きれいな写真を連続してとれるカメラにかえたり、レンズがくもらない工夫をしたりと、さまざまな試行錯誤（さくご）を重ね、十一号機で、初めてうちゅうの写真をとることができました。残念ながら、ほとんどの写真がぼけていましたが、成功まであと少しというところまできました。

そして、二〇一二年十月、十六号機で、ついにあざやかな景色をたくさんさつえいできました（図⑦）。そこには、地上からどんどん空に上がっていき、雲をぬけて、空の色がだんだん青から黒に変わっていく世界が写っていました。これらの一連の写真を目にしたとき、わたし自身が空をこえて、うちゅうまで来たかのように感じました。

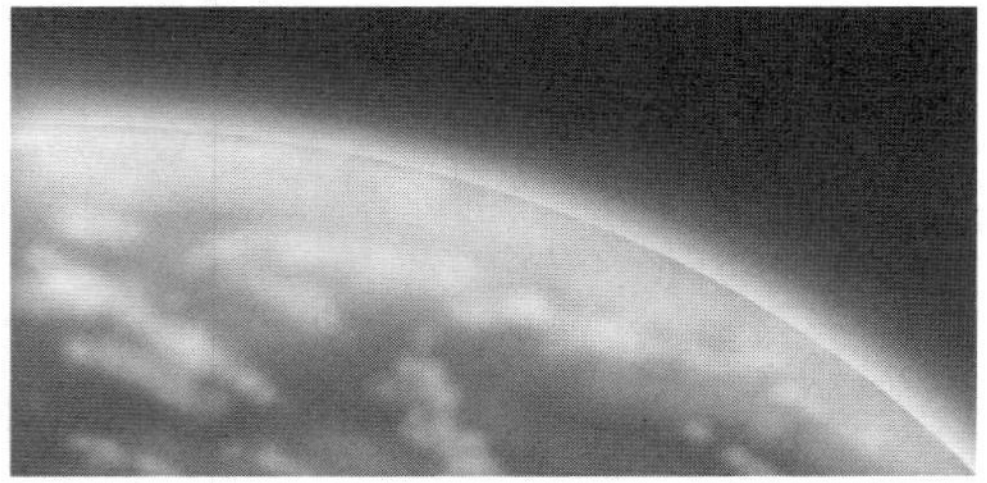

岩谷　圭介「風船でうちゅうへ」より

※図⑦は省略（りゃく）しています。

よく出る

❶ 「風船が上がる速度」について、答えましょう。　一つ10点（20点）

(1) 「風船が上がる速度」がおそいとどうなりますか。

風船が風に（流されて）しまう。

(2) 「風船が上がる速度」と風船の数はどのように関係していますか。一つに○をつけましょう。

ア（　）風船の数が多いほど、上がる速度が速くなる。
イ（○）風船の数が多いほど、上がる速度がおそくなる。
ウ（　）風船の数によって、上がる速度は変わらない。

❷ 「これが課題の一つになりました。」について答えましょう。　一つ10点（20点）

(1) どんなことが「課題」でしたか。○をつけましょう。

ア（　）風船のゆれをどうやってふせげばよいか。
イ（　）カメラの電池をどうやって長持ちさせるか。
ウ（○）風船の数をいくつにするのがよいか。

(2) 「課題」に対するけつろんが書かれた一文を文章中からさがし、初めの五字を書きぬきましょう。

（最終的には）

❸ ①うちゅうの写真を初めてとれたのは、何号機でしたか。②うちゅうのあざやかな景色をさつえいできたのは何号機でしたか。それぞれ答えましょう。　一つ5点（10点）

①（十一）号機　②（十六）号機

できたらスゴイ！

❹ 「一連の写真」について、答えましょう。

(1) 写真にはどんな様子が写っていましたか。　一つ5点（20点）

・（地上）からどんどんはなれていく様子。
・（雲）を通りぬける様子。
・空の色が（青）から（黒）に変わる様子。

(2) 「一連の写真」を見たときの筆者は、どのような気持ちになったのですか。　15点

（例 筆者自身が空をこえて、うちゅうまで来たかのような気持ち。）

考えを書こう

(3) 筆者が、あざやかにとれたうちゅうの写真を初めて目にしたとき、どんな言葉が口から出たと思いますか。考えて書きましょう。　15点

（例 やった。とうとう成功したぞ。）

---

❶ (1)すぐ後に説明されています。風船が風に流されるせいで、打ち上げ場所からはなれたり、十分な高さに上がるのに時間がかかってカメラの電池が切れたりするのです。

❷ (1)前に「風船の数」は「風船が上がる速度」との関係で重要だと書かれています。つまり「速度」を上げるために「風船の数」をどうするかが課題になったのです。

❸ 筆者が、いくどとなく試行錯誤（さくご）を重ねたことをおさえましょう。

❹ (1)地上から空に上がり、うちゅうにとどくまでの様子がよく分かる写真がとれていたのです。
(2)——線をふくむ文に、筆者の気持ちが書かれています。「どのような気持ち」かを問われているので、「～気持ち。」という形でまとめましょう。
(3)何年も試行錯誤を重ねて続けてきた実験が初めて成功したとき、どんな気持ちになるかをそうぞうして書きましょう。実験が成功したよろこび、ゆめがかなったよろこび、写真の美しさに感動する気持ちなどが分かる言葉が書けていれば正かいとします。
例2 長年のゆめがやっとかなった。
例3 なんて美しい景色だろう。

たしかめのテスト② 110~111ページ

風船でうちゅうへ ～ 調べて話そう、生活調査隊

1 読みがなを書きましょう。 一つ2点(20点)

① 化学の実験（じっけん）。 ② 残念（ざんねん）に思う。
③ 努力（どりょく）を重ねる。 ④ 約束（やくそく）を果たす。
⑤ 野鳥（やちょう）が飛ぶ。 ⑥ 天候（てんこう）が良くなる。
⑦ 自（みずか）ら名乗り出る。 ⑧ 一億（いちおく）もの星。
⑨ 連想（れんそう）を広げる。 ⑩ 最終（さいしゅう）的な考え。

2 □に漢字を、（ ）に漢字と送りがなを書きましょう。 一つ2点(20点)

① 完成（かんせい）した作品。 ② 別（べつ）の方法。
③ 希望（きぼう）をいだく。 ④ つばめの巣（す）。
⑤ たまごを（産む）。 ⑥ へちまの観察（かんさつ）。
⑦ 特（とく）に問題ない。 ⑧ 三兆（ちょう）キロメートル
⑨ 天体望遠鏡（ぼうえんきょう） ⑩ 気持ちが（伝わる）。

3 正しい意味に○をつけましょう。 一つ3点(9点)

① 失敗を教訓にする。
ア（ ）見習うもとになる行い。
イ（○）けいけんから学んだいましめ。

② そうちを改良する。
ア（○）悪い点をかえて良くすること。
イ（ ）品質の良いものと取りかえること。

③ どこで練習するかが課題だ。
ア（○）かい決しなくてはならない問題。
イ（ ）かい決できないままでいる問題。

4 次の文を、後の指示にしたがって、分かりやすく書き直しましょう。 一つ10点(20点)

赤いリボンが入った箱。

① 赤いのは「リボン」。読点を一つ打って書き直す。
（例 赤いリボンが入った、箱。）

② 赤いのは「箱」。言葉の順序を変えて書き直す。
（リボンが入った赤い箱。）

5 次の文を、主語と述語がたいおうするように書き直しましょう。 10点

ぼくのゆめは、医者になって病気を治したいです。

（例 ぼくのゆめは、医者になって病気を治すことです。）

6 次の文を、分かりやすくなるように、内容の切れ目で二つの文に分けて書きましょう。 11点

わたしは野鳥の生態を調べていて、いつもの場所に野鳥がいないので巣をさがすと、巣にたまごがあった。

（例 わたしは野鳥の生態を調べている。いつもの場所に野鳥がいないので巣をさがすと、巣にたまごがあった。）

7 思考・判断・表現 次の文を、言葉の順序を工夫することで、より感動が伝わる文に書き直しましょう。 10点

・海の色は、とても青かった。

（例 とても青かった、海の色は。）

---

2 ⑤「産む」は赤ちゃんやたまごをうむ場合、特に「出産」「産卵」の意味を強調する場合に使われます。

4 元の文は、「赤い」という修飾語が「リボン」に係るのか、「箱」に係るのかが分かりにくい文になっています。
①読点（、）を打つことで、「赤いリボン」がひとまとまりであることが分かりやすくなります。
例2 赤いリボンが、入った箱。
②修飾語「赤い」と、修飾される語「箱」を近くすると、つながりが分かりやすくなります。

5 元の文は、主語が「ゆめは」、述語が「治したいです」でたいおうしていません。
例2 ぼくは、医者になって病気を治したいです。

6 次のような答えでも正かい。
例2 わたしは野鳥の生態を調べている。いつもの場所に鳥がいなかった。巣をさがすと、巣にたまごがあった。

7 詩などを書くときに、言葉の順序を工夫することがあります。
例2 海の色は青かった、とても。

じゅんび 112~113ページ

スワンレイクのほとりで／漢字の広場⑥

かきトリ 新しい漢字

散（129ページ・12画）　民（129ページ・5画）　覚（130ページ・12画）　勇（131ページ・9画）　笑（131ページ・10画）

「覚える」と「覚ます」はちがう訓読みだね。注意しよう！

1 読みがなを書きましょう。

① 白鳥（はくちょう）がすむ湖。 ② にっこり笑（わら）う。

2 □に漢字を、（ ）に漢字と送りがなを書きましょう。

① 朝の散歩（さんぽ）。 ② 移民（いみん）の国。
③ 目が（覚める）。 ④ 勇気（ゆうき）を出す。

3 正しい意味に○をつけましょう。

① 川のほとりでバーベキューをする。
ア（ ）草地。草原。
イ（○）その辺り。その近く。

② 今日の空は快晴だ。
ア（ ）晴れたりくもったりすること。
イ（○）気持ちよく晴れること。

③ はじけるような声で答える。
ア（ ）音を立ててわれる。
イ（○）いきおいよく飛び散る。

4 □に当てはまる言葉を［ ］から選んで書きましょう。

① むずかしい漢字を（すらすら）と読む。
② どうしたらよいか、（さっぱり）分からない。
③ （そわそわ）と落ち着かない気分だ。
④ （ずっしり）と重い荷物がとどく。

［さっぱり　ずっしり　そわそわ　すらすら］

5 ［ ］の言葉を二つ使って、学級新聞の記事を書きましょう。（漢字の広場⑥）

［運動会　勝つ　負ける　必死　苦しい］

例 運動会の玉入れでは白組が勝った。

3分でワンポイント（スワンレイクのほとりで）

物語の組み立てと、人物の気持ちのうつり変わりをつかもう。

★①～④の（ ）に合う言葉を［ ］の中から選んで、記号を書きましょう。

「今」の歌	・歌は「心に残っていること」というテーマの作文でアメリカ旅行のことを書こうとする。
アメリカでの出来事（過去を思い出している）	○夏休みにアメリカに遊びに行った。アメリカではおどろきと発見の連続だった。○グレンと出会い、野菜畑で野菜を見たり、空を飛ぶ（①エ）を二人でながめたりする。・グレンが歌の名前を「なんて（②ウ）名前だろう」と言ってくれる。
「今」の歌	・もっと（③ア）の勉強をしてグレンと話したい。わたしたちは友達だ。・自分の気持ちを（④イ）に伝えたい。・げんこう用紙にふたたび向き合う。

［ア 英語　イ グレン　ウ 美しい　エ 白鳥］

---

2 ①「散」を使う熟語には「分散」「発散」などがあります。
②「民」という漢字を使う熟語には、「市民」「民話」などがあります。
③「覚」という漢字には、ほかに「おぼ（える）」「さ（ます）」という訓があります。送りがなで読み分けましょう。
④「勇」の部首は「力（ちから）」です。

4 様子を表す言葉を使いこなしましょう。

5 二つの言葉を使って、新聞記事のような文を作れていれば正かいです。
例2 運動会のつなひきで、四年二組が負けた。
例3 必死で走る選手の息が苦しそうだった。

3分でワンポイント

「スワンレイクのほとりで」（小手鞠るい）は、「げんこう用紙に向かう、今の歌の様子」→「アメリカでの出来事（過去を思い出している）」→「げんこう用紙に向かう、今の歌の様子」という組み立てになっています。

練習① 114~115ページ

スワンレイクのほとりで

文章を読んで、答えましょう。

アメリカに着いてからは毎日、おどろきと発見の連続だった。いちばんおどろいたのは、アメリカには、いろんな人が住んでいるということ。

お父さんといっしょに、スーパーマーケットへ買い物に行ったとき、お店の中には、本当にいろんな人たちがいた。はだの色も、かみの色も、目の色も、人それぞれにちがう。英語ではない言葉を話している人たちもいた。

日本のスーパーマーケットでも、ときどき、外国から来た人を見かけるけれど、アメリカでは、わたしとお父さんが外国人。だけど、わたしたちを外国人だと思っている人は、いないのかもしれない。散歩をしているわたしたちに、道をたずねてくる人もいたから。

「アメリカは、移民がつくりあげた国だからね。いろんな人種の人たちみんなが同じ、アメリカ人なのよ。」

と、真琴さんは教えてくれた。

湖の周りに広がっている森にも、いろんな動物たちがすんでいた。鹿、熊、うさぎ、やまあらし、きつね、りすなど。同じりすでも、しっぽがふさふさの銀色のりすもいれば、短いしっぽの茶色のりすもいる。

わたしは、毎日のように森へ遊びに行って、虫や小鳥の観察をしたり、湖のほとりで絵をかいたりしていた。

そんなある日、真琴さんが言った。

「歌ちゃん、あした、おとなりのおうちのご家族をしょうたいして、みんなでバーベキューパーティーをすることにしたの。歌ちゃんと同じくらいの年の子も来るから、楽しみにしていてね。名前は、グレンっていうの。友達になれたらいいね。」

グレンは男の子で、お父さんの祖先は中国から、お母さんの祖先はアイルランドから、アメリカにやって来たという。

友達になれたらいいな。なりたいな。でも、なれるかな。

まどの外を見ると、それまでは真っ青だった湖に、黒っぽい雲のかげがうつっていた。昼すぎから、雨がふり始めた。けれど、夜になる前に、ぴたりとやんだ。

小手鞠 るい「スワンレイクのほとりで」より

❶ 「おどろき」とありますが、「わたし」が最もおどろいたことが分かる一文をさがし、初めの五字を書きぬきましょう。

いちばんお

❷ 「わたしたちを外国人だと思っている人は、いないのかもしれない。」とありますが、それはなぜですか。

アメリカは、（移民）がつくりあげた国なので、アメリカ人にとっては、身の回りにいろいろな（人種）の人たちがいるのが当然だから。

❸ 「わたしたちに、道をたずねてくる人もいた」から、どんなことが分かりますか。一つに○をつけましょう。

ア（　）道をたずねた人は、「わたしたち」のことを自分と同じような旅行者だと思ったこと。
イ（　）アメリカ人から見ると、「わたしたち」が外国人であることはすぐに分かること。
ウ（○）道をたずねた人には、「わたしたち」が近くに住んでいるアメリカ人に見えたこと。

❹ 「湖の周りに広がっている森」とアメリカは、どんなところがにていますか。

アメリカにいろいろな人が住んでいるように、森にも（例 いろいろな動物がすんでいる）ところ。

ヒント 「森にも」という表現に注目しよう。

❺ 「歌ちゃんと同じくらいの年の子」について答えましょう。

(1) 名前は何ですか。（グレン）

(2) お父さんの祖先、お母さんの祖先は、それぞれどこの国の人ですか。

・お父さんの祖先…（中国）
・お母さんの祖先…（アイルランド）

❻ 「まどの外を見ると、……黒っぽい雲のかげがうつっていた。」という情景には、どんな気持ちが表れていますか。

ア（　）あしたのパーティーが楽しみでたまらない気持ち。
イ（○）あしたがどうなるか、どことなく不安な気持ち。
ウ（　）あしたのパーティーに出たくないという気持ち。

ヒント まず、明るい情景か、暗い情景かを考えよう。

練習② 116~117ページ

スワンレイクのほとりで

文章を読んで、答えましょう。

ひまわりにかこまれた野菜畑に着いた。あちこちに、いろんな野菜が植えられている。にぎやかに、みんなでおしゃべりしているみたい。よく知っている野菜もあれば、日本では見かけたことのない野菜もある。

わあ、これは、なんだろう。

ずっしりと重そうな、クリーム色の野菜。すいかでもないし、メロンでもないし、なんだろう。

——それは、スパゲティ・スクワッシュ。

——スパゲティ・スクワッシュ。

グレンの言葉をくり返すと、ぱっと、はじけるような答えが返ってきた。

——そう、パンプキンの仲間。

あ、今、パンプキンって、聞こえた。だったらこれも、かぼちゃってことだよね。知らなかった、こんな色と形をしたかぼちゃがあるなんて。

そのとなりにあるのは、とっても大きななすだ。英語では、どう言うんだろう。

——じゃあ、これは。

問いかけながら、わたしがなすを指さすと、グレンは教えてくれた。

——それはね、エッグプラント。

そうか、なすは英語で「エッグプラント」って言うのか。おもしろいな。たしかに、このなすは、たまごの形をしている。わたしがいつも食べているなすは、もっと細長い。

グレンにそう伝えたかったけれど、そんなにすらすらしゃべれるはずもなく、わたしはただ、えがおで「うん、うん。」と、うなずいていた。

近くで、二ひきの茶色のりすたちが、追いかけっこをして遊んでいる。わたしたちも、追いかけっこをした。言葉の追いかけっこ。野菜畑の中で、一つ一つの野菜を指さしては、名前を教え合った。

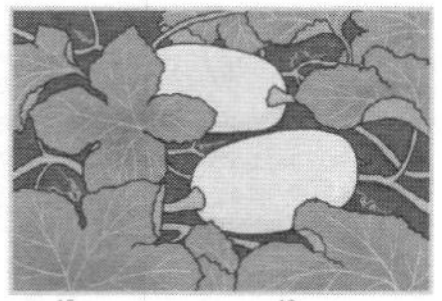

小手鞠 るい「スワンレイクのほとりで」より

※エッグプラント…英語で「エッグ」はたまご、「プラント」は植物という意味。

❶ 「ひまわりにかこまれた野菜畑」は、どんな様子だと思われますか。一つに○をつけましょう。

ア（　）いろいろな種類の野菜がごちゃまぜになっていて、畑があれている様子。
イ（　）さまざまな野菜が、種類ごとにきちんと分けて植えられている様子。
ウ（○）色も形もさまざまな野菜が、それぞれに元気よく育っている様子。

ヒント 「にぎやか」「おしゃべり」に合うものを選ぼう。

❷ 「わあ、これは、なんだろう。」とありますが、「これ」とはどんなものを指していますか。

ずっしりと（重そう）で、（すいか）やメロンににている、（クリーム）色の野菜。

❸ 「こんな色と形をしたかぼちゃがあるなんて。」とありますが、このときの「わたし」の気持ちに当てはまるものに○をつけましょう。

ア（○）感動　イ（　）疑問　ウ（　）不満

❹ 「おもしろいな。」とありますが、「わたし」は、どんなことに気づいて「おもしろい」と感じたのですか。英語でなすを「エッグプラント」と言うのは、

（例 なすが、たまごの形をしている）からだということ。

❺ 「わたしはただ、えがおで……うなずいていた。」とありますが、このときの「わたし」は、グレンに対してどんな気持ちでいますか。一つに○をつけましょう。

ア（　）英語を全部は理かいできないけれど、グレンの話をまじめに聞いているよ。
イ（　）グレンの話はよく分からないけれど、気分を悪くしないでほしいな。
ウ（○）うまくは話せないけれど、わたしはグレンとの会話を楽しんでいるよ。

ヒント 「グレンにそう伝えたかった」に注目しよう。

❻ 「わたしたちも、追いかけっこをした。」とありますが、「わたし」たちの「追いかけっこ」とは、どんなことですか。

（例 一つ一つの野菜を指さしては、名前を教え合うこと。）

練習①

❷ 真琴さんの「アメリカは……アメリカ人なのよ。」という言葉に注目。日本には、はだ、かみ、目の色などがにた人が多いので、それらがちがう人がいると外国から来た人だろうと考えてしまいます。でも、アメリカは「移民」がつくりあげた国で「いろんな人種」がいるので、外見では外国人かどうか分からないのです。

❸ ふつう外国人に道をたずねることはしません。外国から来た人は、道にくわしくないはずだからです。道をたずねられたということは、「わたしたち」が一見、アメリカ人に見えたということです。

❹ 「森にも」の「も」は、前に登場したものと同じという意味を表す言葉です。ここでは、前に「いろんな人が住んでいる」アメリカの話が出てきます。森にも「いろんな動物たちがすんで」います。

❺ (2)グレンは、中国人とアイルランド人を祖先にもつアメリカ人なのです。

❻ 明るいイメージの「真っ青」な湖に、やや暗いイメージの「雲のかげ」がうつった情景です。「友達になれたらいいな。」という希望の中に「でも、なれるかな。」という少しの不安がまじった「わたし」の気持ちが情景に重なっています。

練習②

❶ 「いろんな野菜」「にぎやか」から、色、形などさまざまな野菜が入りまじっていることがそうぞうできます。また、「おしゃべりしているみたい」とあるので、元気で楽しげなふんいきが感じられます。よってア「あれている」、イ「きちんと分けて」は×です。

❷ こそあど言葉の指す内容は、後ろにある場合もあるので注意しましょう。

❹ 直後にあるように「このなすは、たまごの形をしている。」から「エッグ（たまご）プラント（植物）」なのです。

例2 なすの形がたまごににている

❺ 「グレンにそう伝えたかった」に注目。野菜畑では発見や感動があり、「わたし」はグレンとのひと時を楽しんでいます。その気持ちを伝えたくて、「えがお」で何度もうなずいているのです。

❻ おたがいに英語、日本語の野菜の名前を教え合う様子が、言葉で「追いかけっこ」をしているかのようだったのです。

たしかめのテスト①

118〜119ページ

スワンレイクのほとりで
漢字の広場⑥

おうちのかたへ

物語では、ある経験を通して主人公の気持ちや考え方が大きく変わることがあります。多くの物語においては、それは人間的な成長、よりよい人間関係、より広い世界へとつながるものです（例外もある）。読解の際は、何がきっかけでどのように変わったのかをおさえましょう。

文章を読んで、答えましょう。　思考・判断・表現

野菜畑をひと回りしたあと、湖のほとりにならんで、湖面のすいれんをながめた。白とピンクの花も、緑の葉っぱも、きらきら、かがやいている。

ふいに、グレンがこう言った。

——ウタ、君の名前には、どんな意味があるの。

わたしは答えた。むねをはって。

——「歌」は「ソング」だよ。

すると、グレンはこう言ったのだった。まぶしそうに、目を細めて。

——なんて美しい名前なんだろう。

美しい名前、と言われて、むねがくすぐったくなった。急に自分の名前が好きになった。

向こう岸から空に向かって、白鳥が二羽、仲よくよりそって、飛び立っていくのが見えた。わたしは、白い鳥たちを指さしながら、言った。

——あれは、白鳥。英語では、スワン、だよね。

グレンは、目の前の湖を指さしながら、言った。

——これは、スワンレイク。鳥たちは今、空を泳いでいるけど。

二人、顔を見合わせて、笑った。

すずしい夏の風がふいてきて、辺りの草をゆらした。さわさわ、さやさや、さわさわ、さやさや、草と風がやさしく話しかけてくる。見つめていると、まぶたまで青くそまってしまいそうな湖に、細かい波が立っていた。まるで、わたしたちといっしょに、笑っているかのように——。

あのまぶしい夏の午後、グレンに出会ってから、わたしは、もっともっと英語の勉強をして、いろんなことをグレンと話してみたい、と思うようになっている。わたしたちの心の中には、野菜畑の思い出がある。いっしょにながめたスワンレイクの景色も。今は、遠くはなれた場所でくらしているけれど、わたしたちは、友達。

この気持ちをいつか、グレンに伝えられたらいいな。

げんこう用紙のそばから、えんぴつを取り上げると、ぎゅっと、力をこめてにぎった。

あの日、グレンの手をにぎったときのように。

小手鞠 るい「スワンレイクのほとりで」より

よく出る

1 「わたしは答えた。むねをはって。」から、「わたし」のどんな気持ちが分かりますか。一つに〇をつけましょう。　10点

ア（　）言いたいことを英語で正しく言えるか不安だ。
イ（　）自分の名前をだれにもばかにされたくない。
ウ（〇）自分の名前の意味を伝えられるのがうれしい。

2 「なんて美しい名前なんだろう。」とありますが、このときのグレンの気持ちに当てはまるものに〇をつけましょう。　10点

ア（　）からかい　イ（　）おどろき　ウ（〇）感動

3 「急に自分の名前が好きになった。」とありますが、それはなぜですか。　20点

（例 グレンに、自分の名前を「美しい名前」だと言われたから。）

4 「すずしい夏の……波が立っていた。」とありますが、この情景によって表されている「わたし」の気持ちに当てはまるものに〇をつけましょう。　10点

ア（　）グレンの本心は分からないという不安。
イ（〇）グレンとたしかに心が通い合ったというよろこび。
ウ（　）グレンとの別れの時がきたことへの悲しみ。

5 アメリカでの思い出の場面が終わり、「今」の「わたし」の様子が書かれているのは、どこからですか。「今」の場面の初めの五字を書きぬきましょう。　10点

あのまぶし

できたらスゴイ！

6 「この気持ち」とは、どんな気持ちですか。二つに分けて書きましょう。　一つ10点（20点）

（例 もっと英語の勉強をして、いろんなことをグレンと話してみたいという気持ち。）

（例 遠くはなれた場所でくらしているけれど、わたしたちは、友達だという気持ち。）

※順番はちがっていてもよい。

考えを書こう

7 「げんこう用紙のそばから……力をこめてにぎった。」とありますが、「わたし」がアメリカで「いちばん心に残ったこと」を作文に書くとすれば、どんなことについて書くと思いますか。考えて書きましょう。　20点

（例 グレンと友達になったこと。）

7 えんぴつを「力をこめてにぎった」ことから、「わたし」が作文を書こうという気持ちになったことが分かります。グレンへの思いをむねに、グレンの手を思い出しながらえんぴつをにぎっているので、作文の中心になるのはグレンのことでしょう。

例2 グレンに名前をほめられたこと。例3 グレンと野菜畑のこと。例4 英語を勉強して、グレンと話したいと思っていること。

1 「むねをはる」は、自信をもつ気持ちや、どうどうとした態度を表します。

2 すぐ前の「まぶしそうに、目を細めて。」というグレンの様子にも、感動の気持ちが表れています。

3 すぐ前に「美しい名前、……くすぐったくなった。」とあります。ほめられて「むねがくすぐったく」なるほどうれしかったのです。

例2 自分の名前をほめてもらえたから。

4 美しくここちよいふんいきの情景です。すぐ前で二人が「顔を見合わせて」笑っていることにも注目。二人ですごす時間の楽しさが、目にうつる風景をも美しく見せています。

5 「今→過去→今」という物語全体の組み立てをおさえましょう。

6 「英語を勉強して、グレンと話したい」「グレンは友達だ」という二つの内容が書けていれば正かいです。

たしかめのテスト②　120ページ

スワンレイクのほとりで／漢字の広場⑥

❶ 読みがなを書きましょう。　一つ5点(20点)

① 白鳥（はくちょう）が空を飛ぶ。
② まよいから覚（さ）める。
③ 鹿や熊（くま）。
④ 植物の観察（かんさつ）。

❷ □に漢字を、（　）に漢字と送りがなを書きましょう。　一つ6点(24点)

① 犬の［散歩］（さんぽ）。
② 移［民］（いみん）の子孫。
③ ［勇気］（ゆうき）がわく。
④ 大声で（笑う）（わらう）。

❸ 三年生で習った漢字を書きましょう。　一つ5点(20点)

① クラスの［代表］（だいひょう）。
② ［反対］（はんたい）意見
③ ［新学期］（しんがっき）が始まる。
④ ラケットと［球］（たま）。

❹ □に当てはまる、体の一部を表す漢字を、［　］から選んで、漢字に直して書きましょう。　一つ12点(36点)

① まぶしそうに、［目］を細める。
② 作文を書いていた［手］が止まる。
③ 二人で［顔］を見合わせてわらう。

かお　はな　て　め　あし

❷ ①「散」には「ち（る）」「ち（らす）」「ち（らかす）」「ち（らかる）」という訓があります。

③「勇」には「いさ（む）」という訓があります。「勇み足」「勇ましい」などと使います。

❹ ①「目を細める」は、まぶしく感じるものやほほえましいものを見て、まぶたを少しとじたりほほえんだりすることです。

②「手が止まる」は、何か作業をしている手の動きが止まること。

③「顔を見合わせる」ときには、おどろいたりまよったりして、たがいの様子をうかがう場合もあれば、親しい者がたがいの顔を見て気持ちを通わせる場合もあります。

夏のチャレンジテスト

教科書 上16〜115ページ

名前　　月　日

時間 40分

思考・判断・表現 ／60

ごうかく80点 ／100

答え 39ページ

1 読みがなを書きましょう。　一つ1点(8点)

① 百貨店（ひゃっかてん）のりっぱな建物（たてもの）。

② 一日に必要（ひつよう）な栄養（えいよう）をとる。

③ 夏休みの初め（はじ）に目標（もくひょう）を立てる。

④ 岐阜（ぎふ）県から車で滋賀（しが）県へ行く。

2 漢字を書きましょう。　一つ1点(8点)

① 暑い［季節］に、［一輪］の花がさく。

② ［勝利］した［選手］たちがよろこぶ。

③ ［徒競走］で転び、［包帯］をまく。

④ ［健康］をたもつための［方法］。

3 漢字と送りがなを書きましょう。　一つ1点(4点)

① 悪と（戦う）。　② 会社で（働く）。

③ （静か）な部屋。　④ 入学を（祝う）。

4 次の漢字の部首と部首名を書きましょう。　一つ2点(12点)

① 雪　部首（雨）　部首名（あめかんむり）

② 近　部首（辶）　部首名（しんにょう）

③ 図　部首（口）　部首名（くにがまえ）

5 次の漢字の総画数を、漢数字で書きましょう。　一つ2点(4点)

① 氏（四）画　② 郡（十）画

6 次の（　）に当てはまるつなぎ言葉を後から選んで、記号を書きましょう。　一つ1点(4点)

① 雨がふっている。（エ）、太陽が出ている。

② 雨がふっている。（ウ）、風も出てきた。

③ 雨がふっている。（ア）、家で遊ぼう。

④ 雨がふっている。（イ）、今何時かな。

ア だから　イ ところで　ウ さらに　エ しかし

7 思考・判断・表現　次は、七月に出すお礼の手紙の一部です。後の問いに答えましょう。　一つ5点(10点)

> □季節となりました。山田さんはお元気ですか。先週、お話をうかがいました、中村かなです。この間は、町のれきしについて教えてくれてありがとう。ていねいなお話で、とてもよく分かりました。

① □に合う言葉を選んで、記号を書きましょう。

ア あざやかな青葉の　イ 木々が色づく　ウ 入道雲のわき立つ　（ウ）

② ——線部をお礼の手紙にふさわしい言葉で書き直しましょう。

（例）町のれきしについて教えてくださり、ありがとうございました。

●うらにも問題があります。

8 思考・判断・表現　文章を読んで、答えましょう。

> 松井さんが乗せたお客は、山ねこが化けたわかい男の人でした。山ねこのお客は医者で、母が病気になったから急いでいると言います。松井さんはお客を家に送り、帰りも病院まで送ることにしました。

「待たせてすみませんでした。おかげで、早く治りそうです。なあに、わたしに会いたいので、少し大げさに言っているらしいんですよ。」

車に乗りこんだ山ねこ先生は、笑いながら言いました。さっきの青いスカートの女の子が出てきて、茶色の小さな手を一生けんめいふっています。

「いちばん下の妹です。早くりっぱな医者になって、ここに帰って来なければ、と思いますよ。」

山ねこ先生も、女の子に手をふりながら、松井さんにこんなことを言ったりしました。

林をすぎ、金色のいねの間の道を走り、町に入ったとき、松井さんは、わざわざふり向いてみました。後ろのシートにいるのはあたりまえのわかい男の人。そのお客はかた目をつぶって、にやっと笑いながら言いました。

「ほら、そのたばこ屋を右ですよ。」

「それから、左。」

「そのポストを、右。」

こう何回も言われるうちに、ちゃんと、また、りんどう橋に出てきました。

「その先の大学病院です。」

やがて空色の車は、ほりばたの大きな病院の前に、ぴたっと止まりました。

メーターは、いつのまにか、三千八百五十円に上がっています。お金といっしょに、松井さんのてのひらには、はがきを半分にしたぐらいの紙がのせられました。

「これには、人には読めませんが、こう書いてあります。『山ねこ、おことわり』——これを、ドアにはってください。もうだいじょうぶですよ。」

先生は、広いかいだんを、すたすたとかけ上がっていきます。そのせなかを、ぽかんと見ていた松井さんは、急にまどを開けました。

顔をつき出して、よび止めました。

「や、や、やま。いや、ちょっと——。」

「は。」

と、ふり返った山ねこ先生に、松井さんは、その小さな紙を、パリパリッとやぶってみせました。

あまん きみこ「山ねこ、おことわり」
令和2年度版　光村図書「国語四上　かがやき」より

(1) 「少し大げさに言っている」とありますが、何のことを大げさに言っているのですか。　5点

母の（例）病気のこと。

(2) 「かた目をつぶって、にやっと笑いながら」とありますが、そのとき、「お客」はどんな気持ちでしたか。一つに○をつけましょう。　5点

ア（　）タクシーの運転手なのに、道が分からないでいる松井さんを気づかう気持ち。

イ（　）山ねこかわかい男の人か、まよっている松井さんをばかにする気持ち。

ウ（○）わかい男の人にうまく化けているでしょうと、松井さんにじまんする気持ち。

エ（　）松井さんがわざわざふり向いてみることに、いらいらする気持ち。

(3) 「いつのまにか」という言葉から、松井さんがどのように感じていたことが分かりますか。　両方できて5点

［長い］きょりを走っていたのに、松井さんは［短い］きょりに感じていたこと。

(4) 「人には読めませんが」とありますが、なぜ人に読めなくてよいのですか。　10点

（例）山ねこだけに伝えればよい言葉だから。

(5) 「もうだいじょうぶですよ。」とありますが、「もう」の下に言葉をつけ足すとしたら、どんな言葉が入りますか。十字ぐらいで書きましょう。　10点

（例）山ねこは乗ってこないので　だいじょうぶですよ。

(6) 「や、や、やま。」とありますが、松井さんはどんな言葉を言おうとしたのですか。　5点

（例）山ねこ先生

(7) 「松井さんは、……やぶってみせました。」とありますが、松井さんは山ねこ先生にどんなことを伝えたかったのだと思いますか。考えて書きましょう。　10点

（例）また自分のタクシーに乗ってもいいですよということ。

4 ②の部首名は「しんにょう」「しんにゅう」のどちらでも正かいです。

5 ①「氏」の「レ」の部分は一画で、②「郡」の「阝」は三画で書きます。

7 ①手紙のさいしょには、季節のあいさつを書きます。七月に出す手紙に合う言葉を選びます。

②「教えてくれてありがとう」では、相手に失礼なので、ていねいな言葉づかいに直します。「教えてくださり」は「教えてくださって」「教えていただき」などでも正かいです。

8 (1)すぐ前の「早く治りそう」に注目。母親の病気は重しょうではなかったようです。でも「わたし（＝山ねこ先生）に会いたい」母親や妹たちが、山ねこ先生が早く帰ってきてくれるように、重い病気のように大げさに言ったのです。

(2)山ねこ先生は、ふだんは人間のすがたでくらしていて、家に帰るときだけ山ねこにもどるのです。家から町へもどるとき、松井さんが「わざわざふり向いて」山ねこ先生のすがたを見ると、すでに「わかい男の人」のすがたになっていました。そんな松井さんの様子を見て、山ねこ先生は「にやっと」笑ったのです。

(4)「山ねこ、おことわり」という言葉は、人間には意味が分からないし、関係もありません。山ねこだけが読めばよい言葉ですね。

例2 山ねこだけ読めば、もう山ねこは車に乗ってこないから。

例3 人間ではなく山ねこに向けた言葉だから。

(5)「山ねこ、おことわり」と書かれた紙をタクシーにはるように言っています。それを読めば、もう山ねこは車に乗ってこないはずです。だから安心だと山ねこ先生は考えています。

(6)人間のすがたをしている山ねこ先生に「山ねこ先生」とよびかけるわけにはいかないので、言葉につまったのです。

例2 山ねこ　例3 山ねこさん

(7)松井さんは「山ねこ、おことわり」の紙をやぶる様子をわざわざ山ねこ先生に見せました。自分の車に「山ねこ、おことわり」の紙ははらないので、また乗っていいですよと山ねこ先生に伝えたかったのです。

おうちのかたへ

(5)・(6)・(7)など、言葉で直接書かれていない内容を読み取らなくてはならない箇所が意外に多い文章です。言葉や行動が表す意味を、順を追っていねいに理解させましょう。

冬のチャレンジテスト

教科書 上116〜下91ページ

名前　　月　日

時間 40分

思考・判断・表現 ／62

ごうかく80点 ／100

答え 40ページ

1 読みがなを書きましょう。　一つ1点(8点)

① 放課後（ほうかご）に友達と 海水浴（かいすいよく）に行った。

② 高原にある 牧場（ぼくじょう）の 周（まわ）りの森。

③ 博物館（はくぶつかん）に行って、見事な 工芸品（こうげいひん）を見た。

④ 卒業式（そつぎょうしき）に向けて 合唱（がっしょう）の練習をする。

2 漢字を書きましょう。　一つ1点(8点)

① しぜん［自然］の木の実をざいりょう［材料］にする。

② 大会でさいこう［最高］のけっか［結果］が出せた。

③ 決まったいち［位置］になふだ［名札］を付ける。

④ 雨の中、だいじん［大臣］がかさをさ［差］す。

3 漢字と送りがなを書きましょう。　一つ1点(4点)

① 住所がかわる（変わる）。

② あさい（浅い）川。

③ 月がてらす（照らす）。

④ もちがやける（焼ける）。

4 □に入る言葉を平がなで書きましょう。　一つ2点(6点)

① 橋を□。 かぎを□。 命を□。（かける）

② かがみに□。 ノートに□。 実行に□。（うつす）

③ 荷物を□。 貯金を□。 大根を□。（おろす）

5 次の□に漢字一字を入れて、（　）の意味の慣用句を完成させましょう。　一つ3点(12点)

① 足が出る（予算をこえる）

② 頭が下がる（感心させられる）

③ 板につく（役目などがよく合っている）

④ 油を売る（むだ話などして仕事をなまける）

6 思考・判断・表現

「給食のおかわり」について、話し合いました。次の発言の説明として合うものをア〜エから選んで、記号を書きましょう。　一つ5点(10点)

① これまで話し合って、大きく二つの意見が出ました。一つは、食べ終わった人は、自由におかわりをしてよいという意見です。もう一つは、あまらないように平等に配ればよいというものです。（ウ）

② わたしは、黒田さんとちがって、平等に配ればよいと思います。なぜなら、食べ方が早い人もいればゆっくりな人もいるからです。（ア）

ア 自分の考えを理由とともに話している。

イ 司会として、自分の意見もそえてまとめている。

ウ 司会として、出てきた意見をまとめている。

エ 前の人との関わりは言わずに、自分の意見だけを言っている。

うらにも問題があります。

7 思考・判断・表現

文章を読んで、答えましょう。

夏の暑いときや、運動をしたとき、人はあせをかきます。あせをかくと、「服がぬれていやだなあ。」「べとべとするなあ。」と思うかもしれません。しかし、あせをかくことは、命を守るうえで大切なことです。

わたしたちは、気温が高いところにいたり、体を動かしたりすると、体温が上がります。夏の暑い日には、体温の上がり方がより大きくなり、体温が四十二度をこえると、命に関わるほどの重い熱中症につながります。

人の脳は、体温が上がるのを感知すると、ひふのかんせんという器官に、「あせを出せ」という命令を出します。するとかんせんであせが作られます。かんせんは、ひふの表面に二百万個ほどあると言われています。うでだと、一辺が一センチメートルの正方形の中に、だいたい、百個から百五十個ほどです。あせが出てくる様子をけんび鏡で観察すると、ひふのあちこちから、ぽつぽつと水玉のあせが出て、広がっていく様子が分かります。

このあせがひふからじょうはつすることで、体の表面の熱をうばい、体温が上がりすぎるのをふせいでいます。これは、夕立の後に、ぬれた地面がかわくと、気温が下がるのと同じ仕組みです。左のがぞうは、室温の高い部屋で、あせをかく前と、運動をしてあせを三十分かいた後の、ひふの温度が見えるようにしたものです。ひふの温度が高い部分は赤く、低い部分は青や緑になっています。二つのがぞうをくらべると、あせをかくことで、ひふの温度が下がっていることが、よく分かります。

天野 達郎「あせの役わり」より

※文章中の「左のがぞう」は省略しています。

(1) 第一段落で、筆者が最も伝えたいことはどんなことですか。文章中の言葉を使って書きましょう。　10点

（例 あせをかくことは、命を守るうえで大切なことだということ。）

(2) 「命に関わるほどの重い熱中症」にかかるきけんがあるのはどんなときですか。　5点

（例 体温が四十二度をこえるとき。）

(3) 「人の脳は、……命令を出します。」について、答えましょう。

① かんせんは、次の■の広さのひふの中にいくつくらいあるのですか。　5点

（百個から百五十個）ほど

② 「あせ」はどのようにして体温を下げるのですか。　一つ4点(8点)

あせが（じょうはつ）するときに、体の表面の（熱）をうばって、体温を下げる。

(4) 「夕立の後に……同じ仕組み」とありますが、「夕立」「地面」は体の仕組みでいうと、それぞれ何に当たりますか。　一つ4点(8点)

○夕立…（あせ）

○地面…（ひふ）

(5) 元の文章には「左のがぞう」として、ア「あせをかく前」、イ「運動をしてあせを三十分かいた後」の二つのがぞうがあります。これについて、答えましょう。

① アのときとイのときでは、どちらがひふの温度が低くなりますか。　6点（イ）

② アとイの二つのがぞうの色をくらべると、どのようなちがいがあると考えられますか。　10点

（例 アは赤い部分が多く、イは青や緑の部分が多い。）

4 いろいろな意味をもつ言葉の問題です。それぞれどんな意味なのか考えてみましょう。

6 ①これまでの話し合いで出た意見を、大きく二つに分けて説明しています。司会が、意見をまとめてくれると、話し合いの参加者は自分の意見を整理しやすくなりますね。

②「平等に配ればよい」という意見を、「なぜなら……から」と理由をそえて話しています。意見を言うときには、理由とともに言うと、聞く人を説得しやすくなります。

7 (1)筆者が伝えたいことは「……は大切なことです」「……するべきです」「……しなければならない」などの言い方で書かれていることが多いです。ここでは最後の文に、筆者の伝えたいことが書かれています。

また、この文章では、初めの段落で筆者の意見をのべて、その後であせをかく仕組みやなぜあせをかくことが大切なのかを、くわしく説明するという組み立てになっています。

(3)①「一辺が一センチメートルの正方形」に「百個から百五十個ほど」とあります。

②四つ目の段落の初めに、あせがどのようにして体温を下げるのかが説明されています。

(4)水分がじょうはつするときに、周りの熱をうばうので、温度が下がるのです。夕立が地面をぬらし、その地面がかわくと、気温が下がります。それと同じように、あせがひふをぬらし、あせがじょうはつしてひふがかわくと、ひふの温度が下がるのです。

(5)この文章には、「左のがぞう」はのっていませんが、文章をよく読むことで、どんながぞうなのかを読み取ることができます。

①(3)・(4)で見たように、あせをかくとひふの温度が下がるので、イ「運動をしてあせを三十分かいた後」のほうがひふの温度は低くなります。

②がぞうは、「温度が高い部分は赤く、低い部分は青や緑に」なると書かれています。よって、アのがぞうはひふの温度が高いので赤い部分が多く、イのがぞうはひふの温度が低いので青や緑が多いはずですね。

例2 アは赤っぽいがぞう、イは青っぽいがぞうになる。

おうちのかたへ

説明文は、段落ごとに大事な言葉や文をぬき出して要約をすると、内容の理解が深まります。要約の際は、具体例やたとえを省き、筆者の意見を支える部分を落とさずにまとめます。

春のチャレンジテスト

教科書 下92〜143ページ

名前

月　日

時間 40分

思考・判断・表現 /60

ごうかく80点 /100

答え 41ページ

1 読みがなを書きましょう。 一つ1点(10点)

① 実験にかかったひようは、一兆円だった。
（じっけん）（いっちょうえん）

② 努力して作品を完成させる。
（どりょく）（かんせい）

③ ある言葉から別の言葉を連想する。
（べつ）（れんそう）

④ 鏡に向かって、にっこり笑う。
（かがみ）（わら）

⑤ 約束が守られなかったことが残念だ。
（やくそく）（ざんねん）

2 漢字を書きましょう。 一つ1点(8点)

① かいてい（海底）にしずんだろうぼく（老木）を拾う。

② ゆうき（勇気）ときぼう（希望）をもって生きる。

③ つばめのす（巣）をかんさつ（観察）する。

④ てんこう（天候）のよい日にさんぽ（散歩）をする。

3 漢字と送りがなを書きましょう。 一つ1点(2点)

① 点をうしなう（失う）。

② ひくい（低い）山々。

4 次の熟語のうち、漢字の組み合わせが他とちがうものをそれぞれ一つずつ選び、記号で答えましょう。 一つ3点(12点)

① ア 最多　イ 帰国　ウ 右折　エ 木刀　（イ）

② ア 消火　イ 登山　ウ 読書　エ 売買　（エ）

③ ア 前進　イ 加入　ウ 思考　エ 岩石　（ア）

④ ア 上下　イ 明暗　ウ 中央　エ 軽重　（ウ）

5 次の文を、指示にしたがって分かりやすく書き直しましょう。 一つ4点(8点)

・姉は笑いながらにげる弟を追いかけた。

① 笑っているのは「姉」。読点を一つ打って。
（例 姉は笑いながら、にげる弟を追いかけた。）

② 笑っているのは「弟」。言葉の順番を変えて。
（例 笑いながらにげる弟を姉は追いかけた。）

6 思考・判断・表現 次は、「みんなの好きなメニュー」について発表するためにとった、アンケートの結果です。分かりやすく伝わるようにグラフにまとめましょう。 10点

しゃぶしゃぶ 五人　グラタン 二人　すし 四人
ハンバーグ 六人　すき焼き 三人　カレー 六人

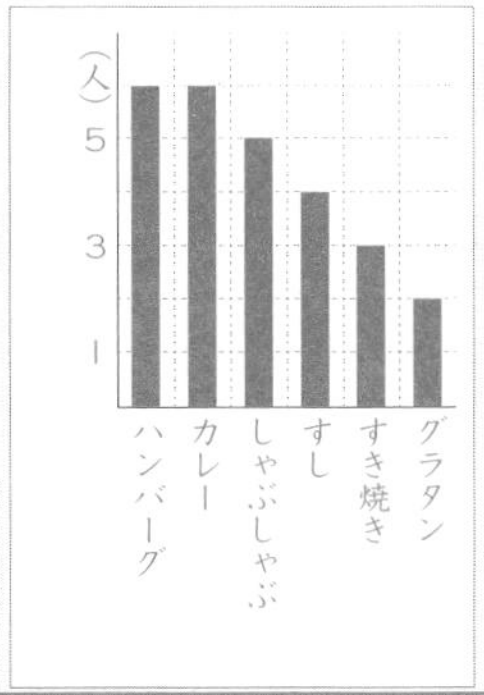

うらにも問題があります。

7 思考・判断・表現 文章を読んで、答えましょう。

あるまどの下を通りかかると、人間の声がしていました。なんというやさしい、なんという美しい、なんというおっとりした声なんでしょう。

「ねむれ　ねむれ
母のむねに、
ねむれ　ねむれ
母の手に――。」

子ぎつねは、その歌声は、きっと、人間のお母さんの声にちがいないと思いました。だって、子ぎつねがねむるときにも、やっぱり母さんぎつねは、あんなやさしい声でゆすぶってくれるからです。

すると、今度は、子どもの声がしました。

「母ちゃん、こんな寒い夜は、森の子ぎつねは、寒い寒いって、ないてるでしょうね。」

すると、母さんの声が、

「森の子ぎつねも、お母さんぎつねのお歌を聞いて、ほらあなの中でねむろうとしているでしょうね。さあ、ぼうやも早くねんねしなさい。森の子ぎつねとぼうやと、どっちが早くねんねするか、きっと、ぼうやのほうが早くねんねしますよ。」

それを聞くと、子ぎつねは、急にお母さんがこいしくなって、母さんぎつねの待っている方へとんでいきました。

母さんぎつねは、心配しながら、ぼうやのきつねの帰ってくるのを、今か今かと、ふるえながら待っていましたので、ぼうやが来ると、温かいむねにだきしめて、泣きたいほどよろこびました。

二ひきのきつねは、森の方へ帰っていきました。月が出たので、きつねの毛なみが銀色に光り、その足あとには、コバルトのかげがたまりました。

「母ちゃん、人間って、ちっともこわかないや。」

「どうして。」

「ぼう、まちがえて、本当のお手々出しちゃったの。でも、ぼうし屋さん、つかまえやしなかったもの。ちゃんと、こんないい、温かい手ぶくろくれたもの。」

と言って、手ぶくろのはまった両手を、パンパンやってみせました。母さんぎつねは、

「まあ。」

とあきれましたが、

「本当に人間は、いいものかしら。本当に人間は、いいものかしら。」

とつぶやきました。

新美南吉「手ぶくろを買いに」より

(1) 「人間の声」とありますが、子ぎつねが、あるまどの下で聞いた人間の声は、どのような声でしたか。三つ書きましょう。 全部できて10点

（やさしい）声。
（美しい）声。
（おっとりした）声。
※順番はちがっていてもよい。

(2) 「その歌声は、きっと、人間のお母さんの声にちがいない」と子ぎつねが思ったのは、なぜですか。 一つ5点(10点)

その歌声は（母さんぎつね）のように（やさしい声）だったから。

(3) 「母さんぎつねの待っている方へとんでいきました」とありますが、それはなぜですか。一つに○をつけましょう。 10点

ア（○）母さんぎつねに、早く会いたくなったから。
イ（　）母さんぎつねのことが、心配になったから。
ウ（　）人間のぼうやよりも、早くねんねしようと思ったから。
エ（　）人間のお母さんに見つかり、びっくりしたから。

(4) 「母ちゃん、人間って、ちっともこわかないや。」とありますが、子ぎつねが人間をこわくないと思ったのはなぜですか。 10点

（例 まちがえて本当の手を出しても、いい、温かい手ぶくろをくれたから。）

(5) 「本当に人間は、いいものかしら。本当に人間は、いいものかしら。」とありますが、このとき、母さんぎつねは、どのような気持ちだったと思いますか。あなたの考えを書きましょう。 10点

（例 人間はこわいものだと思っていたけれど、ぼうやの話を聞くと、本当はいいものなのかもしれない。）

4

①イは「――を」「――に」に当たる意味の漢字が下に来る組み合わせの熟語。他は上の漢字が下の漢字を修飾する関係にある組み合わせ。

②エは反対の意味をもつ漢字の組み合わせ。他は「――を」「――に」に当たる意味の漢字が下に来る組み合わせ。

③アは上の漢字が下の漢字を修飾する関係にある組み合わせ。他はにた意味をもつ漢字の組み合わせ。

④ウはにた意味をもつ漢字の組み合わせ。他は反対の意味をもつ漢字の組み合わせ。

5

元の文は、「笑いながらにげる（弟）」なのか、「笑いながら追いかけた（姉）」なのかが分からない文になっています。①「笑いながら」の後に読点（、）を打つと、「笑いながらにげる」という意味ではないことが分かります。

②「姉は」の位置を変えると、笑っているのが「姉」ではないことがはっきりします。

7

(2)すぐ後の「だって……からです。」に注目。「だって」は言いわけや理由を言うときに使う話し言葉です。その歌声と歌の内容が「母さんぎつね」を思い出させたから、「人間のお母さんの声」だと思ったのです。

(3)前の「お母さんがこいしくなって」に注目。

(4)「どうして。」という問いに対して、子ぎつねが答えている言葉に注目します。「本当のお手々（きつねの手）」を出しても、「つかまえなかった」または「手ぶくろをくれた」という内容が書けていれば正かいです。

例2 きつねの手を見せたのに、自分をつかまえなかったから。

(5)「人間って、ちっともこわかないや。」「どうして。」というやりとりから、母さんぎつねは人間とはこわいものだと思っていることが分かります。しかし子ぎつねは親切な人間に出会って帰ってきたようです。それで、母さんぎつねは本当に「人間は、いいもの」なのかどうか、まよっているのです。

例2 本当に人間はいいものなのかと、うたがう気持ち。

おうちのかたへ

心の中に、ある感情や考えが生まれるときには、理由やきっかけがあります。

例 古い写真を見た。（きっかけや理由）
→なつかしくなった。（感情が生まれる）

感情や考えと、それを生んだきっかけや理由をおさえながら読むようにしましょう。

4年 国語のまとめ 学力しんだんテスト

名前　　月　日

時間 40分　ごうかく70点　／100

答え 42ページ

1 読みがなを書きましょう。　一つ1点(8点)

① 愛読書（あいどくしょ）をいつか 英語（えいご）で読みたい。

② 今回の 反省（はんせい）を生かして次は 成功（せいこう）させよう。

③ 司書（ししょ）が図書館の中を 案内（あんない）する。

④ 積極的（せっきょくてき）に係活動に 協力（きょうりょく）する。

2 漢字を書きましょう。　一つ1点(8点)

① ふしぎ［不思議］なもようのいふく［衣服］だ。

② たね［種］を植えた場所にめじるし［目印］を付ける。

③ ひこうき［飛行機］が空港にちゃくりく［着陸］する。

④ とちぎ［栃木］からかごしま［鹿児島］に行く。

3 漢字と送りがなを書きましょう。　一つ1点(4点)

① かならず（必ず）うまくいく。

② 先をあらそう（争う）。

③ 本をかりる（借りる）。

④ 体がひえる（冷える）。

4 次の言葉を、ローマ字の二つの書き方で書きましょう。　一つ5点(20点)

① 船　hune　fune

② 地図　tizu　chizu

5 思考・判断・表現　次は、島田さんたちが運動会について書いた学級新聞です。後の問いに答えましょう

> **四年一組学級新聞**（9月15日号）
>
> **もうすぐ運動会！**
>
> 十月六日（日）、青山小の運動会が開らかれます[①]。ゆうしょうを目指して、全員で力を合わせましょう！
>
> ★運動会までの流れについて★
>
> ほうかご、りれえのれんしゅうをします[②]。次のことは、かならず守ってください。
>
> ○運動場意外[③]の場所は、使用しないこと。
>
> ○午後三時から始めます。おくれないでください。

(1) この記事の見出しを書きぬきましょう。　2点

（もうすぐ運動会！）

(2) ――部①・③を、送りがなや漢字のまちがいを正して書き直しましょう。　一つ2点(4点)

①（開かれます）　③（以外）

(3) ――部②を漢字やかたかなを使って、読みやすいように書き直しましょう。　2点

（放課後、リレーの練習をします）

(4) 二つ目の○の内容を、一つ目の○の書き方に合わせて、一文にまとめて書きましょう。　2点

（例 午後三時から始めるので、おくれないこと。）

●うらにも問題があります。

6 思考・判断・表現　文章を読んで、答えましょう。

日本では沖縄をはじめ、八重山諸島、奄美諸島の周辺の海で、よく見ることができましたが、一九六〇年を最後に、沖縄の海をのぞく日本のどの海域でもジュゴンのすがたは、見られなくなりました。

一九七五年には国の天然記念物に指定され、現在は、アラビア半島近海をのぞいた東側の分布域では、沖縄のジュゴンが、いちばん北に生息する、「北限のジュゴン」となりました。

【ジュゴンの分類】

ジュゴンは、一生を海ですごす海生哺乳類のなかの海牛類に属しています。海牛類は、ジュゴン科とマナティー科の二科に分けられ、さらにジュゴン科は、ジュゴン属とカイギュウ属に分かれています。しかしカイギュウ属はすでに絶滅し、ジュゴン属はジュゴン一種のみであるため、ジュゴンはジュゴン科でただ一種だけ、現在も生きているという、貴重な動物なのです。

【ジュゴンの祖先】

ジュゴンの祖先は、ゾウの祖先と同じような動物だと考えられています。こう聞くと、おどろく人もいるでしょう。ジュゴンはゾウのように鼻も長くないですし、からだの形もぜんぜんちがいます。その上、すんでいる場所も海と陸上で大きくちがっています。

地球が誕生したのは四六億年前。海のなかで生命が生まれたのは、三〇億年前といわれます。そののち、長い年月をかけて陸地にあがった動物の中で、進化をとげて生まれたのが、わたしたち人間をふくむ哺乳類です。

ところが、その哺乳類のなかには、ふたたび陸から海にもどって生活することになった動物たちがいたのです。それは、「海獣」とよばれる海にすむ哺乳類たちです。海獣は、四つの仲間に分かれます。クジラやイルカなどのクジラ類、アシカ、アザラシ、セイウチなどの鰭脚類、ラッコ、カワウソなどの食肉類（イタチ科）、そしてジュゴン、マナティーなどの海牛類たちです。

クジラやイルカは、牛や馬のようなヒヅメをもった祖先から分かれて、海にもどったといわれますが、ジュゴンとマナティーは、ゾウやハイラックス（イワダヌキ）と共通の祖先から分かれて、海にもどったといわれています。海獣たちがなぜ海に帰ったのか、その理由はまだよくわかっていませんが、ジュゴンたち海牛類は、化石や地層から、約五五〇〇万年前ごろに、外敵からのがれるために海にもどったのではないかといわれています。

真鍋 和子「ジュゴンはなぜ死ななければならなかったのか」より

(1) 沖縄のジュゴンの貴重さを次のようにまとめました。（　）に当てはまる言葉を文章から書きぬきましょう。　一つ5点(15点)

①（一九六〇）年より後は、日本では沖縄でしかジュゴンが見られない。

② 国の（天然記念物）に指定されている。

③ 現在、東側の分布域では、「（北限）のジュゴン」である。

(2) ジュゴンは、どの分類に属していますか。二つに○を付けましょう。　一つ3点(6点)

ア（　）カイギュウ属

イ（○）哺乳類

ウ（　）マナティー科

エ（○）海牛類

オ（　）食肉類

(3) ジュゴンやマナティーと共通の祖先をもつ動物を文章から二つ、二字と六字で書きぬきましょう。　一つ5点(10点)

［ゾウ］［ハイラックス］

(4) 「ふたたび陸から海にもどって生活することになった」とありますが、ジュゴンの属する分類の海獣はいつごろ、何のために海にもどったといわれていますか。「いつごろ」と「何のため」に分けて書きましょう。　一つ5点(10点)

いつごろ（約五五〇〇万年前（ごろ））

何のため（外敵からのがれるため）

(5) ジュゴンについて考えたことや、感じたことを書きましょう。　9点

（例 ジュゴンがとても貴重な動物だと分かり、絶滅しないよう、ほごすることが大切だと思いました。）

4 ①「ふ」という音を表すローマ字には「hu」「fu」の二つがあります。

②「ち」という音を表すローマ字には「ti」「chi」の二つがあります。

5 (1)見出しは、読み手の目を引くように、大きく目立つ字で書かれています。

(3)「ほうかご」「れんしゅう」を漢字に、「りれえ」をかたかなに直します。

(4)「……しないこと。」と同じ形に直します。

例2 開始時間の午後三時におくれないように来ること。

6 (1)第一・第二段落の内容を整理して読み取ります。①ジュゴンが沖縄以外で見られたのは一九六〇年が最後だったということです。

(2)【ジュゴンの分類】から読み取ります。ジュゴンの分類は次のようになっています。

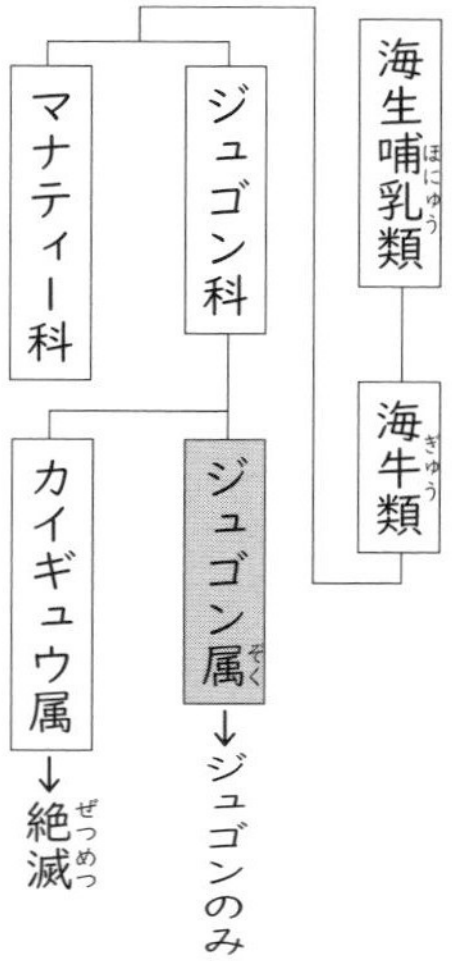

「ジュゴン属」は、ジュゴン一種のみなので、「ジュゴン科」の動物もジュゴン一種のみということになります。

(3)最後の段落に「ジュゴンとマナティーは、ゾウやハイラックス（イワダヌキ）と共通の祖先から分かれて」とあります。

(4)最後の段落に「ジュゴンたち海牛類は……約五五〇〇万年前ごろに、外敵からのがれるため に海にもどった」とあります。「ため」という目的を表す言葉に注目しましょう。

(5)この文章では、ジュゴンの分類、ジュゴンの祖先、ジュゴンの貴重さ、ジュゴンが海にもどった理由などが説明されています。自分がきょうみをもったことについて自由に書けていれば正かいです。

例2 ジュゴンが海にもどった理由について、もっとくわしく知りたくなった。

おうちのかたへ

むずかしそうに見える説明文も、段落ごとに分けて読めば読みやすくなります。その段落では何を説明しているのか、前後の段落とどうつながっているのかを考えて読み、次に文章全体をいくつかのまとまりに分けてみましょう。

メモ